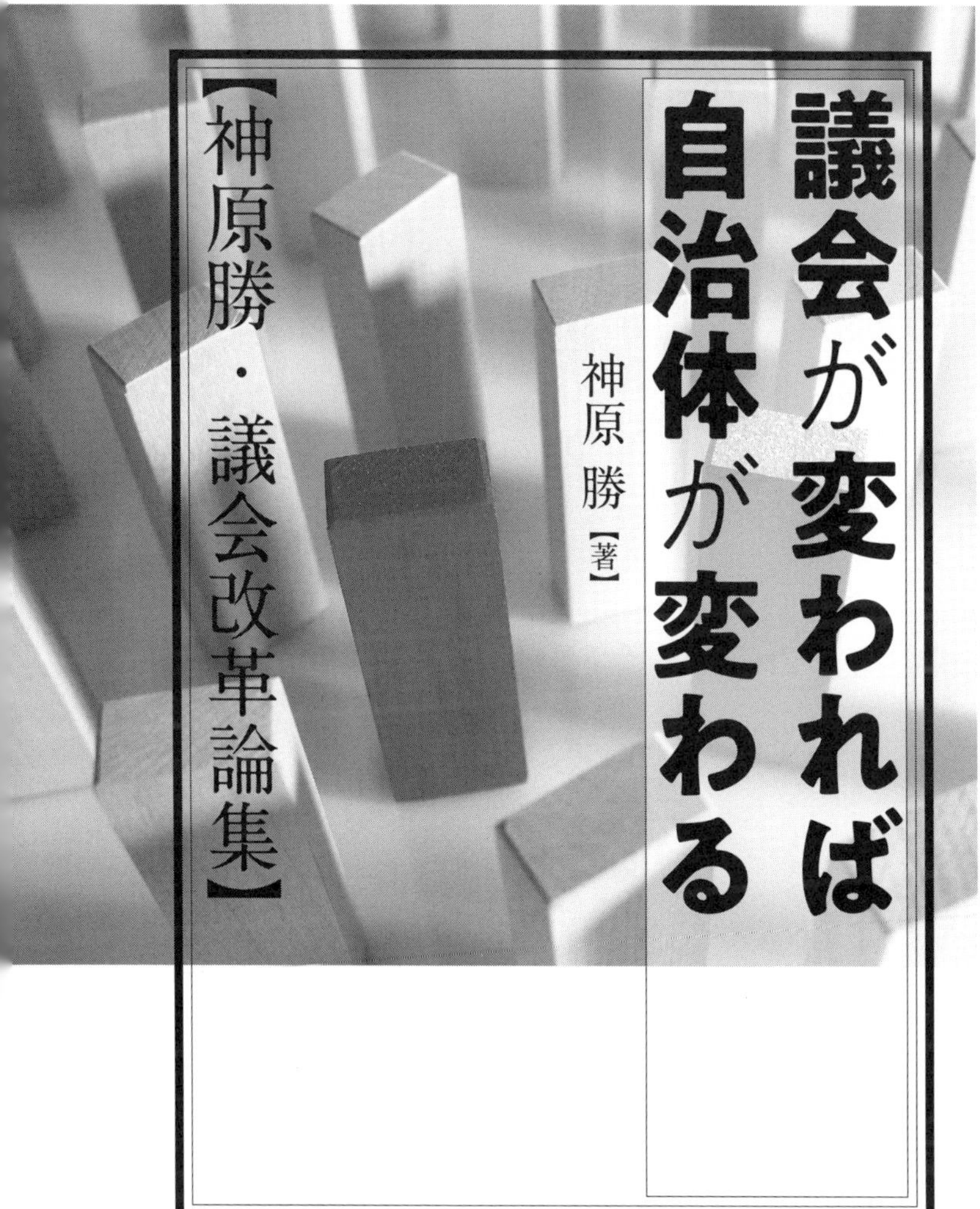

議会が変われば自治体が変わる

神原勝【著】

【神原勝・議会改革論集】

目　次

［1］市民参加の論理と議会への市民参加（二〇一八年）

はじめに

一九六〇・七〇年代以降、市民参加と情報公開は自治体運営になくてはならない要素として、あるいは地方自治の核心部分をなすものとしてその理念が普及し、実際の自治体運営においてさまざまに試みられていることは周知のとおりです。けれども、この参加と公開の自治体運営は、首長と行政の活動にかんして論じられることが多く、議会にかんしては理論的にも実践的にも蓄積が乏しいのが現状です。

これにはさまざまな理由が考えられます。市民の側からいえば、自治体の政策過程における議会の力量が乏しくて、参加の有効感が薄く、したがって意欲が湧かないという、議会にたいする市民の低い評価があります。議会の側は、選挙をとおして議員は市民の信託をえているのだから、あらたまった市民参加などは必要ないといった認識が支配的でした。

こうした市民参加を遠ざける事情があって、議会への市民参加は重んじられなかったのですが、近年は議会の果たすべき役割の重要性が再認識され、議会改革が全国的にひろがるなかで、あらためて議会存立の基礎にある市民との関係のあり方が問われるようになりました。そこで本日は、事実上は「行政の市民参加」であった従来の市民参加をふまえながら、あらためて「議会の市民参加」のあり方を考えてみようと思います。

自治体は、首長と職員機構からなる「行政」および議員と議会事務局からなる「議会」によって構成される「政府」です。しかも自治体政府は二元代表制ですから、「自治体の市民参加」というのであれば、行政と議会の双方における市民参加が必要になるはずです。

そうした意味で、「自治体の市民参加」＝「行政の市民参加」と観念するのではなく、「自治体の市民参加」＝「行政の市民参加」＋「議会の市民参加」と認識して、行政と議会の両面から、あるいは「市民参加・職員参加をふまえた首長と議会による政策・計画の決定」ということを基本認識にして、議会の市民参加を考えてみたいと思います。

1　自治体改革と市民参加の登場

(1) 自治体運営における自治主体の変化

日本の自治体においてどのように市民参加が登場したかまずみておきましょう。これは自治体運営の主体の変化と関係して登場するのですが、順次説明します。自治体運営における主体とは、主権者としての市民（政治主体）と市民であるとともに制度上の役割を担う首長・議会（議員）・職員（以上、制度主体）の四者です。これらの主体は一九六〇年代から八〇年代にかけて、市民→首長→職員と順次、連動して変化してきました。

最初は市民の変化です。

一九六〇年代から七〇年代にかけて、都市型社会への移行過程における地域社会の問題解決をめぐって市民運動が全国に噴出。都市型社会とは、自治体と国が公共的な政策や制度を整備しなければ市民の生活が成り立たない社会のことをいいますが、この政策・制度の立ち遅れにたいして市民が立ちあがったわけです。しかも従来のような組織型・動員型の受動的な運動ではなく、個人型・自主型の能動的な運動として全国規模でおこなわれました。

この地域の市民運動は問題解決の矛先を首長に向けました。選挙で選んでいた首長の政策責任をはじめて追及しはじめたのです。そして自治体の役割の重要性を浮き彫りにするはじめての経験でもあったので、市民運動による「自治体の発見」ともいわれました。この市民運動はその後「市民活動」と称されるようになり、やがて地域市民活動とともに、全国市民活動、国際市民活動へとひろがり、今日のように市民の日常生活のなかで常態化します。

政治学者の故松下圭一（法政大学名誉教授。以下、個人名はすべて敬称略）は、一九六〇・七〇年代の市民運動の族生を「日本における市民革命」と評しました。日本の歴史におけるはじめての経験です。自由・平等・独立・自治・共和の主体としての「市民」の登場です。

二番目は首長の変化です。

そうした市民運動を首長は無視できません。市民の過半数の票をえなければその職に就くことができない公選職の宿命です。そこで市民運動の衝撃を受けた首長は、「対話」「参加」と称して市民との交流を積極的におこなうようになりました。このように市民を基点として、今日の自治体につながる自治体改革がはじまり、市民参加、情報公開、自治体計画などが普及していきます。この改革を主導したのは、当時の先駆自治体であった革新自治体でした。

これらは次第に党派次元の保革対立をこえて、地方自治の理念として定着することとあわせて自治体の力量が向上し、一九八〇年前後には「地方の時代」の到来が唱導されるまでになります。そして一九九〇年代半ば以降の地方分権改革に接続していきます。こうした変化をみてきた私は、自治体に力がないから地方分権をおこなうのではなく、力がついたから地方分権ができるようになったと考えるようになりました。

戦後の地方自治の歴史を振り返ってみますと、公選首長制には大変大きな意義がありました。自治体がもし国のように議院内閣制のような政府機構であったとすれば、保守が多数を占める自治体議会の勢力配置から革新首長は生まれず、したがって今日のような地方自治への道は開かれなかったでしょう。市民に基礎をもつことと独任制であるがゆえに、首長はリーダーシップが発揮しやすく、それが自治の理念に根ざすものであれば、独善的で危険なポピュリズムに流れることなく、自治体改革を牽引することができるし、できたからです。

三番目は自治体職員の変化です。

けれども、首長が市民の政策要求を受容しても、直ちに実現できるわけではありません。政策をよりよく実現するためには、情報、財務・法務・計画を中心にさまざまな道具立てが必要です。けれども工具が錆びついていてはよい家は建てられないのと一緒で、行政技術あるいは政策技術のイノベーションが欠かせません。これを市民のために職務として担うのが自治体職員の仕事です。こうして職員の政策能力の向上が問われるようになりました。

さきほどの「都市型社会」と同様に、「行政技術」という言葉も松下の造語です。その松下と東京の多摩地域の自治体職員有志による「行政技術研究会」(発足時は「通達研究会」と称した)は、職員の政策研究の全国的な流れをつくるきっかけ、あるいはその流れを牽引した研究会として有名です。松下のあと西尾勝(東京大学名誉教授)が引き継いで現在も続いています。私たちの「議会技術研究会」の名称もこれにちなんでいます。

そうした前史をふまえて、一九八〇年代の半ばに、職員に研究者などをくわえて全国ワイドの「自治体学会」が結成され政策研究交流が活発になります。さらには地域レベルの自治体学会もつくられるようになり、北海道では一九九五年に結成され現在にいたっています。ちなみに、百数十名の議員を会員とする議会技術研究会はこの北海道自治体学会に位置をもち、かつ公益社団法人北海道地方自治研究所が支援する研究会として活動しています(＊

議会技術研究会については後掲資料参照＝追記）。

最後は議会の問題です。

いま述べた三者の変化は、その後理想的に推移したとはいえないまでも、それぞれのあるべき道を歩みはじめる基点となったという点で大きな歴史的意味をもっています。これにたいして、議会・議員の改革は二〇〇六年に北海道の栗山町議会で議会基本条例がはじめて制定され、これを契機として議会改革が全国に波及するまでずっと遅れてきました。

議会はなぜ改革をはじめたか。これについてはいろいろなところで書いてきましたし、また今日の主題ではありませんので外しますが、議会改革がすすんで議会が力量をつければ先行した三者がその影響を受けて、あらためて今日における自己のあり方を問い返さざるをえなくなる。そのことによって自治分権時代における地方自治の新たな地平が拓かれる。こうした期待をもって、私は「議会が変われば自治体が変わる」といい続けています。

（2）自治基本条例は改革成果の一覧表

ここまでの話のついでに、少し主題からそれますが、先行三者が築いた改革の成果が今日どのような状態になって引き継がれているか話してみます。以下に話す内容はどこまで大方の支持がえられるかわかりませんが、二〇〇〇年代に入ってから、ずっと私が構想してきたあるべき自治体運営の構図でもあります。

いま述べた自治体改革の歴史のなかで、自治体は市民の政府として自立と自律の意識を高め、さまざまな政策・制度の開発にチャレンジしてきました。そうした市民運動を基点とする自治体の力量の向上は二〇〇〇年代になって地方分権改革に接続していきますが、その自治体改革の成果は、二〇〇一年からはじまり今日において三〇〇以上の自治体に普及した自治基本条例に集約されています。

この自治基本条例には、自治の理念とともにこれまで自治体が独自に築いた自治体運営のさまざま仕組みが盛り込まれています。その意味で私は、自治基本条例は先人たちが努力して築いた自治体改革の成果を示す一覧表だと考えています。この築いた改革の成果を風化させないために条例化したもので、往年の自治体改革の到達点を示しています。

自治基本条例の多くはこの条例を自治体運営の最高規範としています。その意味するところは二つあります。第一は、自治基本条例において公開・参加・計画などの多様な条例・制度を根拠づけ、それらを相互に関連づけて効果を発揮させる、その基本になる「最高条例」としての性格です。第二は、国の法令の解釈・運用、あるいは国の政策の受容の適否や活用を考える際の判断基準になる「最高基準」としての性格です。このように自治体運営の基本ルールを定めるという意味から「自治体の憲法」などとも称しています。

このような性格をもつ自治基本条例ですが、この条例だけでは理念的にとどまりますので、さらに自治基本条例にもとづいて関連条例を整備する必要があります。「総合型自治基本条例 ＝自治基本条例＋関連条例」と考えます。自治基本条例だけの「単独型自治基本条例」では実効性に乏しくなります。関連の条例には、情報公開条例、市民参加条例、総合計画条例、政策評価条例、財政健全化条例、市民投票条例など多数ふくまれます。

この関連条例のなかでも、私は「基幹的関連条例」として、議会基本条例と総合計画条例を重視します。議会基本条例は自治体の政府制度である二元代表制の運用にかかわる条例であり、総合計画条例は自治体政策の策定と運用の基本となる条例だからです。この政府と政策という自治体の基本となる二つの条例を軸に、市民参加、情報公開などの諸々の条例・制度が相乗することによって、自治体の民主度、自律度、政策度は相当にあがります。

さきほど、自治基本条例は一九六〇年代以降の自治体改革の成果の到達点であるといいましたが、私は、自治分権時代における自律自治体の形成に向けた出発点でもあると考えてきました。自治基本条例に盛り込まれた自治体運営の理念や諸制度の多くは、長い時間をかけて自治体が自主的につくりあげてきたものです。ですから自治体は、総体としてこれだけの成果をあげてきたのだと、歴史の事実にぜひ誇りをもってほしいと思うのです。

こうした点からいえば、議会と首長は少し腰が引けています。議会は議会基本条例の制定には熱心に取り組んできましたが、自治基本条例は首長の側の問題だと誤解して消極的な対応に終始していますし、日ごろの議会活動でもあまり活用しません。一方、首長も議会基本条例は議会プロパーの問題だと対岸視しています。議会と首長の両方に、自治分権時代における自律自治体の形成という認識が不足しています。もちろんいまからでも遅くはありません。

（3）議会は首長の市民参加に抵抗した

ここから少しずつ議会の市民参加の問題にシフトしますが、もう少し歴史の話におつき合いください。

市民参加と情報公開がどこまで内実がともなっているかは一応おくとして、今日における地方自治の核心をなす理念として普及していることは周知のとおりです。

私の知るかぎりでは、日本の自治体で市民参加が大々的におこなわれたのは、一九六七年の横浜市の「一万人市民集会」が最初でした。この一万人市民集会は当初、飛鳥田一雄市長の提案（一九六三年の選挙公約）でしたが、議会が反対して関連予算を否決したため実施は延びのびになっていました。そこでしびれを切らした市民が市長の提案から四年遅れて自主的に開催したのです。

本日の講演のために、保存していた当時の集会案内や総括の文書などをあらためて調べてみましたが、まだ「市民参加」という言葉は見当たりません。「市民参加」が普及するのはこの後のことです。私は集会が開かれた横浜市の体育館に東京から見学にいったのですが、会場は約六〇〇〇人の参加者で熱気にあふれ、地方自治の新しい時代の到来をひしひしと感じました。

市長提案に議会が反対した理由はなんだったのでしょうか。議会は保守派が多数です。保守派の反対の論拠は、市民を代表するのは議会だから、その議会を脇において、市長が市民と直接交流し政策の方向を決めるのは議会無視で議会制民主主義に反する、ということでした。このような認識は保守会派にかぎらず、革新会派も首長の「与党」の立場から表立った反対はしないものの、対抗できる論理をもっておらず、心情的に保守と共通するところがありました。

このような認識は、横浜市にかぎらず、当時の議会人に共通する認識でした。そこで「二元代表制」という言葉が造語されたのです。正確にいえば「二元代表民主制」です。私は議会基本条例が登場して以降は、一般的な用法にならって「二元代表制」という言葉を用いていますが、それ以前は「二元代表民主制」を使っていました。ちなみに現在でも北海道の福島町議会の議会基本条例では「二元代表民主制」が使われています。

この言葉には次の意味が込められていました。自治体は国の政府制度(議院内閣制。国会内閣制ともいう)とは異なり、首長も市民から直接選挙されるのだから、市民にたいして直接の政治責任を負っている。したがって議員・議会と同様に首長が市民と交流するのは、なんら議会軽視にはならない。このように首長の対市民責任にもとづく市民参加の実施が正当な行為であることを理論的に説明するために「二元代表民主制」という言葉を造語したわけです。

首長がおこなう市民参加に議会が反対する。現在はそのような議員や議会はありませんから、当時を知る私には隔世の感があります。意味自体は、日本国憲法に規定しているように、首長と議会の議員は市民の直接選挙で選ぶという、代表の二元性を表現したものにすぎませんが、こうした言葉を造語せざるをえなかった背景は現在とは大きく違っていたのです。今度は議会の側から二元代表制にしっかり意味を込める番で、それが今日の議会改革です。

2　市民参加の松下理論と西尾理論の提起

（1）武蔵野市の経験をふまえた参加論

以上のような歴史を経て、市民参加と情報公開は自治体の政治行政の理念として普及していきますが、これについては、とくに当時から先駆自治体であった東京都武蔵野市の経験をふまえて松下圭一と西尾勝が提起したすぐれた参加論があります。両者はともに武蔵野市民であり、総合計画の手法の革新、策定における参加と公開など、自ら市民として参加した自治体現場の経験をふまえて理論化を試みた点が共通しています。

武蔵野市は、一九七〇年代から総合計画の策定と運用のすぐれた手法を開発し、そのなかで当時から「市民参加の武蔵野方式」といわれた参加と公開の手法を現在も継承しています。私はこの武蔵野市、後には岐阜県の多治見市などの総合計画の経験をくわえて、松下・西尾の市民参加論から大きな影響を受けました。これから議会における市民参加を考えるにあたっても大いに役立つ理論だと現在も思っていますので紹介します。

松下の参加論をごく簡略化していえば次のようになります（松下『市民文化は可能か』岩波書店、一九八五年）。

松下は基礎自治体レベルの総合計画（松下の用語法では「自治体計画」）の策定においておこなうべき市民参加を四点に整理しています。

①「個人参加」→市民個人としてだれでも自由に参加できる参加
②「地域別参加」→自治体内の地域（コミュニティ）に即した参加
③「課題別参加」→分野別の政策課題に即した参加

④「団体参加」↓各種市民団体、職員団体の参加

松下は総合計画を「行政計画」ではなく「自治体計画」としていますから、あとで述べますが、この市民参加にくわえて職員参加も実施し、これをふまえて最終的には首長と議会による決定というかたちで市民、首長、議会、職員の四者の参加を提起しています。

西尾の参加論のあらましは次のようです（西尾『都民参加の都政システム』東京都都民生活局、一九七七年）。

西尾は基礎自治体レベルの市民参加を次のように三種類に整理します。

①「市民参加」↓たとえば総合計画の策定などでおこなう全市レベルの市民参加

②「コミュニティ参加」↓区分された地域レベルの市民参加

③「住民参加」↓特定の事業にともなう利害関係者を対象にした市民参加

両者の参加類型には力点のおき方に若干の相違があります。

松下は「政策分野」と「地域」という政策領域と、「個人」と「団体」という参加主体を軸に考えるのにたいして、西尾は政策が市民におよぼす影響の範囲とか濃淡を想定して参加レベルを区分しているようにみえます。けれども、松下の①③は西尾の①に、松下の②は西尾の②に重なりますし、それぞれの参加を単発にではなく、他の参加と相乗させることによって、政策領域と参加主体をひろくカバーし、かつ参加効果が発揮できると考える点で共通しています。

（2） 参加の方式などその他の論点

くわえて、両者の提起した市民参加にかかわって、いくつかの考慮すべき論点をみておくことにします。

①市民委員会

松下は、行政の常道となっている「審議会」（首長の附属機関で首長が委員を委嘱した各種審議会に行政が作成した原案を諮問し答申を受ける方法）ではなく、「市民委員会型参加」を推奨しています。これは特定したテーマについて専門家をふくむ、首長から委嘱された市民が委員となって論点を整理し、各種市民参加、職員参加をおこなって政策案をまとめていく方式です。

②職員の参加

松下は、自治体職員の参加を重視し、上に述べた市民参加の四類型に対応して、職員にかんしても、個人参加、職制別参加、部課別参加、団体参加を提起しています。

③議会の議決

さらに松下は、市民参加・職員参加の実施をふまえた市民委員会方式による自治体計画案の最終決定を「首長・議会による決定」とします。「自治体」は首長と議会による政府ですから、行政計画ではなく自治体計画であるなら、当然議会の議決を要するわけです。

④広域自治体

西尾は、広域自治体（都道府県）レベルの市民参加として、広域性のゆえに上に述べたような参加方式には限界があるので、市民参加を補完ないし代替するものとして、都道府県政における「市町村参加」の重要性を提起しています。

⑤自治体規模

西尾は、いま指摘したように広域自治体における市民参加の特性に触れていますが、私の知るかぎりでは両者とも基礎自治体における自治体規模の大小による参加方式の違いについてはとくに言及はしていません。推測ですが、武蔵野市のような人口十数万程度の中規模自治体を念頭において立論しているのではないか。この点についてはっきりしたことはわかりませんが、市民参加の基本類型として活用できる有用性には問題はありません。

⑥情報の作成

両者とも実効ある市民参加のためには情報公開が不可欠としています。「情報なくして参加なし」というわけです。けれどもこれは情報一般ではなく、参加のテーマに即して現状を正確に認識し解決の方途を市民が考えることができるような「政策情報」です。このため松下は、「政策情報の作成・公開」という表現で、必要な政策情報の「作成」をとりわけ強調しています。たとえば一九七〇年代から続く「武蔵野市地域生活環境指標」がその代表的な作成情報といえます。

(3) 行政における市民参加の現状

市民参加にかんする松下と西尾の理論は、一部の自治体を除いて、自治体一般の市民参加方式として定着しているとはいい難いのが現状です。

松下と西尾の体系だった市民参加論が適用できるのは総合計画の策定の場面だと思うのです。市民参加を用意周到に体系だって実施するためには、一定の時間とそれなりの準備を要しますが、体系だった市民参加は、政策の基本として総合計画を重視する自治体運営がなされていなければ無理でしょう。年度予算の短期のサイクルではそこまではできません。

自治基本条例にもとづいて総合計画条例を制定し、そこで「総合計画に記載のない事業は予算化しない」といった原則を立てている自治体であれば、その制定・改定時にしっかりした市民参加を実行することになります。これが政策実行の基本になれば、毎年度の予算にかかわる市民参加はそれを補完する位置づけになりますから、労力と時間は大幅に省かれ、かつ総体として参加の実効性が高まります。その域に達している自治体はまだ少数です。

そうしたことから、公開と参加の理念は普及したものの、実際におこなわれる市民参加は体系だってはおこなわれず、松下と西尾の参加論で示したような参加類型のアイテムを折りにふれて断片的に実施しているのが実情といえるでしょう。たしかに市民参加条例を制定する自治体もありますが、まだまだ理念型の条例にとどまり、従来型の審議会方式や行政の都合を優先した個別課題への市民意見の聴取が主流となっています。

近年は「パブリックコメント」が、「市民参加」と称して多用されています。けれどもこれは、行政などが原案を公表して文書で市民意見を求めるものですから、手間がかかることから応じる市民数が少なく、また、当然のことながら行政と市民、市民相互のナマの討論もできません。さらには、市民の判断に不可欠な政策情報も不十分で、「市民参加のアリバイづくり」と批判されてもいたしかたがない面が多々あります。

けれども、市民参加の前段手続きとしてならパブリックコメントにも意義があると考えます。パブコメだけで市民参加を実施したとはいえず、むしろパブコメの結果を市民情報として公開し、そこから本当の市民参加がはじまるのだと思います。その意味でパブコメは、市民参加そのものではなく、参加の前提となる「情報の作成・公開」に属する問題だと考えなければなりません。これは行政のみならず、議会についてもいえることです。

3　議会改革における市民参加の諸相

（1）議会における市民参加の試行

以上に述べたことは議会への市民参加を考える際にも少なからず参考になると思います。ここから議会の市民参加に話を移していきます。

議会は一〇年余にわたって議会改革をおこなってきました。改革の要諦は、①議会と市民との関係の改革（議会への市民参加の推進）、②議会と首長との関係の改革（議会による行政への批判と政策提案）、③議員間討議の推進（議会が機関として意思をもつための議員間政策討議の活性化）でした。

このなかで市民参加については、議会は市民の代表機関としての性格にかんがみ、議会基本条例などで市民参加の推進を謳い、当初の「議会報告会」から幅をひろげて、現在、さまざまな方式で市民参加を試行しています。思いつくままにあげてみますと、次のようなものがあります。

・市民による陳情・請願を「市民の政策提案」と位置づけ、提案者には意見表明の機会を保障
・議会活動の報告を基本に、地域別に議会と市民が意見交換する「議会報告会」
・総合計画や年度予算に市民の政策意思を反映させる「政策交流会議」
・政策にかんして議会と市民団体が意見を交換する「一般会議」
・各種市民団体の求めに応じて議会が出向いて意見交換する「出前委員会」
・青少年や女性などに焦点をあてた「特定の市民層を対象」にした市民参加
・日常の議会運営を市民がチェックし、議員と交流しながら改善意見を提案する「議会モニター」
・議会基本条例の実施状況の点検や議会改革の重要課題に市民の声を反映させる「議会改革諮問会議」（附属機関）
・議会の重要課題について専門家市民の意見を求める「議会サポーター」
・自治体の重要問題にかんして議会が「住民投票」を実施できる条例の制定（栗山町議会基本条例には議会が実施する住民投票の制度はあるがまだ使われていない）
・議会傍聴者を議会への参加者または参画者ととらえ「傍聴席からの市民発言」の機会を与える仕組み
・議会について市民だれもが気軽に意見を述べることができる「まちなか議会カフェ」

近年は市民参加の方式が多様化するだけでなく、複数の方式を試みる議会が増えているのも特徴です。本日もこのあと各地の議会のユニークな実践例が多数報告される予定です。

（2）議会における市民参加の類型試論

これらの議会への市民参加は、現段階では試行的であり、これからもさまざまなタイプの市民参加が登場するでしょう。そして各地の経験の交流をとおして、各試みの有用性が検証されていくものと思われます。その意味ではあくまでも現時点でという限定条件つきですが、議会技術研究会共同代表の西科純は、上にみた市民参加の現状を参加内容の観点から次のように三つに整理しています（カッコ内の例示は神原）。

①議会改革型参加（日常の議会運営や議会改革にかんする市民提案→議会モニター、議会改革諮問会議、議会サポーターなど）
②政策交流型参加（政策のあり方をめぐる市民と議会の意見交換→陳情・請願（「市民からの政策提案」という位置づけ）、議会報告会、政策交流会議、一般会議、出前委員会、特定の市民層を対象にした交流、住民投票など）
③①②両用型参加（議会報告会、出前委員会、議会モニター、議会サポーター、議場からの市民発言、まちなか議会カフェなど）

この整理は本日のオータムセミナーに先立っておこなった議会技術研究会の運営委員会で議論しており、後におこなわれる西科報告で説明されるでしょう。この類型は私も受容しています。当面はこの類型で十分間に合います。このうち①の「議会改革型参加」については本日の配布資料（拙稿「市民と議会の関係はどうあるべきか—議会モニター制度を中心に」北海道自治研究、二〇一八年六月号　＊本書に［2］として収録＝追記）を参照いただくことにして、②の「政策交流型参加」にかんして、もう少し述べてみようと思います。

4　議会における市民参加の課題と展望

（1）政策ステージと参加の主体・領域

市民も忙しいですから、行政や議会の都合でおこなわれる不規則、無定形な参加にいつもつきあっているわけにはいきません。そこで、次の自治体政策の要である四つの政策ステージに市民参加の結果、成果をしっかり結びつけていくことが大事で、これを首長と議会が合意した自治体の政策システム＋参加システムとして確立しておく必要があります。

どのような場面でおこなわれる市民参加でも、あるいはどのようなテーマでおこなわれる市民参加でも、市民の意見は設定したテーマや範囲をこえて多様にひろがります。くわえて苦情、批判、要求、提案と枚挙にいとまがありません。これを受け止める議会は、政策として実行可能か、緊急度・優先度はどうか、代替策はないか、手法や財源はあるか、市民合意は可能かなど、これらについての行政情報をふくめて検討しなければなりません。

そして政策として考える必要があると判断した場合は、これを自治体としての政策ステージにのせなければなりません。この政策ステージとしては次の四つがあります。

Ⅰ　政策ステージ

①総合計画（多年度予算）→基本構想、実施計画＋修正計画、将来の展望計画の策定

②年度予算（事業予算）→実施計画＋修正計画の個別事業を予算化

③年度決算（事業評価）→事業の実施状況と効果の検証、次なる政策課題の発見

④争点事業（特定事業）↓大きな将来負担がともなう事業、賛否の意見が二分する大きな事業の実施

このなかで自治体政策の基本となるのが総合計画です。

近年、総合計画の策定を外部コンサルタントに委託する逆流現象がみられますが、これはいただけません。職員の減少など厳しい状況にあることはわかりますが、であればこそ、市民、首長、議会、職員が議論をしっかり積み重ね、健全財政を維持しながら厳しい政策選択が求められます。これを怠れば自治体の政策力は低下してしまいます。

自治体が地域の課題を政策によって解決することを目的とする政府である以上、その根本を外部にゆだねることは自治の放棄ではないか。ここは厳しく考えるべきです。総合計画の策定と運用に市民、首長、議会、職員が参加する手づくりの計画、この総合計画に四年ないし五年に一度の各主体の参加をしっかりやれば、さきほど述べたように、それ以外の政策ステージでおこなう参加は補完的な位置となり、各主体の負担はかなり軽減されるはずです。

市民参加、職員参加にくわえ、首長参加、議会参加もおこないます。首長の選挙公約はそのままでは政策になりません。所定の手続のもとで総合計画に組み込まれてはじめて政策として認知され、また、議会も議会としてまとめた政策意思を計画に反映させることになります。そのためには、総合計画は「行政計画」ではなく、「自治体計画」でなければならず、したがって、それにふさわしい策定と運用の手法を各主体の参加をふくめて整備する必要があります。

私の総合計画論では、総合計画は、基本構想（前計画の評価と今後の新しい政策方針、財政健全化の方策と計画関連財源の確保の見通し）、実施計画（財源確保のたしかな見通しがあり今後四～五年で実施する政策の一覧）、展望計画（将来必要になると現時点で想定される政策など）、進行管理計画（個々の事業ごとの詳しい政策情報を作成し進行を管理。「実行計画」

ともいう）の四つから構成します。進行管理計画以外は議会の議決事項とします。

総合計画を厳格に運用する自治体では、「総合計画に記載のない政策は予算化しない」と自治基本条例や総合計画条例に明記し、その一方では、緊急政策の必要が生じた場合とか国などの政策方針によって新たな対応が求められる場合でも、総合計画を修正つまり計画に組み込んであらためて議決する。このように弾力的に運用する手法も備えています。

議会が自治体の政策にきちんと向き合う、私の言葉では「政策議会」ということですが、そうした志向が強まるなかで、近年は「政策サイクルの形成」ということで、年度予算や決算審査において「政策形成」を重んじる議会が増えています。これは大きな前進で高く評価しますが、これをさらに、上に述べたような総合計画につなげていくと、議会はもちろんですが、行政をふくむ自治体としての政策力が向上すると考えています。

予算は一年単位の運用ですから、市民参加の充実度をふくめて政策の熟成という点では時間が短かすぎます。自治体の「政策サイクル」には、一年の「予算サイクル」と四、五年の「計画サイクル」、くわえてこれらに付随した「評価サイクル」があると考えて、この三つの政策ステージがうまく相乗する仕組みを構築することによって、議会の政策活動、したがって議会の市民参加も有効度が高まるのではないかと構想しています。

計画と予算の関係に関する問題は古くてなお新しいテーマです。ここではこれ以上お話しできませんので、神原・大矢野修編著『総合計画の理論と実務―行財政縮小時代の自治体運営』（公人の友社、二〇一五年）、拙稿「議会の政策活動と政策情報の作成・公開」（北海道自治研究、二〇一七年一〇月号、＊本書に［5］として収録）を参照いただければ幸いです。

Ⅱ　市民参加の主体

次はどのようなスタイルで市民が参加するかという問題です。これは次のように考えることができます。

①個人参加
②団体参加
③特定参加

適当な言葉がみつかりませんでしたので「特定参加」としましたが、要は特定の性や世代を重視しておこなう参加です。市民に若いうちから議会や自治体を理解してもらったり、女性議員の数をもっと増やすためにも、性や世代を重んじた参加の呼びかけが必要です。また、ここでひと括りにすることは適当ではないかもしれませんが、少数民族の参加、さらには定住外国人の参加も忘れてはなりません。

最後は市民参加の対象となる政策領域の問題です。

Ⅲ　市民参加の政策領域

①課題型参加
②地域型参加
③争点型参加

課題型参加は、総合計画の策定・改定の場合など、政策分野別に即して市民参加をおこなう。地域型参加は、区分された面的な地域空間における政策のあり方をめぐる市民参加です。争点型参加は、事業の実施にともない大きな影響を受ける関係者を中心にした参加の実施です。①は政策タテ割り型、②は政策ヨコ割り型、③は一点集中型の市民参加です。

議会がおこなう市民参加は、これからもさまざまな方式が試されていくと思いますが、以上のⅠ・Ⅱ・Ⅲを頭の片隅においていただくと、おこなおうとする市民参加の位置関係や過不足がみえてくるのではないか。とくに多様におこなわれる市民参加の結果・成果を政策ステージに結びつけて実効性をもたせる観点から、あえて松下・西尾の参加類型を組み替えてみました。いま私がいえるのはここまでです。今後のみなさんの実践経験に学んで、さらに役立つ議会の市民参加のあり方について論点整理のお手伝いをしたいと思っています。

（2）市民意思から議会意思への変換

さて、議会が市民参加をおこなっても、そこでえられた市民意思はそのままでは政策になりません。そこで、まず議会としてはこうした市民の意見を整理することが大事です。内容を分類するとともに、すぐにできること、できないこと、もっと深く突きつめなければ判断できないこと、将来課題として考えなければならないこと、などです。

このような市民意見の整理から参加後の議会の仕事がはじまります。これは大事な政策情報ですから公開しなければなりません。松下が強調した「作成・公開」です。公開によって市民は他者のさまざまな考えにふれて、自分の当初の意見を修正したり深めたりするかもしれません。私は自分の経験に照らしていえることですが、一度きりの自分の意見は不確かなものです。ですから、さまざまな意見にふれて市民がたしかな自分の意思を形成、獲得していく、この「変わる」ことが重要だと思うのです。

議会はどうか。上に述べたように、どのような市民参加をおこなう場合でも、市民の多様な意見を整理し、政策としての可能性を検討したうえで計画・予算・評価という自治体の政策ステージにつなげていかなければなりません。すなわち、自治体の政策実施の舞台に市民意思をのせるということです。これがなければ議会の市民参加はご意見拝聴で終わってしまうので、市民からなんのための市民参加か疑念がもたれることになります。

けれども、市民参加でえられた市民意思はそのままでは政策になりません。まえに述べたとおりです。したがって、市民意思は議会から提案する「議会の政策」に変換し、これを問題の性質に応じて各ステージにおける政策論議にのせていかなければなりません。この市民参加にもとづく議会の政策意思の形成は、議員同士でしっかり議論する、「議員間討議」がなければ実現しません。

議員間討議は、市民と議会の関係の改革、首長と議会の関係の改革とともに、議会改革の三大要素の一つですが、なかなか実行が難しいとされています。私からみれば、その最大の要因は、議会としての意思をもつ必要性、重要性を議員が十分に認識していないからです。機関としての意思をもとうとすれば議員間討議は必然的に起るはずです。逆にいえば、議員間討議がないということは、議会として発信する意思や政策がないということです。

この議員間討議については、北海道では福島町、登別市、芽室町などの議会が会議条例（または規則）や議会運営基準、要綱などで、どうすれば活性化できるかそのあり方を模索しています。芽室町議会の試みにふれた西科純論文（「一般質問追跡システム　議会起点の三者間討議（対話）のあり方」北海道自治研究、二〇一七年一〇月号）もあります。ぜひお読みください。

（3）大規模議会の市民参加の課題

本日お話しする課題の最後として、大規模議会、すなわち都道府県の広域自治体の議会、政令指定都市などの大都市自治体の議会における市民参加にふれておきます。

自治体の規模の違いによって議会改革には違いがあるのか、あるべきなのか。「自治体規模と議会改革」というテーマで、一一月に札幌で全国各地の議会研究会の合同フォーラムを開催する予定です。とくにこれまであまり突きつめた検討がなされなかった大規模議会のあり方に焦点をおいて議論する予定になっています。本格的な議論はそこに譲りますが、市民参加の観点から若干問題提起しておきます。

都道府県は広域自治体と称されるとおり概して面積がひろい。その行政は政策分野別のタテワリ行政が支配的で、細分化された地域を面として総合的に掌握するヨコワリ行政は貧弱です。そのため都道府県本来の役割である、市町村を補完する行政が効果的におこなえない。そこで本庁から総合出先機関への分権をおこなって、政策の地域単位を確立することが課題になっています。北海道でいえばかつての支庁、現在の振興局の改革の問題です。

これにたいして議会はタテ割り行政を束ねて所管する複数の常任委員会を主たる活動の舞台としていますが、このように行政のタテ割りにたいして議会も同じようなタテ割りをもってしては、行政への監視・批判とか政策提案が十分にできません。そこで一定の地域を所管する複数の「地域別常任委員会」を設置して域内選出の議員が委員となって活動する。これをあらたな政策活動の舞台にするというのが私の長年の提案です。そしてこの地域別常任委員会で道民と市町村の道政参加をおこなえば、地域に根ざした効果的な議会の政策活動が可能になります。

まえに西尾の参加論のところで述べたように、都道府県レベルでは広域性から市町村レベルと同じような市民参加は難しい。そこで地域を熟知する市町村が市民に代わって参加する。この論理を議会に適用したのが、私の地域別常任委員会の設置とそこへの市町村参加の考えです。こうした議会活動が実現すれば、行政の域内分権も促進されるに違いありません。そうしなければ行政は議会からの監視・批判・提案に対応できなくなるからです。

指定都市も同類の問題をかかえています。大きな指定都市は人口が三〇〇万人を超えていて基礎自治体というにはあまりにも巨大すぎます。そこで市民の利便性を確保するため「行政区」を設けていますが、政策機能はありません。そこで地方自治法を改正して「総合区」の設置を選択して、ある程度の政策機能をもたせることができるようになりました。ほんとうは法改正しなくてもやれることですが、ようやくそこまできたわけです。

そして議会ですが、ほんとうはこの法改正のとき、当初の法案では、区別常任委員会の設置が入っていたのですが、議会側の「時期尚早」という理由によって外されました。詳しい理由、あるいはほんとうの理由は私にはわかりません。非常に残念でしたが、そうしたことからその後の行政側の緊張もゆるんでいるのか、総合区に移行した指定都市はいまのところありません。区別常任委員会の設置は、都道府県議会の場合と同じように、法改正なしで実行できるのでこれをすすめて市民参加の舞台にしてほしいと願っています。
また、一部の指定都市では、行政区を重視した総合計画と区別地域計画の策定をはじめとした政策活動、次いで議会も地域会議などを設けて地域の視点から行政の政策をチェックする、あるいは政策提案する新しい動きをはじめています。これらの動きが他の指定都市にもひろがって、総合区の実現と区別常任委員会の設置につながり、行政と議会の両面から、大都市自治体の内部分権と分権化された地域政策単位への市民参加を実現してほしいと思っています。

おわりに

以上で本日用意したお話は終わりです。市民参加の歴史的な流れという時間軸と現在おこなわれている市民参加の態様という空間軸をクロスさせながら、議会における市民参加の課題を考えてみました。うまくできた話とは到底思えませんが、みなさんがそれぞれの議会で市民参加を考えたり、おこなったりする際、いくらかでも参考になれば幸いです。

冒頭で述べたように、自治体の市民参加＝行政の市民参加＋議会の市民参加ととらえ、それゆえに議会の市民参加には独自的な意義があることを強調しましたが、市民の直接的な信託ゆえに政治的正統性の根拠が対等な首長と議会がそれぞれ独自に対市民責任を負う二元代表制の原理からすれば、それは当然のことではないかと思うわけです。

議会への市民参加が必要とされる理由は他にも考えらえます。一人しか選ばれない首長と違って、多人数の議員から構成される議会は、性、世代、地域、団体などの意思をひろく反映する装置です。議会がそうした市民の信託機関であるなら、選挙のときならず、市民参加をとおして日常的に市民から社会にある知識・知恵・技術などを補給しなければ、活動のエネルギーはたちまち枯渇し、機能不全におちいってしまいます。

議会改革がはじまった当初から、議会は「討論のヒロバ」「情報のヒロバ」といわれてきました。議会が自治体の政治・行政をめぐる論点・争点をひろく形成・整理・公開する前提をふまえなければ、議決機関とはいっても適正な決定を導き出すことはできないでしょう。議会の市民参加はそれ自体が討論と情報のヒロバの意味をもち、論点・争点形成の発生源となります。

近年、議会と市民の関係について繰り返し述べていることですが、市民と議会の関係は、選んだ市民と選ばれた市民の関係であり、しかも、どちらも普通の市民ですから、それぞれがお互いの姿を映し出す鏡になります。したがって、市民の自治水準が高まれば議会のそれも高くなる。その逆もまた真なりです。首長も選挙で選ばれますが、選ばれるのは一人ですから、市民との関係は必ずしも多人数の議会の場合のようにはなりません。

では議会と市民がともに自治能力を高めるためにはどうすればよいか。私はやはり双方から、議会のあり方はもちろんのこと、政策や行政の課題など、さまざまな事柄について問題を掘り起こし、それを共有することによって、議会と市民の間のギャップを少なくしていく努力を続けることが基本ではないかと思います。

議員になる前に想像していた議会像と議員になった後に知る現実の議会との間に大きな開きがあることは、議員になってはじめて気づきます。そして、自分自身のなかにあるギャップなら、議員としての経験や鍛錬によって解消できますが、市民は説明してもらわなければ、ギャップが存在すること自体もわかりません。これを放置したままにしておくと、市民は議会、議員が理解できなくなり、やがて議会不信に陥ってしまいます。

それゆえに、市民参加による市民と議会の「相互交流」、あるいは私は「相互学習」とも表現したいのですが、これは双方が自治体の政治・行政に習熟して自治能力を磨いていく最良かつ不可欠のチャンスなのだと考えていただきたいのです。市民が自治に習熟するための学校に議会が進化すれば、そこから議員になって仕事をしてみようと志す市民も育ってくるのではないか。

議会の市民参加に二つの流れがあることはすでに述べました。日常の議会運営や議会改革のあり方をめぐって市民が参加する「議会改革型参加」は、市民一般に議会の存在意義をひろめるオピニオン・リーダーを市民のなかに育てます。これが多数の市民が参加する「政策交流型参加」と相乗することによって、市民、議会が変わり、ひいては自治体のあり方が大きく変わっていくに違いないと予測しています。ご静聴ありがとうございました。

（二〇一八年九月二九日、「市民と議会の交流はどうあるべきか」をテーマに開催された議会技術研究会のオータムセミナーにおける基調講演。北海道自治研究二〇一八年一二月号）

［資料］　議会技術研究会

1　設立経過

二〇一三年六月、北海道自治体学会内に「議会研究会」を設置し、その後二〇一六年五月に「条例・議会研究会」に改称、さらに二〇一七年一月、「議会技術研究会」に改組して下記の会則のもとに新しく活動を開始し現在に至る。

公益社団法人北海道地方自治研究所の協力のもとで、毎月、運営委員会を開催するほか、議会改革にかんするテーマを適宜設けて、年二回程度のセミナーを開催している。また、議会改革について情報を提供するとともに、議員・議会からの個別の相談にも応じている。

2　運営委員

共同代表　西科純（芽室町役場）、渡辺三省（前札幌市役所）

事務局長　阿部忠彦（千歳市役所）

顧　　問　神原勝（北大名誉教授）、辻道雅宣（北海道地方自治研究所）、松山哲男（前登別市議会議員）

運営委員　以上のほか高野譲（北海道地方自治研究所）を加えて運営委員会を構成

3　会員数

市町村議会議員を中心に現・元議会事務局職員、研究者等をふくめた会員数は一二一名（二〇一九年五月一一日現在）

4　議会技術研究会会則

第1条　本研究会は、「議会技術研究会」（以下「研究会」）と称する。

第2条　研究会は、市民自治を基調に自治体議会の力量を高める観点から、議会理論と議会実務を媒介する、普遍性ある議会技術を豊かに構想・開発することによって、「実務をふまえた理論」の形成と「理論をふまえた実務」の構築をめざすことを目的とする。

第3条　研究会は、その目的を達成するために次の事業活動を行なう。

(1)　分析研究、理論研究およびその発表

(2)　学習会、講演会、シンポジウム・交流会等の開催

(3)　情報交流

(4)　相談

(5)　その他、目的達成のために必要な事業。

第4条　研究会の会員は、北海道自治体学会会員により構成する。ただし、自治体学会会員外の参加をさまたげない。

第5条　会員になろうとする者は、申込用紙に必要事項を記入して、事務局に提出しなければならない。

第6条　会員は、研究会、メーリングリスト、各種事業に参加することができる。また、会員以外の傍聴参加をさまたげない

ものとする。
第7条　会員からの会費は徴収しない。
2　第3条の事業等への会員の参加にかかる交通費、その他の経費は会員の自己負担とする。
3　研究会の財源の一部に助成金等を充てることができる。
第8条　研究会に、次の役員を置く。
（1）代表　二名
（2）事務局長　一名
（3）顧問　若干名
2　役員の任期は二年とし、再任をさまたげない。
第9条　代表は、総会において出席会員の過半数の賛成を得て選出する。
2　代表は、研究会を代表し、会務を統括する。
第10条　研究会に、会務を処理するため事務局を置く。
2　事務局長は、総会において、代表が推薦し、出席会員の過半数の賛成を得て選出する。
第11条　顧問は、研究会の運営について相談に応じる。
2　顧問は、代表が就任を要請する。
第12条　研究会の運営事項は、役員等によって構成する運営委員会において決める。ただし、運営委員会が決める基本的かつ重要な事項は、総会において出席会員の過半数の承認を得なければならない。
第13条　総会は代表が招集する。
第14条　研究会の会計年度は、毎年六月一日に始まり、翌年五月三〇日に終わる。
第15条　本会則を変更するにあたっては、総会において出席者の過半数の賛成を得なければならない。
第16条　その他、必要な事項は代表が別に定め、会員に周知する。

附　則

この会則は、二〇一七年一月二二日から施行する。

［2］ 市民と議会の関係はどうあるべきか

―議会モニター制度を中心に （二〇一八年）

はじめに

本日いただいた講演テーマは、「議会モニター制度について」というものです。このような内容の講演会を企画されたということは、A町議会が議会モニターの設置を念頭においてのことと思いますので、これにお応えするために視野を少しひろげて、市民と議会のあるべき関係という問題にも言及しながら、できるだけわかりやすくお話ししたいと思います。

私の方にも講演をお引き受けした積極的な意図があります。北海道の栗山町議会から議会改革がはじまって早や一〇年たち、全国的にみて大きな成果をあげていますが、個々の自治体の市民の目には「議会は変わった」とはなかなか評価されない。なぜか。やはり議会改革の成果がまだ十分ではないということもありますが、それとともに改革のプロセスや日常の議会運営に市民が参加していないからだと気づかされるわけです。

議会が改革をすすめても、市民は参加していなければ議会の存在意義や改革による変化を認識することができませんし、そうなると議員のなり手不足問題にも拍車をかけることにもつながっていきます。そのような意味で、これからお話しする議会モニターを設置する問題は、議会改革や議会運営における市民参加、すなわち議会が市民的な基盤を拡充・強化するうえにおいて非常に大きな意義があることを強調したいと思っています。

なお、市民の議会参加に関しては、議会改革とか議会の運営方法の改革を目的とした市民参加のほか、いわば市民参加の本丸ともいうべき政策をめぐる参加がありますが、この政策参加のあり方については今日はお話しいたしません。けれども、この区分はあまり厳密なものではなく、芽室町議会のモニター制度のように両方を兼ねている場合もあります。

1　道内にひろがる議会モニター制度

議会モニターの設置目的

さて最初に、議会モニターとはどのようなもので、どんな目的のもとに設置されるのか、それを議会基本条例などからみていこうと思います。

一番はじめに議会モニターを設置したのは栗山町議会ですが、同議会が全国で最初の議会基本条例を制定した二〇〇六年にはモニター制度はありませんでした。けれども、今後の議会改革や議会運営について町民の意見を聞く必要があるということで、二年後の二〇〇八年に条例を改正して議会モニターを置くことにしたのです。これが最初に登場した議会モニターです。

その改正議会基本条例第四条七には、「議会は、議会モニターを設置し、町民から議会運営等に関する要望、提言その他の意見を聴取し、議会運営へ反映させるものとする。」と書いており、また二番手に設置した芽室町議会は、議会基本条例の第二四条五に「議会は、議会モニター及び議会サポーターを設置し、提言その他の意見を聴取するとともに、議会運営に反映します。」と書いています。

くわえて、最近、議員のなり手不足対策などの問題提起やさまざまな議会改革の実践で脚光を浴びている浦幌町議会も、議会基本条例第一七条一で「議会は、町民参加と町民意見等の反映を図り、開かれた議会及び民主的な議会運営等を推進するため、議会モニターを設置する。」とのべています。いずれの議会も、市民の代表機関としての役割を果たすために、日常の議会運営と議会改革において市民参加をおこなうための有力な手段としています。

議会モニターを設置している議会はどこも設置要綱で制度と運用のルールを定めていますが、そのうち芽室町議会モニター設置要綱を例にとりあげて後ほどあらためて紹介することにします。

議会モニターの設置状況

では、どこの議会が議会モニターを設置しているのでしょうか。さきほどあげたものをふくめて年別に並べますと、栗山町議会（二〇〇八年）、芽室町議会（二〇一二年）、浦幌町議会（二〇一三年）、広尾町議会、別海町議会、斜里町議会（以上二〇一六年）、中標津町議会（二〇一七年）の七議会です。

このほかに、NPO法人・公共政策研究所（水澤雅貴代表）の調べによりますと、設置を検討中の議会として、苫小牧市議会、厚沢部町議会、幌加内町議会、下川町議会、豊富町議会、清水町議会などの名前があがっています。

これを調べたのは一年以上前ですから、みなさんのA町議会は入っていませんが、現時点ではもっと増えていると思われます。

全国的な評価の高い改革をすすめた芽室町議会の前議会事務局長、西科純さん（議会技術研究会共同代表）は、こうした議会モニターの設置は北海道に際立って多いといいます。もちろん本州方面にもありますが、都道府県単位でみるとそういうことになります。

議会モニターを置くときは、栗山町・芽室町・浦幌町のように議会基本条例に根拠をおいて設置する議会が多いのですが、なかには斜里町のように、議会基本条例は未制定であっても議会モニターを置く議会もあります。A町議会が置くことになれば、おそらく後者のタイプになるのではないでしょうか。

議会基本条例が先か、議会モニターが先か、私は、どちらの方法でもいいと思いますが、議会改革や議会運営にしっかりした市民的な基盤を与えるという意味では、議会モニター設置先行型が堅実な方法かもしれないと考えています。とくにこれから議会基本条例を制定したり、議会改革をはじめる議会にとっては、モニター先行型は効果的だと思います。

2　何のために議会モニターを置くか

市民と議会の距離感を縮める狙い

あらためて議会モニター設置の効用を考えてみましょう。

最近、北海道新聞には議会報道について変化が読みとれます。かつては議員定数・議員報酬・政務活動費にかんする報道が定番で、それに不祥事報道をくわえて、全体としては議会の負のイメージを増幅させるような内容の報道が圧倒的でした。ですから、市町村の議会がいいことをやっても報道されず、報道しても地域版にとどまっていました。けれども最近はプラス志向の報道が増えてきました。この変化は率直に評価したいと思っています。

そうしたなか昨年、議会モニターについても、とてもよい報道がありました。その記事のなかの一節です。

「住民が議会の運営や政策をチェックして提言する『議会モニター制度』を取り入れる地方議会が増えている。その背景にあるのは、深刻な議員のなり手不足だ。『何をやっているか分からない』『議会は本当に必要なのか』。そんな住民の不信感を払拭するため、議会を身近に感じてもらいたい、距離感を縮めるのが狙いだ。」（北海道新聞二〇一七年八月二〇日）

いま議員のなり手不足問題が各地で深刻化しています。そのために報酬を引き上げる、議員在職期間の本業休職制度をつくる、兼業や請負の制約を緩和する、夜間・休日に議会をひらく、女性議員を増やすためにクオータ制度を導入する、など、さまざまな検討課題が考えられていますが、私はこの道新記事が書いているように、まず基本の問題は、議会の役割とか存在意義を市民がしっかり理解することである、と常々思っています。

存在感が薄い、評価の低い議会の議員に、本業を犠牲にしてまでなろうと意欲を燃やす人はいないでしょう。ではどうすればそれが可能になるか。もちろん、議会が市民目線で行政を厳しく監視し、また、市民の意思を自治体の政策に反映するという議会の本来の仕事をとおして市民から正当に評価してもらえるような議会に成長していくことが基本です。

けれども、その実現を座してまつのではなく、そこをめざした改革の途中においても、モニター制度などを積極的に活用して、市民が議会を自分の耳目で観察することによって、改革の時間を短縮することができると考えています。そしてそのようなプロセスをとおして議会を理解した市民の層が厚くなれば、議員の仕事をしてみようと考える市民も増えてくると思うのです。議会への深い市民参加は最良のなり手不足対策といいたいのです。

市民と議会が厳しく向き合う

さきほどご紹介した西科純さんも議会モニターの意義を次のように述べています。

「芽室町議会改革の進展はモニター設置によるところが大きい。二〇一一年の議会報告と町民との意見交換では、複数の町民から議会運営と議員活動に対して猛抗議を受けた。議会はこれにひるまず、これを改革の好機と捉え、住民をメンバーとする議会モニター制度の導入を議会活性化計画に盛り込み、翌年に一〇人のモニターを設置した。初代モニターには、議会を激しく罵倒した住民にあえて就任をお願いした。」（北海道自治研究二〇一七年七月号「議会改革短信」第七号）

ここには「議会を激しく罵倒した住民にあえて就任をお願いした」とあります。これは素晴らしいことです。たいていの議会は自分たちを激しく、あるいは激しくなくても罵倒した市民を遠ざけてしまいます。これではモニター制度を設けても最初から半分死んだ制度といわなければなりません。芽室町議会のモニター制度が成功している秘訣は、議会の度量の大きさにあると私は思っています。

もう一つ紹介します。斜里町議会事務局長の阿部公男さんです。

「町民が議会・議員に求めることや議員に対する評価など町民意識の把握では、議会活動に対する正確な情報が少ないため、議員の定数や報酬、活動状況に対する意見では、的を射ないものが多く見受けられました。これは、議会がその活動や実績について十分な周知・報告を行ってこなかった結果であると思われることから、住民との懇話会の実施や議会モニターを設置して議会活動の実態について理解を促す取り組みを進めています。」（同二〇一七年一一月号「議会改革短信」第一一号）

阿部さんは、議会からの情報提供の不十分さにも原因があるが、住民の意見には「的を射ないものが多く見受けられました」と書いています。これも勇気のある重要な指摘です。一般的な市民の意見というものは最初はそのようなものなのです。私自身もそうで、とっさに意見を求められて発する返事は、後で後悔することが多く、不確かなのです。

だから正確な情報をもとに、市民と議会や行政が、そして市民同士が議論を重ねて、市民としてしっかりした認識がもてるように成長、習熟しなければならないわけです。その意味で議会モニターは、私たち市民が自治体政治に習熟していく大事なツールになりえるのです。

すこし余談になりますが、このような意味で、一回かぎりの意見を求めて終わりにする、いまはやりのパブリック・コメントというのがありますが、私は有効な市民参加の手法とは考えていません。本当の市民参加はその先にこそあるのです。

モニターを設置する理由

市民と議会がしっかり向き合う場にすれば、議会モニター制度は効果を発揮するということを新聞報道や議会事務局職員の方々の発言からみてきました。これを整理して、議会モニター設置の意義をとりあえず次のようにまとめてみました。

①市民が議会モニターになって、議会の現場を見聞し、また議員との意見交換などによって、議会とはどういうところか実態を知ってもらう。
②市民の目線から議会運営について気がついた問題点、改善点などがあれば積極的に提言してもらう。
③議会は、そうした市民の意見を議会改革、議会運営に反映することで、議会にたいする市民の信頼感を高める。
④議会についての知見を深めた議会モニターの層が厚くなって、市民のなかのオピニオン・リーダーになってく

れれば、議会の意義や役割の重要性の認識が市民一般にひろまる。

⑤それらによって市民の議会評価が高まれば、自ら議員になって仕事をしてみようと意欲を燃やす人が育ち、深刻な議員のなり手不足も緩和される。

とりあえずの整理です。みなさんもぜひ考えてみてください。

3　芽室町議会における実際の運用

議会モニターの人数と委嘱

次に、議会モニター制度の運用の実態を「芽室町議会モニター設置要綱」(二〇一三年三月制定、二〇一五年七月改正、＊後掲資料参照)を中心にみてみようと思います。

議会モニター制度を導入した二〇一二年四月のモニターは一〇人の町民から成っていました。そして二〇一三年度も新規一〇人を委嘱、二〇一四年度は再任五人と新規五人の計一〇人に、さらに二〇一五年度も再任四人と新規六人を委嘱しています。

二〇一六年度には、政策提言型のモニター制度へ移行しました。議会モニターに政策提言の仕事も担ってもらうのは芽室町の議会モニター制度の特徴ですが、この移行にともない定員を倍の二〇人に拡大しています。その結果、制度を導入して以降の五年間で述べ六〇人、実人数では四四人の町民が議会モニターを経験した計算になります。

再任と新規を取り混ぜながらモニター経験者の町民の数をどんどん蓄積していく。ここが大事なところではないでしょうか。また、モニターの募集は公募のほか、議長が適当と認めた団体から適任者を推薦してもらう方法を併用しています。

公募は基本で大事ですが、みなさんおそらく経験がおありのように、市民はなかなか遠慮深くて自分から率先して手をあげてくれません。そこで議会側からも積極的に適任者を探す努力が必要になります。

議会モニターの主な活動内容

では、議会モニターは具体的にどんな活動をするのでしょうか。

議会モニターは、本会議や委員会の会議を傍聴したり、議会がおこなう広報・広聴活動などにも参加します。議会はこれらをとおしてモニターから、議会運営等にかんし、要望、提言、その他の意見をひろく聴取し、芽室町議会の改革・活性化の推進と政策提案機能を強化することを目的にしています。そして議会は、モニター制度を「開かれた議会をめざす」ための起爆策と位置づけています。

モニターの業務内容は、レポートの提出と会議に出席して発言することが主で、具体的には、①議会運営への提言、②議会広報およびホームページへの提案、③議員との意見交換会（年三回）への出席、④議長が依頼した議会運営にかんする提言など、となっています。このほかにも議員研修会や議会報告会と町民との意見交換会などにも積極的に参加しています

こうしたさまざまな機会をとおして集まったモニターの意見・提案は、二〇一二年度は六九項目、二〇一三年度三四項目、二〇一四年度九五項目、二〇一五年度は一五七項目、そして二〇一六年度は三三〇項目に達しています。

議会モニターの会議のすすめ方は、二〇一五年度からは、ワークショップ方式に切り替えるとともに、議会運営委員会の先進地事務調査（二〇一五年五月、長野県飯綱町議会視察）を経て、要綱を改正し、二〇一六年度からさき

ほど話しましたように政策提案型のモニターへの移行を決定しました
　寄せられたモニターの提案については、議会は議会運営委員会と全員協議会で対応の協議をおこなうとともに、議会だよりにも掲載し、町民への周知にも努めます。議会運営にかんする指摘部分は、議会活性化計画の検討段階において、その趣旨をふまえて改善・改革を図ることにしています。

4　市民と議会の関係のあり方

感動したある議会モニターの言葉

　議会モニターについていろいろお話ししてきましたが、本日の講演でみなさんにぜひご紹介したいと思っていることがあります。それは芽室町議会の議会モニターを経験された蘆田千秋さんの言葉です。私は、これこそが議会モニター制度に求められている理想の姿ではないかと、非常に感動しました。レジュメにも引用しておきましたが読みあげます。

「私もモニターとして意見を述べるために、議会の傍聴にできるだけ足を運び、議員研修会に参加し、モニター同士で議論を重ねた。知れば知るほど、議会は重要な責任があることが分かってきた。重要な責任があるからこそ、議会が活性化され議員の資質が向上し、執行機関と切磋琢磨すれば、さらによい町政となり町民に返ってくるのではないかと思う。

　議会にたいして私は随分生意気な意見を言ったかと思う。でも、私たちモニターが議会に足を運ぶ度に、いつも議会の皆さんは感謝の言葉をかけてくれて、笑顔で迎えてくれた。私にとってモニターをしたことで、議会は前より身近で開かれて分かりやすくなった。私の意識が変わったのだ。議会改革というのは町民の意識をどう変えていくか、ということも重要なことなのではないかと思った。」

このお話は、芽室町議会の廣瀬重雄議長と西科純議会事務局長と私の三人の討論記録（『ここまで到達した芽室町議会改革』公人の友社、二〇一六年）を発行する際に、蘆田さんに寄稿していただいたエッセイ「町民からみた議会改革　議会モニター制度と議会改革」の一節です。

蘆田さんはいいます。「モニターをしたことで、議会は身近で開かれて分かりやすくなった。私の意識が変わったのだ。議会改革というのは町民の意識をどう変えていくか、ということも重要なことなのではないかと思った」。議会モニター制度の本質をついた素晴らしい言葉ではないでしょうか。

人は学習すれば変わるのです。十分な情報をえて自ら確かめ、そして他者と議論すれば人はどんどん変わるのです。そのように熟議、熟慮を経て変わった意識、意見こそがその人の本当の意識、意見ではないでしょうか。市民参加というのであれば、そうした市民の声を聞かなければならないのです。蘆田さんはご自身の体験をふまえられて、本当にわかりやすい言葉で議会モニターが「熟議・熟慮」の場であったことを語ってくれています。

重要性増す三つの仕組み

議会改革や議会運営にかんして市民が参加して熟慮、熟議するチャンスとして、議会モニターのほかにも「議会サポーター」と呼ばれる制度があります。これは議会が専門的知見を有する市民（必ずしも当該自治体の市民とはかぎらない）から必要に応じて意見を求めるものです。

これも栗山町議会が最初に試みました。その後は芽室町議会、登別市議会なども採用しています。議会基本条例に根拠をおいています。栗山町議会のサポーターは無報酬です。コトの性質上、学者・研究者がなるケースもあります。学者・研究者も現場と接点をもたなければ役に立つ理論構築はできませんので、学習する機会とか材料を与えてもらっています。

もう一つは議会改革諮問委員会です。議会に設置した付属機関です。議会基本条例の実施状況の検証や議会改革案の検討、それに定数・報酬をふくむ議会改革のさまざまな問題について、委員に委嘱された市民が議員も交えて議論し改革意見をまとめます。福島町議会、芽室町議会、栗山町議会などでは議会基本条例に明記しておこなっています。

こちらの方は議会サポーターほどではないにしても、議会について法制度をふくむやや深い理解が必要になりますので、私としては、モニターを経験して議会について理解を深めた市民が、次のステップとして改革諮問委員会の委員になるのが理想ではないかと思っています。

いずれにせよ現段階では、議会改革・議会運営に市民が直接参加する仕組みとして、議会モニター、議会サポーター、諮問委員会委員の三つは重要です。もちろん、もっと気軽に、たとえば浦幌町議会のように、だれもがふらりと立ち寄って、お茶を飲みながら町民と議員が会話できる「まちなかカフェDE議会」なども素晴らしい試みです。一〇年ほど前のことですが、ヘルシンキ市内のあちこちの街角でみた光景を思い出します。

おわりに

最後に一言もうしあげて私の話を終わりにします。

議会は市民を代表する民主政治の機構です。自治体は二元代表制ですから首長も同じ市民の代表機構ですが、その首長は独任制つまり一人しか選ばれませんから、どうしても当たり外れが出ます。すぐれた人の時もあり期待外れの時もあります。けれども、合議制の議会は逆で、多人数の議員が直接の選挙で市民のなかから選ばれますから、よくも悪しくも議会と市民はお互いの姿を映し出す鏡の関係になります。

もちろん現状では、議員構成における男女間格差や世代間格差などがありますから、これらはできるだけなくさなければなりませんが、それでも議会が多人数の議員から構成される点に着目すれば、首長に比べて議会は当たり外れが少なく、社会の縮図に近いということができるでしょう。

ということは、市民の自治水準あるいは自治能力といいますか、いわばそうした市民度が低ければ、議会の水準すなわち議会度も低くなり、逆に、市民度が高ければ議会度も高くなる、ということになります。この後者の、市民と議会がともに自治体の政治・行政にレベル高く習熟していくチャンスをどうひろげるか、これこそが市民と議会の関係に課せられた究極のテーマだと考えています。

これは片方だけの努力だけでは成就しません。また、一方を批判するだけでもなしえません。両方の努力が必要です。議会から市民に向かって問題を投げかける。市民からも議会に問いかける。そうして双方がしっかり向き合い、情報を共有し、熟議・熟慮をつくし、合意を形成する。議会とはそうした場です。だから「討論のヒロバ」であり、「民主政治の学校」なのです。市民と議員が、教える者、教わる者として臨機応変に立場を入れ替えながら相互学習するヒロバであり学校です。

本日はそうした学校の試みとして、議会モニターの可能性についてお話ししました。議会改革のなかで、いまいろいろな議会とくに小規模な議会が、ハッと思わせるようなおもしろい市民参加を各地で試みています。みなさんもアッと驚くような独創的で楽しい方式を生み出してください。おおいに期待しています。

（二〇一八年二月六日、A町議会における議会モニターについての講演。北海道自治研究二〇一八年六月号）

［資料］　芽室町議会モニター設置要綱

（二〇一二年三月三〇日制定、二〇一五年七月一日改正）

（目的）

第1条　この要綱は、芽室町議会モニター（以下「町議会モニター」という。）を設置することにより、町民からの要望、提言、その他の意見を広く聴取し、芽室町議会（以下「町議会」という。）の改革・活性化の推進及び政策提案機能を強化することを目的とする。

（定義）

第2条　この要綱において、次の各号に掲げる用語の定義は、当該各号に定めるところによる。

（1）町民　本町の区域内に居住する者をいう。

（2）会議　町議会の本会議、常任委員会、特別委員会及び町議会議長（以下「議長」という。）の下に設置する組織等をいう。

（定員）

第3条　町議会モニターの定員は、20人以内とする。ただし、議長が必要と認めたときは増員することができる。

（資格）

第4条　町議会モニターは、次の各号に定める要件を満たす者とする。

（1）年齢満一八歳以上の町民であり、かつ、芽室町職員、議員又は各種行政委員でないこと。

（2）町議会のしくみ及び運営に関心があること。

（3）町政及び地域社会の発展に関心があること。

（募集方法）

第5条　町議会モニターは公募とする。ただし、議長は適当と認めた団体等に対し、適任者の推薦を依頼することができる。
（委嘱）
第6条　町議会モニターは、公募者及び推せん者のうちから議長が委嘱する。
2　議長は、前項の規定による町議会モニターの委嘱に当っては、町議会モニターの年齢・居住地等に著しい偏りが生じないように配慮しなければならない。
（解任）
第7条　町議会モニターが次の各号のいずれかに該当するときは、議長は当該町議会モニターを解任できるものとする。
（1）第4条に規定する資格を失ったとき。
（2）町議会モニターから辞任の申し出があったとき。
（3）その他議長が必要と認めたとき。
（任期）
第8条　町議会モニターの任期は一年とし、再任を妨げない。
（謝礼）
第9条　町議会モニターは無償とする。ただし、議長が必要と認めたときは、支給することができる。
（職務）
第10条　町議会モニターは、次の各号に定める職務を行うものとする。
（1）会議（非公開で行われるものを除く。）を傍聴し、当該会議の運営に関する意見を文書（電子メールを含む。以下この条において同じ。）により提出すること。
（2）「芽室町議会だより」、「芽室町議会まめ通信」及び「芽室町議会ホームページ」などに関する意見を文書により提出すること。
（3）議長が依頼した町議会の運営に関する調査事項に回答すること。

（4）町議会議員と一年に二回以上、意見交換を行うこと。
（5）その他議長が必要と認めたこと。
（提言等の取扱い）
第11条　町議会モニターから提言等が提出されたときは、議長は必要に応じ関係する会議に当該提言等を送付し、当該会議において検討させるものとする。
2　前項の規定による検討結果は、原則として当該提言等を提出した町議会モニターに通知するとともに、議長が別に定める方法により公表するものとする。
（委任）
第12条　この要綱に定めるもののほか、必要な事項は議長が別に定める。
附則
この要綱は、二〇一五年七月一日から施行する。

［3］小規模自治体の議会はどうあるべきか（二〇一八年）

1　自治体の規模と普遍性

平成の市町村合併によって全国の市町村数は四六％減少し、約一七〇〇になった。このうち人口一万人未満の市町村（小規模自治体）の減少率は六九％で約四八〇市町村となり、全自治体の二八％となっている。この小規模自治体は、北海道（一一八）、長野県（四一）、福島県（二九）をはじめとする数県に集中して存在している。とくに北海道は市町村の数が多いうえに、小規模自治体の数も圧倒的で、一七九市町村の六六％を占めている。

こうした北海道に暮らしていると、普通の自治体としてイメージするのは、全道人口の三五％を占める政令指定都市の札幌市や中核市の旭川市・函館市といった二、三の大規模自治体ではなく、むしろそれよりも格段に規模の小さな自治体である。この点は本州の自治体イメージと北海道のそれが決定的に異なるところであろう。そして分権時代における自律自治体の形成を牽引する問題の提起や改革の実践は、こうした小規模自治体が先鞭をつけることが多々あるから、小規模自治体の存在感は決して小さくない。

実際、本稿のテーマである議会改革にしても、それを象徴する議会基本条例の制定は、もとはといえば二〇〇六年に北海道の栗山町議会から発したもので、そこから全国に波及していった。自治体の憲法とされる自治基本条例にしても、二〇〇一年にニセコ町から全国にひろがっていった。総合計画の策定・運用にかんしても、二〇一一年に東京都武蔵野市が制定した長期計画条例に次いで、二〇一三年以降は北海道のいくつかの小規模自治体がすぐれた理念と実効性ある手法を条例化して先鞭をつけている。

私はこれまで、上記のような北海道的環境のなかで、とくに規模を意識することなく小規模自治体と接しながら地方自治のあり方を考えてきた。そして自治基本条例、議会基本条例、総合計画条例などは小規模自治体が発したものではあったが、それらがもつ先見性や意義の普遍性に着目したから、とくに自治体規模と関係づけて論じることはなかった。すぐれた内容のものなら自治体規模の大小をこえて時間の流れとともに普及していくのである。

後にも述べるが、日本のすべての自治体は憲法と地方自治法によって画一化された同型の政府形態（二元代表制）をもち、しかも人口・面積の大小にかかわらず、多種多様な仕事をする「大きな自治体」だから、この点においても地方自治を考える私自身の発想の基本において自治体の規模はさして問題ではなかったのである。もちろん制度化に際して規模に応じた工夫は生ける制度の必須の要件だが、基本の課題は規模をこえて共通している。

初発から一〇年たって全国にひろがった自治体議会の改革は、小規模自治体の議会からはじまったものである。そして一〇年たってみると、大都市や都道府県などの大規模議会における改革はすすんでいないことが明らかになった。そのため大規模議会の改革が次なる議会改革の主要なテーマの一つになりつつあるが、このことは逆にいえば、これまでの議会改革は小中規模の自治体議会が中心であったことをあらためて思わせるから、小規模自治体の議会のあり方を論じるためには、これまでの議会改革の問題状況を検証するのが近道である。

2　議会改革の成果は何か

それでは一〇年にわたる議会改革はどのような成果をあげたであろうか。議会改革の時代が到来したといっても、全国の自治体議会が一斉に改革されるわけではなく、現状では古いものと新しいものが交錯する分極的な状況を呈している。したがって、改革を先導する「先駆議会」、議会基本条例は制定したがなかなか実行がともなわない「居眠り議会」、そして旧態依然の「寝たきり議会」に三分化するカタチで議会間格差が生じている。

私の直感で三分化した議会の割合はそれぞれ一割、二割、七割と見立てている。けれども議会間格差とはいっても、これは時間格差と考えるべきで、どの議会も努力すればレベルは上昇するから、解消可能な当面の格差とみておきたい。逆に、先駆議会であっても、ウサギとカメの競争のたとえのように、油断すれば後退し追い越されることはいうまでもない。

議会の行動規範を定めた議会基本条例は、現在七五〇をこえている。ここには、①積極的に市民と交流して市民の意思を自治体の政策に反映させる、②首長と行政をしっかり監視し自ら積極的に政策を提案する、③これらの実効をあげるために議員間で活発に政策を議論する、という三つの大きな柱がある。この課題をふまえて個別的に改革をすすめる議会もあれば総合的にすすめる議会もあるなど、多様なアプローチが試みられている。

しかしながら、改革がスタートして一〇年たったにもかかわらず、先駆議会が一割という現状で、どうして議会改革を高く評価することができるのかという疑問符がつきつけられる。これにたいして私は、「現在という同時的空間における先駆議会の数は少なくても、その意義が普及して改革をすすめる議会が増大すれば未来の空間構成は大きく変化するはずである。現在における先駆議会の存在を起点に未来の空間を構想する視点なくしては、いかなる改革も語ることはできないだろう」と答えることにしている。

このような基本的な認識に立って、私は、すでに一〇年の議会改革によって「あるべき議会像のみえる化」がすすみ、それが次なる改革へのたしかな展望を拓いたと高く評価している。そしてこの「みえる化」には二つの意味があって、これは多くの議会基本条例に書かれていることだが、第一は理論的な側面において、二元代表制における議会像が明確になってきたこと、第二は実践的な側面で、すぐれた実例が列島のなかに蓄積されたことである。

第一の二元代表制の問題だが、栗山町の議会基本条例は「二元代表制」という言葉を使用せず、その意味するところを平易に記述して、議会のあるべき姿をわかりやすく表現している。ふり返って考えると、そのことがかえって二元代表制についての理解をひろげるうえでプラスに作用したと推測している。現在は多くの議会基本条例が「二元代表制」の言葉を用いているが、その意味するところは栗山町の議会基本条例の記述であろう。

二〇一六年に栗山町議会が開催した一〇周年の記念行事の講演で、条例制定当時の議長だった橋場利勝氏は「私の望む議会は基本条例の前文にすべて書いてある」と述べた。この前文には、二元代表制の意味として、首長と議会には、市民意思の反映をめぐって競争・協力し、自治体としての最良の意思決定を導く共通の使命があること、議会は自由な討議をとおして政策上の論点・争点を提起する「討論の広場」になることが第一の使命であること、それらの使命を実現するため、情報の作成と公開を前提に、議会と住民、首長との関係、議員間の関係について当議会としての独自のルールを定めると書いている。

理解の水準がここまで達しているかどうかは別として、現在は多くの議会基本条例が「二元代表制」を明記している。二元代表は直接公選制ゆえに政治的正統性が対等な首長と議会によって構成される。したがって一元代表制（国の国会内閣制）のような議会における与野党の形成は制度原理ではなく、議会は首長にたいして「機関」として批判と提案の機能を発揮するのが本来の役割である。こうした正当な認識が二元代表制の用語の普及とともに定着してきた。

もう一つの大きな成果である改革実践例については、先駆議会によるすぐれた改革事例が蓄積されている。それは議会基本条例に共通して記されているアイテムのすべてにわたっている。こうした実例の存在は改革に向けて大きな動力となる。今日ではこれらの先駆事例の情報は容易に入手できるから、改革をすすめようと思う議会はまずそれらの先端情報を取得し、自らの議会の現状と比較することで改革の構想を練ることができる。

以上のように、二元代表制の理解がすすんだことと、それを具体化する改革事例が蓄積されたことが、全体的にみた議会改革の成果といえるだろう。このことは意思さえあればどの議会にとっても本格的な改革にチャレンジできる条件が整えられたことを意味するから、それでも無関心を装う議会があるとするなら、そうした議会は市民の不信感をつのらせ自滅の道をたどることになる。議会のあるべき姿がみえない手探りの時代と違って、現在は改革の手本が存在する時代に進化しただけに、議会にとってはこれまで以上にきびしい時代がやってくる。

3　今後の議会改革の課題

このような意味で、私は小規模自治体の議会のあり方については、なにか新しい特別なことをつけくわえるのではなく、これまで形成されてきた議会改革の理論やテーマは、小規模自治体の議会自身の営為に依拠するところがきわめて大きいのだから、それらを再確認したうえで着実に実行することがまず第一に求められると思う。この場合、今後の改革を効果的にすすめるためには、自治体規模とはあまり関係ないが、次の二つのことに留意すべきだろう。

第一は、議会改革における市民基盤の強化である。市民と議会の相互交流のチャンスが拡大し、そのことによって市民と議員が互いに触発しあって自治体政治に習熟する、いわゆる「民主政治の学校」となる議会の実現が議会改革の理想である。けれどもこの「民主政治の学校」は改革の結果として市民に与えられるのではなく、改革のプロセスにおいても実現されなければならない。改革プロセスへの市民参加という、市民自身の体験をとおして会得した議会観の変化であれば、これほどたしかなものはないであろう。

議会改革がすすんでいると評価される自治体でも、市民の議会評価はさほど高まっていないことが多々あるのである。そこで日常の議会の現場を観察して気づいたことを提言する議会モニターや、議会改革の内容を検討する改革諮問会議などへの市民参加をすすめて、そこでえられる知見によって議会を深く理解した市民の数を増やし、そうした市民に議会と市民一般との間の心理的な溝を埋めてもらうことが肝要である。これが大きな効果を生むことは、議会モニターや諮問会議を積極的に活用する議会から報告されている。

私は、このように議会を理解した市民が増大すれば、そこが実質的な議員候補者養成の学校となって、議員のなり手不足はいずれ解消されるのではないかと期待している。市民が議会の存在を高く評価し、それゆえに議員が尊敬され、誇りをもって仕事をする議会になることが、なり手不足対策の王道ではないか。女性や若者、サラリーマンが立候補しやすくなる法制度的な側面での環境整備はもちろん必要だが、まずは、それぞれの議会かぎりで自由にできる、これらの人々にたいする議会参加・政策参加の道を試みるべきであろう。

第二は「政策議会」への基盤づくりである。これまでの議会改革は、上述したように議会と市民の関係、議会と首長の関係、議員相互という、主体間の関係の改革を軸にして、それぞれに属する多様なアイテムを改革の対象にしてきた。その結果、総花的な印象を免れえなかった。そこで今後は、議会が自治体政策に正面から向き合って批判と提案をおこなう、私の言葉でいえば「政策議会」への進化に向けて、改革の求心力を強める必要がある。先駆議会による政策サイクル形成などのすぐれた試みもあるが、全般的に議会の主体的な政策活動は貧弱である。これは議会だけの責任ではない。行政をふくむ自治体としての政策活動のルールが整備され、議会としての政策提言も組み込むシステムになっていなければ、議会は市民の意見を適正に処理することができないため市民参加は形骸化する。また、議会の政策提言が反映される余地がないなら議員間討議も必要すら生まれない。

そのため私は、多年度予算として機能するような総合計画への技術革新、とりわけ実施事業ごとの政策基礎情報（個票）の作成・公開、くわえて、これと連動して性質別予算の〈節〉を組み替えて事業ごとに諸経費を算出する事業別予算の作成の重要性を説いてきた。そして議会改革の一環としてこの議論をすすめるため、最近では、政策としての必須の要件を説明する政策基礎情報として、「事業別政策調書のフレーム」（＊本書九四～九五頁の図参照＝追記）を作成している。

以上の二つは、自治体議会一般に共通する今後の改革課題だが、せっかくの機会だから都道府県や大都市議会の改革課題についても一言しておきたい。大都市や都道府県などの大規模議会には規模の大きさに由来する構造的な問題があって、なかなか改革がすすまない。これを克服して議会が批判と提案の機能を回復するには二つ側面から検討が必要である。

ひとつは、タテ割り型の行政にそった現行の常任委員会のほかに、ヨコ割り型の地区別常任委員会という政策議論の独自空間を設け、都道府県であればそこに市町村参加を、大都市ならば市民参加を試みて政策議論を活性化させる必要がある。このような議会独自の政策空間を設けることによって、行政のタテ割り政策の弊害にたいする批判がきびしさを増せば、都道府県行政における出先機関の改革による地域政策単位の形成や、すでに地方自治法にも導入している大都市行政区の「総合区」化も促進されることになろう。

もうひとつは議会内の会派の問題である。国レベルの政党政治と密接度の高い大規模議会の会派は、事実上は政党会派である。それゆえに二元代表制は、首長との関係で与野党化した会派間の対立と調整を軸に運用される。しかもこの調整は水面下でおこなわれることが多いから、議会基本条例にどんなに立派なことを書いても形骸化してしまう。まさしく大規模議会は旧態依然として「会派あって議会なし」の様相を呈しているといっても過言ではない。

政党会派には民意集約機能もあるから存在を否定するつもりはないが、それならもう少し内部の透明度を高める必要がある。会派が「政策集団」なら、政策研究の成果は政務活動費とともに公開されなければならない。また、多様な政策テーマを設けて会派横断的な政策活動にも積極的にとりくみ、「議会」としての政策合意をつくりだす努力を重ねるべきだろう。これに付随して個々の議員の自由な意思表示を制約する会派拘束も廃止すべきではないか。

いずれにしてもこれまで手つかずであった大規模議会の問題はこれからの議会改革の大きなテーマになるであろう。

4　町村総会は実現可能か

過去一〇年の議会改革は主に中小規模の自治体の議会が担ってきたものだから、あらためて小規模議会のあり方を論じるというよりは、過去の改革の検証のうえに引き続き明確になった改革課題を着実に実行に移すことが重要であると述べてきた。そしてこれがすすんでいくなら議会にたいする市民の評価も高くなり、その結果として議員のなり手も増えてくるのではないかという、私自身の展望についてもふれてきた。

こうした観点から私は、話題を呼んだ町村総会問題のなりゆきについても関心をもってきたのだが、とりあえずは「議会の存続」という妥当な結論に落ち着いたようである。

人口規模が約四〇〇人で離島を除けば全国で最小の高知県大川村議会が、議会を廃止して有権者による「町村総会」の設置の検討を表明したのは二〇一七年の五月であった。過疎化や高齢化で議員の定数確保が困難になったことがその理由にあげられている。問題の背景にある事情は大川村に特有のものではなく全国に共通する。とくに小規模町村の多い北海道では議員のなり手不足の深刻化が懸念されることから、地元新聞は高い関心をもって報道した。

当の大川村では、その後議長から町村総会設置の検討を諮問された議会運営委員会の委員が村民に聞き取り調査した結果、以前よりも村議への立候補に意欲的な人が増えているとの感触を得たことから、委員会は「議員として活躍を期待できる人材は育っており、議会組織は今後も構成できる」と議長に答申することになったと報道されている。これにより大川村で町村総会が実現する可能性は当面はなくなったようである。

自治体の代表制について、憲法第九三条が首長と議会の議員は住民が直接選挙すると定めている。いわゆる二元代表制である。けれども、地方自治法では、例外を認め、条例で議会を置かずに選挙権者による総会を設けることができることと、町村総会にかんしては町村の議会にかんする規定を準用するとの二つを定めている。町村総会にかんする法律上の規定はこれだけだから、ここから先は自治体と住民が自由に構想する領域である。

そこで考えてみたいのだが、私は、町村総会は実現しない、あるいは実現できないと思っている。町村総会についてこれまで二つの疑問を抱いてきた。一つは、前に述べたように、規模の大小にかかわらず、日本の自治体はたくさんの仕事をする「大きな自治体」だからである。仕事量はなかなか国際比較できないが、国税と地方税を合わせた租税総額の六五％を自治体の会計から支出している国はなく、国の経済規模からいっても日本の自治体の活動量の大きさが類推できる。

二〇〇〇年の分権改革前の地方自治法には、自治体の仕事内容が例示してあって、自治体が市民生活の森羅万象にわたって活動していることが一目瞭然だった（＊後掲条文参照＝追記）。この有意義な規定は現存しないが、いずれにしても日本の自治体は、人口・面積の規模にかかわりなく事務量・政策量の多い「大きな自治体」である。とすれば議会に代わる町村総会はこの大きさに対応できるかということになるが、私はそれは無理で元の木阿弥になると考える。

小さな町や村が地下鉄を建設するわけではないから、大都市に比べれば仕事量が少ないのは当然だが、たとえば人口四〇〇〇人の町でも、各年度約四〇億円規模の一般会計を駆使して、期間四年の実施計画にもとづく約二〇〇の事業（事業費が一〇〇万円以上のもの）を実施している。それゆえ議会は、計画策定時はもちろん各年度の予算においても、本会議や各種委員会でそれらを審議している。そのために議員はどんなに少なくとも年間四分の一の日数を費やしている。それでも議会の議論は不十分だとして市民から疑念がもたれているのに、こうした議員と議会の仕事をはたして町村総会は肩代わりできるであろうか。

有権者全員が参加する総会を年数回開催するのは無理であろう。だからといって議会の生命線であった審議を簡略化するには限界がある。町村総会に移行してあえてそれをやれば、首長・行政と総会の間、あるいは総会構成員間の議論はおろそかになり、結果として首長と行政の独走を許すことは想像に難くない。議会の機能強化のために通年議会の採用が期待される時世になっていることを考えると、町村総会は二重の意味で時の流れに逆行する。

議会から総会に切り換えても、やはり議案の問題点を明らかにするため、構成員のなかから特定メンバーを委嘱して突き詰めた検討をゆだねざるをえなくなる。けれども、これができるのなら、はじめから選挙で議員を選んで議会を構成したほうがよいということになる。元の木阿弥とはそうした意味である。自治体はどんなに小規模といえども、全員参加・全員一致・全員執行を旨とした江戸時代の村寄合や今日の町内会・自治会とは違うのである。

私がいだくもう一つの疑念は、執行者が決定権を行使する問題である。町村総会を採用した場合、その構成員は有権者住民である。したがって、そのなかには多くの場合、首長や職員もふくまれる。ということは、議決機関たる町村総会の構成員に執行機関の人間がくわわって議決権を行使するという、二元代表制では起こりえない問題が生じる。

小さな自治体であるほど、役場職員は家族・親族の存在をふくめて、地域社会の世論形成と自治体の政治行政に及ぼす影響が大きい。彼らが総会の一員として陰に陽に議論の流れをリードすることになれば、上に述べた理由に輪をかけて首長と行政の独走を許すことになる。したがって、二元代表制と同様に、首長と総会の緊張が必要となれば、執行側の人々を総会における決定の場から除外しなければならないが、そのようなことは可能なのであろうか。

以上は、私が町村総会の設立に積極的になれない理由の一端である。報道によれば、大川村議会が町村総会を断念した理由は「以前より村議への立候補に意欲的な人が増えている」との認識だった。議員のなり手不足に危機感をいだいて発せられた「町村総会への移行の検討」という衝撃的な問題提起は、村民にとってわが村、わが議会を考える大きな学習のチャンスとなり、それが「立候補に意欲的な人」をつくったのであろう。そうであれば、村議会は「民主政治の学校」としての最小限の役割は果たしたことになる。

これを機に大川村議会が村民とともに議会改革をすすめるなら、議会の存在感が増大することとパラレルに議員のなり手不足も解消していくであろう。そして町村総会への移行を考えたがこれが杞憂に終わったと振り返ることができる日がくることを期待したい。

5　議員のなり手不足対策

議員のなり手不足の問題は、北海道浦幌町議会の意欲的な問題提起が注目されている。もちろん近年は、小規模自治体における無投票当選議員の増大や定数割れ議会の出現などを背景に、国レベルでは地方制度調査会が、また自治体レベルでは議長会などでも対策を検討しているが、直接の当事者である特定の町村議会が、議会改革の一環として総合的な視点をもってこの問題にとりくむ意義は大きいといってよいだろう。

浦幌町議会は、二〇一一年から本格的に議会改革に取り組みはじめ、翌一二年に議会基本条例を制定している。それ以降は、この条例にもとづいて議会モニター制度をはじめ、町民意見箱の設置、議会報告会の実施、議員と議会の自己評価、政策形成サイクルの試行など、「第一次議会活性化」と銘打って議会改革に積極的に取り組んできた。

そして二〇一五年四月に統一自治体選挙を迎えた。このときおこなわれた浦幌町議会選挙では、定数を一三から一一に減数して臨むことになったが、議員数を減らしたのだから当然選挙戦になることが期待されたところ、現職議員の引退や怪我、本業との両立が困難であることに起因する若手のなり手不足などが重なって、一〇人が無投票当選、欠員が一という選挙結果になった。このときの統一選挙では、全国で三七三町村中八九町村が無投票となり、定数割れ議会も四町村を数えたが、浦幌町もここにふくまれた。

この選挙の結果を受け、町民からさらなる議員定数の削減の声があがるのではないかと危惧した議会は、選挙後の初議会において、任期四年間を「第二次議会活性化」の期間と位置づけて、さらなる議会改革をすすめることになった。そのために①議会の役割（議員定数・議員報酬）②監視・評価機能の強化③調査、研修、政策立案機能の充実④議会組織、議会運営のあり方⑤町民に身近な・開かれた議会の五項目を改革の視点とした。

なかでも最優先課題としたのは①に属する「議員のなり手不足解消」で、選挙制度、議員報酬、選挙費用、議会活動、地域割、しごと（兼業など）、若者・女性、後継者、人口減少（少子高齢化）、政治への無関心、その他の一一項目を検討課題とした。そして任期前半の二年で改革の方向を決め、後半二年で改革を実施することになった。

こうした方針にもとづいて、議会は、講演会の開催や町民との多彩な交流（一般会議を活用した各種団体、議会報告会、まちなかカフェDE議会、同おじゃまDE議会など）や二〇〇〇人の町民にたいするアンケート調査、さらには中間報告についてのパブリックコメントなどをふまえ、二〇一七年三月に、『議員のなり手不足の検証（検証報告書）』と題する一七〇ページの最終報告書をまとめた。この間議会は六〇回以上の協議を重ねた。

報告書の主な内容は

・選挙制度↓「被選挙権を一八歳以上に」「欠員の補充のための補欠選挙の要件緩和」
・議員報酬↓「若者手当・育児手当の支給」「浦幌方式による議員報酬」（「福島町方式」を参考に、町長の給与に議員の活動日数の対町長比を乗じて議員報酬を自動算出する方式）
・選挙費用↓「ポスター、選挙カー費用などの選挙公営の拡大」、「選挙にクラウドファンディングの活用」
・議会活動↓「チーム議会・活性化のさらなる充実強化」
・しごと（兼業）↓「サラリーマンが議員として活動できるよう会社に補助金を支給する議会議員チャレンジ奨励・雇用促進事業補助金（仮称）創設の提唱と検討」
・若者・女性↓「休暇、休職などの労働環境・社会保障制度の充実」「少子高齢化対策・女性活躍社会のための法及び基盤整備」
・政治への無関心↓「議会の情報発信として議会展示会、議会広報の充実、カフェDE議会などの充実」

議会は、これらのうち法令改正が必要なものは、国に実施を求めている。また浦幌町のみならず、議員のなり手不足に危機感をいだいている、浦幌町をふくむ十勝町村議長会や北海道町村議会議長会も国にたいして同種の意見書を提出している。

浦幌町議会が議員のなり手不足対策の報告書をまとめたのは、大川村議会が町村総会への移行の検討を提起した三ヵ月後のことであった。そうしたことから、日頃から議員のなり手不足の問題に悩んでいる各地の町村議会は、大川村議会の提起に触発された熱いまなざしをなり手不足対策の方途を提起した浦幌町議会に転じている。現在、同議会に視察が殺到しているという。

けれども、浦幌町議会は議員のなり手不足だけを協議してきたわけではない。上記の②から⑤の改革視点が示しているように、議会の政策機能の充実を中心に、多様な改革をすすめていることにこそ注目すべきである。議員のなり手不足対策は、それかぎりの固有の解決策があるわけではなく、議会の機能を充実する総合的な改革と相乗してはじめて効果をあげることができる。その意味で、この効果が表れる二年後の議会選挙を楽しみに待ちたい。

＊（追記）二〇一九年四月の浦幌町議会選挙では、定数一一にたいして一四人が立候補した。またこの選挙では最年少議員（満二五歳）が誕生した。

6　議会改革の今日的位相

自治体の運営にかかわる主体は、主権者として政治主体である市民、制度主体として特別な役割を担う首長、議員、職員の四者である。今日の自治体への進化をもたらした、一九六〇年代にはじまる自治体改革は、これらの主体の変化でいえば、市民（課題解決をめざした市民運動の噴出）→首長（公選首長の市民にたいする政策責任の追及）→職員（政策の質を左右する職員の政策能力の向上）へと連動しながらすすんできた。

けれども、議会はそうした改革の外にあった。一〇年前、その議会にようやく改革の火が灯った。その理由は、分権改革によって議会の役割が増大したこと、市民の議会不信にたいする議員の危機意識が高まったこと、議会基本条例という改革の具体的な手法が開発されたこと、議会改革を理論的に支える二元代表制論が存在したからであり、これらが相乗することによって改革のたしかな可能性が拓かれたのである。

私は長い時間自治体の変化を観察してきて、各主体の変化が主体相互の関係の変化を呼び起こしながら、全体として自治体が成長していくことを経験則として学んできた。こうした見方は議会についても妥当する。議会改革がすすめば、先行して自己革新を経験してきた市民・首長・職員もあらためて自己のあり方を問い直さざるをえなくなる。すなわち、これからの議会改革に「議会が変われば自治体が変わる」可能性を読んだ。

議会が批判と提案の政策力量を向上させれば、首長はそれに応える行政の政策活動の質の向上を職員に督励することになる。こうして議会が自治体の政策に大きな影響を与えるようになれば、市民の議会にたいする評価が高まる。とすれば議会にたいする市民の参加意欲が増し、それがさらに議会の力量を高めることにつながっていく。私はそのような主体間における影響の連鎖をうながす議会改革こそが、議会改革の真髄であると思っている。

かつての高度経済成長期における初期の自治体改革は、都市型社会への急激な移行にともなう生活危機に立ちあがった市民が公選首長の責任を問うカタチで首長との交流を活発化させ、そこから公開と参加の自治体政治のスタイルがつくりだされた。その意味で新しいスタイルの発生源は市民だが、制度化は首長主導型ですすんだといってよい。これに比して今日の議会改革は、議会主導型の自治体改革の可能性を追求していると考えてよいだろう。

もうひとつ着目しておきたいことがある。それは、今日の自治体改革はかつてのそれが大規模自治体の主導によるものであったのにたいして、小規模自治体が主導しているといっても過言ではないという点である。最初に述べたように、分権時代における自律自治体の形成にとって基幹的・標準的装備となりつつある自治基本条例や議会基本条例などは小規模自治体から登場したものである。総合計画条例もすぐれたものが小規模自治体から生まれている。

かつての自治体改革は大きな都市自治体が牽引したが、それが可能だったのは、緊急に解決を要する政策課題の存在、高い知的水準に支えられた市民（運動）の登場、自治の理念をふまえた公選首長の指導力、それを支える職員の政策能力という四つの条件が存在したからである。これらの条件は、当時としては大規模自治体ゆえに相対的に有利に調達できた。そしてこの自治体改革の成果は、情報公開・市民参加をはじめとして今日に接続している。その恩恵を小規模自治体も受けてきたわけだが、時が流れて今日では情報公開や市民参加は自治体規模にかかわらず全自治体の共通課題になっている。けれども、現在の自治体改革は、発生源的には流れは逆になっているのではないか。上記の四条件のような課題は、いまは小規模自治体でも調達できるし、むしろ小規模であるがゆえの合意形成の容易さや、実行にあたっての瞬発的な機動力の発揮によって、一気に改革がすすむ事例がたくさんある。

首長主導型から議会主導型の自治体改革へ、大規模自治体主導型から小規模自治体主導型の自治体改革へという二つの流れの変化を重ね合わせるとき、小規模自治体の議会にかけられる期待はこれからも大きい。

（都市問題二〇一八年一月号）

［資料］二〇〇〇年分権改革前の地方自治法における市町村事務の規定

第二条（中略）

② 普通地方公共団体は、その公共事務及び法律又はこれに基く政令により普通地方公共団体に属するものの外、その地域内におけるその他の行政事務で国の事務に属しないものを処理する。

③ 前項の事務を例示すると、概ね次の通りである。但し、法律又はこれに基く政令に特別の定めがあるときは、この限りでない。

一 地方公共の秩序を維持し、住民及び滞在者の安全、健康及び福祉を保持すること。

二 公園、運動場、広場、緑地、道路、橋梁、河川、運河、溜池、用排水路、堤防等を設置し若しくは管理し、又はこれらを使用する権利を規制すること。

三 上水道その他の給水事業、下水道事業、電気事業、ガス事業、軌道事業、自動車運送事業、船舶その他の運送事業その他企業を経営すること。

四 ドック、防波堤、波止場、倉庫、上屋その他の海上又は陸上運送に必要な施設を設置し若しくは管理し、又はこれらを使用する権利を規制すること。

五 学校、研究所、試験場、図書館、公民館、博物館、体育館、美術館、物品陳列所、公会堂、劇場、音楽堂その他の教育、学術、文化、勧業、情報処理又は電気通信に関する施設を設置し若しくは管理し、又はこれらを使用する権利を規制し、その他教育、学術、文化、勧業、情報処理又は電気通信に関する事務を行うこと。

六 病院、隔離病舎、療養所、消毒所、病院、住宅、宿泊所、食堂、浴場、共同便所、公益質屋、授産施設、救護施設等の保護施設、保育所、児童養護施設、児童自立支援施設等の児童福祉施設、老人ホーム等の老人福祉施設、身体障碍者更生

援護施設、留置場、屠場、じんかい処理場、汚物処理場、火葬場、墓地その他の保健衛生、社会福祉等に関する施設を設置し若しくは管理し、又はこれらを使用する権利を規制すること。

七　清掃、消毒、美化、公害の防止、風俗又は清潔を汚す行為の制限その他の環境の整備保全、保健衛生及び風俗のじゅん化に関する事項を処理すること。

八　防犯、防災、罹災者の救護、交通安全の保持等を行うこと。

九　未成年者、生活困窮者、病人、老衰者、寡婦、身体障碍者、浮浪者、精神異常者、めいてい者等を救助し、援護し若しくは看護し、又は更生させること。

十　労働組合、労働争議の調整、労働教育その他労働関係に関する事務を行うこと。

十一　森林、牧野、土地、市場、漁場、共同作業所の経営その他公共の福祉を増進するために適当と認められる収益事業を行うこと。

十二　治山治水事業、農地開発事業、耕地整理事業、公有水面埋立事業、都市計画事業、土地区画整理事業その他の土地改良事業を施行すること。

十三　発明改良又は特産物等の保護奨励その他産業の振興に関する事業を行うこと。

十四　建造物、絵画、芸能、史跡、名勝その他の文化財を保護し、又は管理すること。

十五　普通地方公共団体の事務の処理に必要な調査を行い、統計を作成すること。

十六　住民、滞在者その他必要と認める者に関する戸籍、身分証明書及び登録等に関する事務を行うこと。

十七　消費者の保護及び貯蓄の奨励並びに計量器、各種生産物、家畜等の検査に関する事務を行なうこと。

十八　法律の定めるところにより、建築物の構造、設備、敷地及び周密度、空地地区、住居、商業、工業その他住民の業態に基く地域等に関し制限を設けること。

十九　法律の定めるところにより、地方公共の目的のために動産及び不動産を使用又は収用すること。

二十　当該普通地方公共団体の区域内の公共的団体等の活動の総合調整をすること。

二十一　法律の定めるところにより、地方税を賦課徴収し、又は分担金、使用料、加入金若しくは手数料を徴収すること。
二十二　基金を設置し、又は管理すること。
④　市町村は、基礎的な地方公共団体として、第六項において都道府県が処理するものとされているものを除き、一般的に、前項に例示されているような第二項の事務を処理するものとする。但し、第六項第四項に掲げる事務については、その規模及び能力に応じて、これを処理することができる。
⑤　市町村は、その事務を処理するに当たっては、議会の議決を経てその地域における総合的かつ計画的な行政の運営を図るための本構想を定め、これに即して行なうようにしなければならない。
（後略）

[4] 市民による「議会の発見」と「政策議会」の展望（二〇一七年）

1 自治体改革の歴史をふりかえって

自治体改革と四つの主体

本日の議会技術研究フォーラムの基本テーマは「議会改革の第二ステージとは何か」というものです。そこで、第一ステージとされる過去一〇年間の議会改革をふくめ、もう少し長い期間をとって、私なりに自治体改革の歴史をふりかえり、それに関連づけてこれからの議会改革を考えてみようと思います。

今日の自治体運営では、市民参加や情報公開などは当たり前の仕組みになっていますが、日本の自治体がこうした参加と公開を重んじるようになったのは、一九六〇年代の半ばから一九七〇年代はじめにかけてのことでした。いまから約五〇年前です。

たしかに日本国憲法には地方自治の原則が書かれていましたが、現実の自治体運営は農村も都市も戦前型の名望家支配、地域ボスが影響力を行使する政治が大勢を占めていました。地方自治論は官僚法学的な制度解説が主流で、古色蒼然としていて、参加や公開を主軸にした市民政治、民主政治の自治体理論としては見るべきものはほとんどありませんでした。

一九六〇年に松下圭一さんや鳴海正泰さんたちが「地域民主主義」「自治体改革」を提唱します。その後は彼らが理論的指導者となって、それに呼応するカタチで大きな都市を中心に多数登場した革新市長がさまざまな改革をはじめますが、これが今日に接続していく自治体改革の出発点です。革新自治体は当時の先駆自治体だったわけです。

その後一九八〇年代になると革新自治体は減少しますが、六〇・七〇年代に開発された公開・参加の理念やしくみは保守自治体をふくめて、自治体一般の理念としてひろく普及していくことになります。その意味で、戦後の自治の歴史は、今日からふり返ってみれば、法的、制度的には憲法・地方自治法が施行された一九四七年が元年ですが、自治的、運動的には自治体改革が提唱された一九六〇年が元年だといってよいでしょう。

こうした大まかな流れを押さえたうえで、今日の議会改革を理解するために、少し迂遠になりますが、当時の自治体改革の構造的な特質を考えてみようと思います。この場合さまざまな切り口が可能でしょうが、私は自治体運営に直接にかかわる主体の変化という観点を重視します。これについては、これまでいろいろなところで書いてきました。

自治体運営の主体とは、市民・首長・議員ないし議会・職員の四者です。松下圭一さんの表現によれば、市民は主権者としての「政治主体」、首長、議員、職員は多くの場合は市民である以外に自治体の制度に即して与えられた仕事をする「制度主体」ということです。この四者が歴史上、どのように自己変革に遭遇してきたか。

市民による自治体の発見

最初に動きをはじめたのは市民です。一九五〇年代までの農村型社会では、人々の自助で問題を解決するのが基本でしたが、一九六〇年代、七〇年代には高度経済成長にともなって工業化・都市化が急激にすすみました。これまでとは違って、教育、住宅、環境、公害、福祉など、あらゆる問題が公共政策、なかんずく自治体政策によって解決をしなければ市民生活が成り立たない社会、いわゆる都市型社会に構造変化したのです。

そこで、自治体の政策責任がはじめて問われました。当時はそうした政策課題について国も自治体もほとんど対応できませんでした。そうしたことから市民の怒りが市民運動というカタチをとって全国にひろがっていきます。従来の労働運動とか革新運動にみられた組織型・動員型ではなく、市民個人の自発的意思による自主型・参加型の市民の運動で、矛先は自治体の首長に向けられました。

身近なところで選挙で選んできたことから、あらためて首長の政策責任を問うことになったのです。首長は中央集権と結びついて強い権力をもっていますから、多数の会派に分かれてまとまりのない議会を相手にするよりも、首長と交渉した方が問題解決が早いわけです。首長としても選挙で選ばれている以上、そうした市民の声を無視できません。こうして、当時の言葉でいえば「対話」ですが、市民と首長の交流が成立して自治体が動きはじめたのです。

この流れを先導したのは革新市長です。そしてその理論的なバックボーンとなったのが松下さん、鳴海さんでした。彼らの理論的な影響力はきわめて大きく、これらの革新市長たちの中核を担うもの、たとえば横浜市長、武蔵野市長などはその典型ですが、しっかりした自治理念をもって問題解決に向き合っていきました。ちなみに全国革新市長会には最盛期で、大都市中心に一四〇市くらい加盟していました。

市民の声を聞くために市民参加の制度をつくり、参加を有効にすすめるために情報公開制度をつくります。将来を見すえて問題を解決していくために、総合計画としてシビル・ミニマム計画を策定、また、そのなかの個別政策には斬新なものがたくさんあります。これらは、松下・鳴海・神原・大矢野が編集した『資料・革新自治体』(正編一九九〇年・続編一九九八年、日本評論社）に収録しています。目次を見るだけで、一九六〇・七〇年代の自治体改革が現在の地方自治の礎となっていることが一目瞭然です。

こうして、市民の変化は首長の変化に連動し、自治体ははじめて活性化し、自主的な仕事をはじめるわけで、「市民による自治体の発見」といわれました。けれどもまもなくその限界が指摘されるようになりました。すなわち、首長一人が変わっても行政の古い体質が変わらなければ、市民の政府としてよい仕事をすることはできないということがわかってきたわけです。

首長が市民の要求を受け入れても、それを政策として実行するには、総合計画の策定や財務・法務の手法、政策情報の作成・公開などの行政作法、あるいは行政技術が革新されなければ実現できません。首長が市民にいい顔をしても、自治体職員の行政技術、政策技術が古臭くて貧しくてはよい政策はできません。そこで職員の政策能力の開発が自治体改革の大きな課題として問われることになりました。

すでに七〇年代に東京の多摩地域などでは、有志職員の自治体横断的な政策研究、行政研究がはじまっていましたが、八〇年代半ばには、職員を中心にとする全国規模の自治体学会が設立され、さらには都道府県単位の自治体学会もつくられるようになりました。こうして市民から発した自治体改革の流れは、首長改革を呼び起こし、これがさらには職員改革につながっていったのです。

二元代表制が意味したもの

自治体政府を動かす四主体のうち、市民、首長、職員の三者が戦後の自治の歴史のなかでどう変化を遂げてきたか概観しました。おわかりのように私の見方では、議会・議員はこの流れのなかにはいません。そして時が流れて、やや遅過ぎの感は否めませんが、その議会も一〇年前から最終ランナーとして動きはじめ、これが今日の議会改革になります。

日本の自治体が自治体らしくなったのは、市民運動が全国津々浦々で発生して、自治体の責任を問いはじめたことを起点にしています。自治体は地域社会の問題を政策で解決する政府であることを市民が発見したわけです。ここから自治体の自立と自律がはじまっていくのですが、この市民による自治体の発見は、「市民による首長の発見」でもありました。そして制度改革という点でみれば、首長主導型の自治体改革であったわけです。

では、革新自治体での議会はどういう状態だったのか。当時の自治体は、首長は革新でも議会の勢力は保守が圧倒的多数を占めていました。多数野党です。その保守派は、革新首長が市民と交流してさまざまな動きをはじめると、「議会をさしおいて市民と結んで物事を決めるのは議会軽視もはなはだしく、これは議会制民主主義に反する」と批判していました。

与党の革新派も政治的立場から革新市長は守るものの、保守派からそういわれると、頼るべき理論もなくまともに反論できませんでした。そこで、これはおかしいと、菅原良長さん（元東京都知事特別秘書）をふくめて私たち数人の若手研究者は、首長と市民の交流を正当化する理屈を考えたのです。それを象徴する言葉が「二元代表制」です。

すなわち、国の政府制度は議院内閣制だから議会を最高機関とする議会制民主主義だけれども、自治体は違う。首長と議会ははともに市民の直接選挙で選ばれるから、政治的に両者は対等な関係にある。したがって議会がそうするように、首長が対市民責任を果たすために市民と交流することは当然であり、何らおかしなことではない。

そのような意味を込めて、国レベルの議会制民主主義と区別するために「二元代表制」という言葉をつくりました。首長と議会を直接選挙で選ぶのは憲法原理ですから、そのことを表現するだけの「二元代表制」という言葉なら無味乾燥ですが、そうではなく、首長の対市民責任を理論化するための用語だったことを覚えておいていただきたいと思います。

現在、議会改革のなかで使われる「二元代表制」は、これとはニュアンスが異なっていて、弱い議会を強くする、首長と対等の議会にする、市民の代表機構として機能する議会に変える、といった含意があります。いずれにせよ、時間がかかりましたが、議会改革がはじまることによって、ようやく首長と議会をあわせて自治体の代表制度のあり方、すなわち二元代表制のあり方を考えることができるようになったことは歓迎すべきです。

2　首長主導型自治体運営から議会改革へ

議会の側から問う二元代表制

革新市長の時代に自治体ははじめて活性化するのですが、それは首長と議会の緊張という政治状況に支えられていました。たとえば、後に村山内閣の官房長官をされた五十嵐広三元旭川市長は、一貫して社会党の党員でしたが、幸運にも議会が少数与党であったことが自分を市民に向かわせた、そして市民との交流をとおして新しい仕事をたくさんすることができたと、述べています。この言葉は記録にも残されています。

五十嵐さんは当時から二元代表の意味をしっかり理解されていた数少ない首長の一人で、私は尊敬しています。いずれにせよ、革新の首長対保守多数の議会という、いわば、首長と機関としての議会の対抗関係ではないという意味では擬似的ですが、首長と議会の間に機関対立主義（現在普及している言葉では「機関競争」）がまがりなりのも作動することによって、自治体の政治行政が活性化したわけです。

ところが一九八〇年代になると、首長選をめぐる政党の協力関係の変化や保革の自治体政策上の争点も少なくなるなどの事情があって革新自治体が減少します。代わって、保革相乗り選挙による与党多数議会が一般化して、首長と議会のかつての緊張感が失われました。首長の与党が議会の多数派となれば、首長は職員をふくめてぬるま湯に浸り、その結果、地方自治は無風化・行政化し、すっかり活力を失ってしまったのです。それを表現して「地方自治の行政化」などという言葉がよく使われました。

私は、与党が多数となって自治体政治が停滞する状況に強く疑問を抱きました。そして一九八〇年代半ばに、今度は議会の側から二元代表制の意味を再吟味して、問題提起をしてみようと思ったのです。その核心は、議院内閣制(国会内閣制ともいう)は政党内閣制で与野党の形成は制度必然ですが、二元代表制はそうではないということです。にもかかわらず、二元代表制下の議会を与野党で考えることの誤りを指摘したかったのです(＊この最初の問題提起は本稿の末尾に掲載＝追記)。

国は国会内閣制なので選挙が終われば、多数を獲得した政党が事実上首相を指名し内閣と一体化して自党の政策を実行します。自治体は首長と議員はそれぞれ別の選挙で選ばれますから、議員全部が首長の与党、あるいは全部が野党になる場合の両極とその中間にさまざまな勢力の分布がありえます。そうすると、国の場合には基本的にはありえない少数与党、全部野党なども起こりますから、与野党で考えるとおかしなことになります。

一方、国会の野党の仕事は、政権を批判しつつ対案を用意して次の選挙で政権獲得をうかがうことです。これを自治体に当てはめて考えると、首長は市民が選ぶのだから議会には首長をつくる機能はないので、そもそも与党はありえないのですが、首長にたいする批判と提案という意味での野党的な機能はあるわけです。

しかもその野党機能は、議会内の特定の勢力が担うのではなく、議会が機関として担わなければならない。機関として担うということは、議会として決めた政策意思をもつということです。そしてそのために、市民意思を多様に代表する議員が構成する議会として論点・争点を整理・公開し、そのうえで合議制機関らしく議論をとおして、批判や提案の政策合意を形成するということです。これが議会の仕事の基本です。

すでに述べましたように、かつての自治体改革論や二元代表制論は、首長のあり方に相当の力点がありましたが、これからは議会に視点をおいてもう一度再構築する必要があると考えています。自治体運営の四主体のうち、議会が最終のランナーとして改革の舞台に登場することによって、先行三者もあらためて自己のあり方を問うことになります。いわば「議会が変われば自治体が変わる」、そうした議会改革の進展に期待しています。

改革にともなう議会間格差

二〇〇〇年代になって分権改革がおこなわれ、機関委任事務が廃止され、法律に規定のない通達は国のただの参考意見にしかすぎなくなりました。国と自治体の関係は、タテマエは「上下主従」から「対等協力」に変わり、自治体は政府となりました。自治体のおこなう事務はすべて「自治体の事務」となり、議会の関与も及ぶようになった。結果として、議会権限が大幅に増大し、議員と議会の存在意義があらためて問われるようになりました。

一方、二〇〇一年に北海道ニセコ町が自治体運営の規範として全国で初めて自治基本条例（ニセコ町まちづくり基本条例）を制定しました。その時の条例には議会にかんする規定はなく、行政運営の基本指針を町民に示す条例だったので、私は、議会規定がない自治基本条例を「行政基本条例」と定義し、いずれは「議会基本条例」の要素を組み込んだ真の自治基本条例に進化させるべきことを指摘しました（「ニセコ町『基本条例』が開いた扉」世界二〇〇一年四月号）。

そこで、二〇〇二年の自体体学会の地域フォーラムで、議会基本条例の基本的な枠組みとして、①議会と市民の関係の改革―市民意思を反映して議会を運営する、②議会と首長の関係の改革―首長と行政をしっかり監視して、積極的に政策提案する、③議員間の関係の改革―①②の実効をあげるため議員間の政策討議を推進する、の三点を軸として条例内容を構成すべきだと提案しました（＊提案内容は本書に［19］として収録）。これが後の議会基本条例の枠組みになります。

最初の議会基本条例は、二〇〇六年に栗山町議会が制定し、それ以降現在まで約八〇〇近い議会基本条例が制定されています。議会基本条例の制定がそのまま議会改革の進展を意味するわけではありませんが、この一〇年間のひろがりは高く評価したいと思います。

栗山町議会基本条例が制定された直後、私は「議会基本条例時代が到来する」と予測しました。その予測が的中したのは、議会改革の機が熟していたことを読み取っていたからです。細かくいえば、

第一は、先ほど述べたように分権改革により議会の役割が増大したことです。自治体は政府となりすべて自治体の事務になり、議会はあらゆる事務に関与できるカタチになった。第二は、議会にたいする市民の厳しい批判があり、議会の危機意識が高まったこと。第三は、議会基本条例が登場して議会改革の教科書になったこと、そして第四に、議会改革を理論的に後押しする二元代表制論が存在していたこと。これら四つが相乗的な効果を発揮して議会改革がすすんでいくことになった、ということです。

現在まで一〇年の時が流れて、改革のひろがりを見ると隔世の感がありますが、同時に議会間の力量の差、私は「議会間格差」といっていますが、これがひろがっています。ただし、これはよい議会をつくろうというプラス方向をみつめた上昇格差ですから、まったく心配はしていません。

かつて、松下圭一さんは、自治体を改革してレベル高く政策・制度を展開する自治体を「先駆自治体」、改革が遅れている自治体を「居眠り自治体」と表現しましたが、私もそれにちなんで、改革に意欲的に取り組んで実績をあげる「先駆議会」、基本条例までは制定したものの実行がなかなかともなわない「居眠り議会」、なかなか改革に目覚めない「寝たきり議会」に三区分しています。

議会のレベルは大体この三つに分かれており、およそ一対二対七の割合で分布している印象です。私がこのように述べたのは二年以上前ですが、現在はもう少し先駆議会は増えているのではないかという印象をもっています。けれども、こうした差はウサギとカメの競争ではありませんが、先頭でも居眠りすれば追い越され、後塵を拝していても地道に頑張ればいつしか先頭に立ちます。いまはまだ努力次第で十分解消可能な差です。

そうした格差の現実が存在していても、私はこの一〇年間にわたる議会改革は、戦後日本の自治体改革の歴史を画する営為だと高く評価しています。

先駆議会と改革一〇年の成果

さて、たった一割の先駆議会しかないのに、なぜ議会改革を高く評価できるのかとよくいわれますが、これは歴史の見方です。どんな場合でもはじめから改革が多数派であることはありません。いま現在、すぐれた改革をはじめた自治体が一つであっても、そこに普遍的な意義があるとすれば、時間の推移とともに普及していきます。

実証政治学的には一自治体はゼロに等しい数字かもしれませんが、政治社会学的には、数は少なくても実際に先駆議会が存在し、またその改革に道筋を与える理論があれば、それが現在の空間構成では一割であっても、将来の空間構成では七割になると予測することができます。私の楽観的な予測はこうした認識にもとづいています。実際、現在ではひろく普及している市民参加、情報公開なども最初は一、二の自治体の営為からはじまっています。

政治学者の篠原一さんは「神々は細部に宿り給う」という言葉をよく引いていました。この言葉の解釈にはさまざまな説がありますが、先生は、社会的に意義があることは、最初は社会の隅で小さな出来事として起こり、それが時間とともにひろがって社会を変えていく、と。私はそうした歴史認識の教えに依拠して、自治体改革や議会改革を見つめています。その点でいえば、一割の先駆議会の存在はとてつもなく大きな数です。

では、この一〇年間で具体的にどんなことが改革されたのでしょうか。一口でいえば「議会の見える化」がすすんだということですが、私は、このことを二つの観点から説明しています。

第一は、二元代表制の認識の深まりと日常用語化です。最初に制定された栗山町議会基本条例には二元代表制という文言はありません。そのかわり二元代表制の意味内容の核心部分を前文で平易に述べています。町長と議会はお互いに対等な町民の代表機関として、それぞれの特性をいかして競い合い、協力し合って、自治体としての最良の決定を導き出すのが使命である、と。

当時は二元代表制という言葉は議会人の間でもあまり普及していませんでした。だから栗山町議会は、あえて二元代表制という言葉を使わなかったのです。けれども、一〇年たった現在は、議会改革の進行のなかで、その意味内容の浸透とともに、すっかり日常用語化しました。ほとんどの議会基本条例に書かれています。

二〇一七年七月の東京都議会議員選挙で小池都知事の議員候補者擁立をめぐる言動をテレビのワイドショーは連日のように取り上げました。ここで評論家たちが「小池知事の行動は二元代表制に反している」などといっています。ひと昔前なら知事が議会の与党勢力を増やそうとしても、例の与野党の論理で、そうした言動はさしておかしいとは思われなかったのですが、いまでは知事と議会間の緊張を削ぐ安易な言動として批判の目でみられるようになっています。

第二は、各地の議会の努力によって、改革の具体的事例が多数積み重ねられたことです。北海道内にかぎっても、芽室町や福島町の議会にいけば、全国で展開されている改革の具体例を総合的にみることができます。北海道は改革先進地ですから、現地を訪ねて学習するのが一番いのですが、とりあえずは議会のＨｐでアクセスできます。

改革の意思さえあれば改革の情報は容易に収集できる。このことは何を意味するのでしょうか。参考になる、あるいは手本になる改革事例がたくさんあるのに、それらにまったくアプローチしない、知ろうともしない議会人は怠慢のそしりを免れないということです。なにも改革しないばかりか情報すら集めようとしない、知の孤島と化した議会は、いままでにも増して、責任はおろか存在意義が問われる厳しい時代になりました。

議会事務局のみなさんはこの点をとくに心してほしい。議長から指示がないので改革の先端事例を調査しません、集めませんというのは職務怠慢です。議長や議員からの要請をまつのではなく、常に先端情報を収集、整理して、説明できるよう心がけていただきたいと思います。

これが議会事務局職員の務めであり、この一〇年間で厳しく求められていることだ、と私は考えています。けれども、これは議会事務局職員にだけ求められる問題ではありません。首長部局の職員にしても、首長の指示があろうがなかろうが、関係する分野の先端的な政策情報を知らなくては、職員としてまともな政策の仕事はできません。だから議会の職員についても同じことをいっているにすぎないのです。

議会事務局に先端情報が収集され、それに各議員が公平にアプローチできるようになれば、そこから改革の意識が芽生え、今日の議会改革の到達点と自分の議会の現在の水準との差を議論することができるようになります。さらにそこから改革の構想が生まれてきます。

先進的な改革の事例が積み上がった現在、どこの議会であっても、それを参考に、手本にどこからでも改革が開始できる状態になったこと、これが議会改革一〇年の最大の成果ではないでしょうか。

3　「議会の発見」と「政策議会」への展望

議会改革による自治体再構築へ

今後の議会改革を展望し、私がいま気づいているいくつかのことを申し上げます。

この一〇年間で、自治体改革の最終ランナーだった議会が走りだした。そうするとこれに影響を受けて、先行ランナーの市民、首長、職員も自分たちのあり方を再考する。こうして、議会改革を引き金に市民、首長、議会、職員の四者による自治体再構築の動きがつくられていく。これが私の期待する議会改革による自治体再構築の流れです。

その場合において、とくに強調したいのは議会改革における市民基盤の強化です。首長改革、職員改革においても市民基盤をもつことは基本になりますが、市民意思を多様に代表する議会の改革においては、どんなに強調しても強調し過ぎることはありません。とくに今日の議会改革が市民の議会不信に根ざすことを考えればなおさらです。

その意味で、第二ステージの議会改革は、市民が議会の役割を発見し、市民に評価された議会が自治体を市民政府に変えていく流れをつくりだしてほしいと思っています。かつての自治体改革は「市民による自治体の発見」で、その実は「市民による首長の発見」が大きな力になったと述べましたが、これからの自治体再構築は、「市民による議会の発見」がキーになるのではないかとも考えています。そうした議会改革を期待しています。

往年の自治体改革との対比で、ついでに申しあげておきたいことは、かつてのそれは大きな都市自治体が中心になってすすみました。それは、都市問題が大都市で精鋭化したこと、知的市民層が市民運動に立ち上がったこと、改革する市長が登場し活躍する基盤があったこと、大規模な職員機構のなかにすぐれた職員が存在したこと、などが大都市にはそろっていたから大都市から自治体改革がはじまったのだと思います。

ところが、今日の自治体改革は小規模自治体から発しているのではないか。自治基本条例にしても議会基本条例にしても、はたまた本格的な総合計画条例にしても、みな小さな自治体が問題提起しています。平成の市町村合併は小規模自治体を厄介者扱いにしてすすみましたが、見方を変えると、日本の地方自治における小さな自治体の貢献度は、非常に大きなものがあります。

自治基本条例は三〇〇、議会基本条例は八〇〇にひろがっています。もしこれらの小規模自治体発の営為がなかったなら、概して自治体は、分権時代になって自律自治体の形成のためにどんな自己努力をしたか問われたとき、答えに窮したのではないかと思います。

最後に、私が考えている議会改革の大まかな課題を三点ほど述べます。

次なる改革への三つの課題

私は、数年前から「政策議会」という言葉を使うようになりました。政策議会とは、市民の意思を自治体政策に反映することをめぐって、市民と議会の交流を深めるとともに、議員間討議をおこなって議会としての政策合意を形成し、そのことをもって首長の政策をチェックし、自らも積極的に政策提案する議会のことです。

すでに「政策情報」「政策法務」「政策財務」といった言葉があります。これは自治体がレベルの高い政策を実行するために、その道具立てとして不可欠な情報、法務、財務などの精度を磨くという意味合いです。これを議会に当てはめれば、自治体がレベルの高い政策を実行するために、議会の政策活動の質を高めるということになります。

ところが、議会の政策活動は首長や職員がおこなう行政の政策活動と深く関係していますので、議会だけの改革ではやれません。たとえば総合計画は自治体政策の基本枠組をなすもので、いわば多年度予算として機能できるような、実効性のあるものでなければなりませんが、そのためには、計画の策定・運用の手法、計画と年度予算の連動、ベースとなる政策情報の作成、政策評価の手法などのシステムの整備・革新が不可欠です。

つまり、行政もふくめた自治体政策のシステムが構築されていなければ、議会がどれだけ努力しても、政策と向き合うことはできません。端的にいえば、議会が市民参加をすすめて市民の声を聞いても、もっていく場がないわけです。議会が変われば自治体が変わるということは、自分だけでなく、行政も変えていく議会改革でなければならないということです。

これまでの議会改革では、議会かぎりでできることをたくさんやってきました。いわば内部改革です。けれども、これからは実効性の高い政策活動をおこなうにはどうすればよいかということに照準を合わせて、これまで積み重ねた改革をふくめて再検討する必要があります。

北海道ではこれに貢献するために議会事務局経験職員と研究者を軸に、約一〇〇名の議員が参加して「議会技術研究会」が結成され、さまざまな議会技術の研究成果を公表しています（たとえば政策活動の類型化、議員間討議の手法、一般質問の処理追跡、文書質問のあり方、政策情報の作成など。北海道自治研究、二〇一七年一〇月号「議会技術研究サマーセミナー」参照）。

二つ目の課題は大都市自治体と広域自治体の議会改革です。すでに述べたようにこれまでの議会改革は比較的小規模な自治体ですすんできました。正直いって、大都市自治体、広域自治体ではあまり進展しませんでした。この問題については相当以前から予測されたことなので、私なりに改革のための論点を指摘してきました。

たとえばタテワリ行政に即して設置される常任委員会のほかに、一定の地域を単位とした複数の地域別常任委員会を設置して、議員はここにも所属する。広域自治体であればここに市町村を、大都市自治体であれば区別に市民を参加させて、議会としての独自の政策空間における政策議論をおこなってタテワリ行政をチェックし、必要なら議会としての独自の政策提案をおこなうというものです。まだ実行している議会はありません。

それから大都市、都道府県で議会改革がすすまない大きな原因のひとつになっているのが政党会派の問題です。大都市は国政選挙の大きな票田であり、それゆえに政党に組織化された自治体議員は議会で強固な会派を結成し、この会派の交渉を中心に議会運営がおこなわれています。所属議員には会派拘束がかけられる旧来型の議会運営です。こうした会派中心の議会運営を関係者は「会派制」と呼んでいます。

比較的規模の小さな議会で改革がすすむのは、会派が存在しないか、あるいは存在しても拘束力が弱く、したがって議会としての合意形成が容易にできるからです。ところが大規模議会の会派は党派としての利害得失に敏感で、一致点を見出すための交渉もほとんど水面下（非公開）でおこなわれ、一致点が見いだせなければ交渉の事実さえ公開されませんし、ましてや何が論点・争点になっているか外からはほとんどわかりません。

これでは議会改革もすすむはずがありません。大規模社会では政党には一定程度の民意集約機能がありますから、その存在を否定するわけにはいきませんが、自治体は独自の政策をおこなう地域の政府ですから、議会の会派は、それにふさわしい、自立性ある「政策政党」にならなければなりません。そうなれば会派をこえて議会としてなすべき共通課題が多様に発見され、市民の期待にこたえる仕事ができるようになると思います。

大都市議会、広域自治体の議会の改革は、分権時代における政党のあり方、あるいは集権型政党像から分権型政党像への転換といった問題に直結するだけに難しいのですが、私たちの議会技術研究会でも、行政のタテ割りと議会の会派割りの弊害を克服することを視野に可能かぎり研究していこうと話し合っています。

自治体議会は民主主義の学校

そして最後は、先ほども少し触れましたが議会改革の市民基盤の強化です。この一〇年間、議会の議員と事務局職員は頑張ってきましたが、その努力はなかなか市民に理解されず、改革は客観的にすすんでいるように見えても、市民から評価されるまでにはなっていない、という問題があります。そこで私もいろいろ考えるのですが、議員だけ、あるいは議会だけで改革成果や議会の意義を市民に伝えるのは限界があるのではないか。

そこで、議会運営や議会改革の現場に市民参加してもらって、市民の目で隅々まで議会を見てもらう。意見があれば率直に述べてもらう。議会モニター制度はそういうものですが、北海道では設置がすすんでいます。そしてそこで議会について知見を増やした市民には今度は議会改革諮問会議などに参加してもらって、議会改革について情報を提供し、またいろいろ意見を述べてもらう。文字どおり市民参加の議会改革の推進です。

こうして議会運営、議会改革に参加して、議会のあり方、仕組み、意義、役割、改革の実情などを理解する市民が多くなれば、そうした市民がオピニオンリーダーとなってほかの市民にひろく話をしてくれます。先に述べたように、行政と協力して議会が吸収した市民の意思を政策に反映させる仕組みの構築とあわせて、このような議会改革の現場に市民参加をすすめて、議会の市民基盤を強化することが大事ではないかと思っています。

ご承知の「地方自治は民主政治の学校」という意味がこれです。突き詰めれば、自治体議会こそが民主政治の学校といえるのではないか。議会は、不断に市民と交流しなければなすべき仕事が発見できません。市民も議会からの的確な情報なくしては自治体の政治行政に習熟できません。

このような市民と議会の相互学習によって両者が自治体政治に習熟するチャンスをひろげることができるからこそ「自治体議会は民主主義の学校」といえるのです。議会改革において市民基盤の強化が不可欠であることを最後に申し上げて私の話を終えます。ご静聴ありがとうございました。

（二〇一七年一〇月二一日、議会技術研究会の研究フォーラム「議会改革の第二ステージとは何か」における基調講演。北海道自治研究二〇一八年二月号）

［附］誤解にもとづく与野党論　（一九八五年）

大統領制と議院内閣制

公選首長制は今日においても、地方の発展を支える最大の制度的基盤であることに変わりはない。だが、公選首長制と結びついただけの地方自治の発展は、今日、明らかに一つの限界を示している。それは公選首長制が国による中央統制の強化と結合しているという理由だけではない。否、そうした中央統制に対抗していくためにも公選首長と市民の交流のみならず、議会・政党をふくめた代表機構全体の活性化が求められているのではないか。なかでも代表機構と政党との関係にかかわる問題は重要である。濃淡の差はあれ自治体議会における政党化は、とくに都市部では一般的現象であるし、また政党は首長の選出過程に深くかかわり、当選後の施政方針にも直接間接に大きな影響を及ぼしている。それだけに政党政治の現実に目を向けることは、代表機構全体の活性化にとって不可欠の課題になるといえよう。では、政党は自治体の代表機構と自己の関係をどのように認識しているのであろうか。

自治体議会の議員は、しばしば「議会制民主主義」とか「与野党」などという言葉を使用するが、今日指摘されている議会の停滞とか政策討論の欠如といった現象は、そうした言葉に象徴される代表制の理解の仕方に深く根ざしているように思われる。議会制民主主義も与野党も、ともに国レベルの議院内閣制の場合に妥当する政治の原理であって、大統領制をとっている自治体の場合の原理はそれとは基本的に異なっている（厳密にいえば自治体の大統領制は議院内閣制の要素もとり入れているが）。ところが議員や政党は、この点についての理解がきわめて乏しいのである。しかもわが国の政党は、中央集権的組織・意識構造を強くもっているため、国レベルにおける政党の行動様式が、原理の異なる自治体政治に無意識に反映され、それがいつの間にか慣習化して自治体議会の活動を停滞に導く要因になってきたと考えられる。

あらためて指摘するまでもなく議院内閣制には次のような制度原理上の特色がある。第一に国民が議会（国会）の議員だけを選挙する一元代表民主制であること、第二に議会が国政レベルの最高意思決定機関であること、第三は政党内閣制であり、内閣と政党の間には与野党関係が成立すること、などである。これに対して自治体レベルでは、第一に行政府の長（知事、市区町村長）と議会の議員がともに直接選挙される二元代表民主制であること、第二に議会は最高の意思決定機関ではなく、団体としての意思決定は首長と議会に分掌されていること、そして第三には、首長と議会の相互関係は機関対立主義の原理にもとづき、また「強首長・弱議会」の制度的特色から、首長に対しては議会そのものが野党的機能を担うのであって、首長と議会の政党会派との間には国の場合のような与野党関係は成立しない、などということになる。

弊害生む与野党論

ところが意外にも、このあたりまえの相違が正しく理解されていないのである。専門家と称される人々のなかにも、自治体の代表制を「議会制民主主義」と称する人もおり、議員にいたっては「議会こそ最高の意思決定機関」であると信じて疑わない人が多い。これは制度についての誤った理解の仕方なのだが、「一人の首長より多数の議員を決定に関与させたほうがより民主的な政治運営が期待できる」という価値観を多分にふくんだ思い込みであるので、そのかぎりではさして実害は生じていないとみておいてよいであろう。しかし、与野党論となると、政策の方針や政治の運営をふくんだ問題となるので、この誤解は黙視できない。

国の場合は、原則として選挙で第一党となった多数党から行政府の首長が指名されるので、首長と与党との間には制度上緊密な関係が保たれる。ところが自治体では、首長と議員は別々に直接選挙されるから、議会では少数与党、多数与党、オール与党、オール野党などの多様なパターンが発生する。つまり自治体における与野党という表現は、首長をめぐる政党の支持状況を便宜的にいいあらわしたにすぎないのであって、首長と議会の関係を構成する制度的要素ではないのである。

ところがこのような限定的な理解をこえると、与野党論はさまざまな弊害を生み出すことになる。たとえば、かつて革新首長が簇生した時代の議会は一般に少数与党で、議会の多数を占める保守派野党と革新首長の間では活発な政策論議がかわされ、擬似的にせよ首長と議会の間には機関対立主義の原理が作動した。だがこのとき、与党（ことに社会党）は、首長の政策提案に多くを依存し、政党としての自らの主体的な政策活動を回避するのが常であった。これは社会党にかぎらずすべての政党に共通した現象である。「与党」なるものの理解がこのようであれば、首長と野党の間に争点が形成されても、議会自体としては党派間の政策論議が活性化しないのは当然であろう。

こうした構造が温存されるかぎり、近年のように首長選挙における支持連合（共闘）に参画する政党（与党）の数が多くなればなるほど、議会の停滞の度合いはいっそう深まらざるをえない。首長選挙をめぐって政党間に支持連合が形成される場合、これらの政党間に政策上の相違や対立があっても、「連合形成」が最優先されるため故意に争点が回避され、その状態がそのまま選挙後の議会運営にもちこされるからである。かくして政策提案はもっぱら首長の側にゆだねられ、擬似的な機関対立さえ存在しない政治の無風状態が現出することになる。

（拙稿「自治体代表機構の活性化と政党」、篠原一編著『ライブリー・ポリティクス』総合労働研究所一九八五年、九二〜九六頁）

［5］ 議会の政策活動と政策情報の作成・公開

――政策チェックリストとしての活用を　（二〇一七年）

1　政策議会と事業別政策調書

本日の議会技術研究サマーセミナーにおけるこれまでの各報告は、議会が自治体の政策活動にきちんと向き合うためには何が求められるかという観点から、議会・議員の多元的な政策活動の類型的な整理、効果的な議会質問のあり方、質問事項の処理状況の追跡、あるいは文書質問や議員間討議を活発にするための方策などについて、すぐれた問題提起がありました。

お話をうかがっていて、このように市民自治の観点から議会理論や議会技術を磨いていかなければ、議会改革はかけ声倒れに終わってしまうのではないか。そのような思いを強くしました。議会改革は一〇年たったいま、第二ステージを迎えたといわれますが、私はそれを予測して数年前に「政策議会」という言葉でその課題を提起してきました。

大項目	中項目	小項目
10　財源の構成	(1) 事業費	
		①事業費総額
		②年度別区分（○年度～○年度）
	(2) 事業費の性質	
		①単独事業
		②補助事業（省庁、都道府県）
	(3) 財源の構成	
		①一般財源
		②国庫支出金
		③都道府県支出金
		④地方債
		⑤その他（調整基金など）
	(4) 地方債の内容	
		①地方債の種類
		②充当率と発行額
		③償還期間
		④元利償還における地方交付税措置
		⑤当該地方債が債務全体に及ぼす影響
11　経費の算定	(1) 積算の明細	
		①積算費目の区分・数量・単価
		②事業実施にともなう職員人件費
	(2) 将来のコスト（将来に向けての維持管理、老朽化対策および事業採算等の見通しと対処方法）	
12　実施の方法	(1) 直営	
	(2) 補助	
	(3) 融資	
	(4) 委託	
	(5) その他	
13　執行上の課題（懸念される問題の極小化など）		
14　評価と改善	（進捗状況・効果・実施方法・予算規模・課題・改善方法などを総合的に検証）	
	(1) 事業の履歴（執行後に生じた事情変化及び問題）	
	(2) 事業の進捗	
	(3) 目標達成度	
	(4) 事業の評価	
		①市民による評価
		②議会による評価
		③行政による評価
		④その他
	(5) 改善の方向	
		①事業継続（現状維持・拡充・縮小・統合など）
		②事業休止
		③事業終了
		④事業廃止
		⑤新規事業（新たな事業に切り替える）

（注）この「事業別政策調書のフレーム（新版）」は、1996年に作成した「事業別政策調書のフレーム」をベースにしている。その当時北海道が政策評価のためにこのフレームの趣旨を採用し政策基礎情報として作成・公表した同名の「事業別政策調書」（現在は別の政策評価情報の様式に変更している）、および現行の岐阜県多治見市「総合計画実行計画シート」や北海道福島町「政策調書等・総合計画事業推進管理票」などを参考にして、情報項目を若干追加して整理したものである。（2017年8月　神原　勝）

図１　事業別政策調書のフレーム（新版）

作成年月日	年　　月　　日
記載担当課	

大項目	中項目	小項目
1　事業の名称		
2　事業の担当	(1) 担当部課係	
	(2) 関連部課係および関連事業	
3　計画上の位置	(1) 総合計画における事業の記載	
		①あり（政策・施策・事業番号）
		②なし
	(2) 総合計画における事業の優先度	
		① A（高）
		② B（中）
		③ C（低）
	(3) 事業を記載したその他の計画など	
4　事業の対象	(1) 対象地域	
		①全市域
		②特定地域
	(2) 対象市民	
		①市民一般
		②特定市民・団体
5　事業の概要	(1) 現状における問題点の認識	
	(2) 当該事業の目的と達成目標	
	(3) 付随して想定する波及効果	
6　事業の性質	(1) 法定受託事務（法律名）	
	(2) 法定自治事務（法律名）	
	(3) 法定外自治事務（条例・要綱などの名称）	
7　新旧の区分	(1) 過年度からの継続事業（○年度～○年度）	
	(2) 新規事業	
		①単年度事業
		②後年度への継続事業（○年度～○年度）
8　決定の過程	(1) 事業の発案・提案者または事業のニーズ（発生源） (市民・団体・企業・議会・議員・長・外郭団体・他市町村・都道府県・省庁・外国・外国自治体など)	
	(2) 事業にかかる長のマニフェスト（選挙公約）	
	(3) 事業の立案過程で検討した代替案（代替案）	
	(4) 関係者からの意見聴取・市民参加（市民参加）	
	(5) 議会・議員が指摘した問題点（議会議論）	
	(6) 利用した主な統計及び政策情報（政策情報）	
	(7) 参考にした他自治体の類似事業（類似事業）	
	(8) 国の施策・法令・参酌基準（国の基準）	
	(9) 市民に対する事業の周知方法（事業周知）	
9　事業の調整	(1) 地域や関係団体との調整	
	(2) 関係部課との調整	
	(3) 他市町村・広域連合・一部事務組合などとの調整	
	(4) 都道府県との調整	
	(5) 国（省庁）との調整	
	(6) その他	

政策議会とは、自治体の政策活動にきちんと向き合う力量を備えた議会という意味ですが、もう少しいえば、市民の意思を自治体政策に反映させることをめぐって、市民と議会が日常的な交流を深めることを基本に、議員間討議をすすめて議会としての政策意思を確立し、そのことによって首長の政策をチェックするとともに、自らも積極的に政策提案する議会といえるでしょう。

そして、そもそも議会改革とは議会だけが変わるのではなく、議会が変わることによって、首長・行政をふくむ自治体そのものが市民の政府として高いレベルに変わっていかなければいけない。すなわち「議会が変われば自治体が変わる」、そうした議会改革でなければ意味がないわけです。このこともずっといい続けてきたのですが、第二ステージといわれるいま、ますますその重要性を痛感するようになりました。

たとえば政策議会といっても、自治体政策の基本枠組みとなる、あるいは多年度予算としての総合計画の策定・運用の手法とか技術のイノベーション、あるいはこれと連動した事業別予算としての単年度予算や決算における政策評価の手法、そしてこれらを貫く政策情報の作成・公開・共有などが自治体の政策作法として確立していなければ、議会だけの政策活動では実効があがりません。だから政策議会の前提として行政の政策活動も変えなければならないのです。

そうした観点からの一つの試みとして、私は長い間「事業別政策調書」というものを考えてきました。お手元に配布した「事業別政策調書のフレーム（新版）」がそれです。この内容の三分の二は、二〇年以上前、正確には一九九六年に作成した旧版の「事業別政策調書」にあるもので、これを基本にして、若干の項目を追加したのが、この新版です。新版は本日のセミナーで初めてお披露目しますので作成の日付は今日にしておきます。

一口にいってこれは何かといいますと、ここに書いているような項目についてきちんとした説明ができなければ、政策といっても内容がよく理解できませんし、逆にいえば、これらの項目にきちんと説明を書き込めない、穴だらけの政策であればそれは政策としての体をなさない、不十分な、ずさんな、いい加減な政策だということです。

ですから、自治体がよい政策を実行するために、政策活動として必要事項はきちんと実行したうえで、あるいは実行するうえで行政が記入し、自治体の政策情報としてこれを公開する。こうなっていれば市民も議会も首長も職員も同一情報を共有して政策の議論をフェアーにおこなうことができます。

2　調書は自治体政策の基礎情報

事業別政策調書のフレームは大項目、中項目、小項目に分類しています。見ていただければ大体の内容はおわかりいただけると思いますが、大項目は一四に分かれています。近年は、政策評価の観点からこうした事業ごとの評価個票をつくる自治体が多いので、それはそれとして進歩なのですが、それらとこの政策調書の大きな違いは、とくに3、6、8、10、11などにみられます。みなさんも一度、自分の自治体のものと比較してみてください。

私が強調する点を概略的に説明します。

3の「総合計画上の地位」は、どこの自治体もつくっている評価個票にもありますが、総合計画自体が具体的な事業名のない抽象的な記述しかない場合は、「総合計画に記載あり」と書いてもほとんど意味がありません。

政策については、私は細かな区分はしませんが、よく一般的な理念とか目的を書いた「政策」、それを細分化した「施策」、さらに予算をつけて実施する「事業」などに区分します。ここでいう「政策」「施策」は、いってみれば「事業」の意義などを説明するための解説文章にすぎませんから、私が着目するのは具体性のある、実行する「事業」で、これを政策と考えています。

そのようなことですから事業を主体にした総合計画を策定し、これを政策情報である個票すなわち事業ごとの事業別政策調書（「実行計画シート」という表現もある）を作成し、これによって政策の流れ（ＰＤＣＡ）を管理するわけですが、これが可能になるような総合計画のシステムを構築して、この事業別政策調書にきちんと書くということです。

６の「事業の性質」ですが、これは実施する事業が法定受託事務か自治事務なのか、また自治事務の場合は法定の自治事務か自治体の独自事務か。この区別をはっきりさせる。現行のほとんどの評価個票には記載がありません。自治分権の時代だというのに実施する事業の性質の区分をおこなわないのは本当に嘆かわしいことです。

地域個性を重んじた自由な政策展開のために自治体は地方分権を求めてきたはずです。そして二〇〇〇年の分権改革で中央集権の象徴だった機関委任事務が廃止され、現在の事務区分になりました。いま自治体がおこなっている事務はすべて「自治体の事務」ですが、法手受託事務のように国の強い縛りが依然として残っています。だから実施する事業の性質をはっきりさせておくことはとても重要なことなのです。

８は「事業の決定過程」です。事業の多くは首長が議会に提案しますが、それはどのような行政の政策活動を経て提案にいたったのか、主としてその説明です。ここに九項目あげています。この調書のなかで私がもっとも重視する部分で、政策形成において欠くことのできない重要項目です。これは行政などが政策活動としておこなわなければ書き込めません。その意味で事業の善し悪しを判断する際の有効な基準になります。

現行の評価個票で、後でお話しする福島町以外でこれらの項目を入れているものを見たことはありません。かつて道庁は堀知事の時代の道政改革で、私の提案を採用して六千種の道の全事業について「事業別政策調書」を作成・公開していました。これにはこうした政策過程の項目や事業の性質もきちんと入っていましたが、現知事の時代になってからやり方が変わって現在はこれらの項目はありません。

10と11は「財源の構成」と「経費の算定」です。財源の性質や構成が健全であるか、むやみに将来負担を増やしてはいないか、とくに借金をする場合は吟味が必要です。事業費についても人件費をふくめて積算の根拠を明確にしなければなりません。さらには、事業の実施によって今後どのような財政上の負荷が待ち受けているか、将来コストの予測も重要です。

3　議会基本条例の七項目の意義

8の「決定の過程」は、非常に重要な問題なので、もう少し詳しく説明します。

栗山町議会基本条例第六条は、「町長による政策等の形成過程の説明」として七項目を定めています。これは町長が議会に政策や計画を提案する際に努力目標として説明責任を課している条項ですが、類似の条項は全国の多くの議会基本条例も定めています。

項目は七つです。先ほどの事業別政策調書の8と重なりあっています。

①政策等の発生源
②検討した他の政策等の内容
③他の自治体の類似する政策等の比較検討
④総合計画における根拠又は位置づけ
⑤関係のある法令及び条例等
⑥政策等の実施に関わる財源措置

⑦将来にわたる政策等のコスト計算

自治体によって多少の項目の増減はありますが、基本的には変わりません。

さらに、第七条（予算・決算における政策説明資料の作成）では、「……施策別または事業別の政策説明資料を作成するよう努める」と規定しています。これもまた各地の議会基本条例で栗山町を参考に同様の規定を設けています。「事業別の政策説明資料」とちゃんと書いているではありませんか。書いていながら意味に気づいていない議会が多いのです。

芽室町議会基本条例第一二条（政策形成過程等）でも、同じ七項目が規定されています。これは町長に説明責任を課すのではなく、議会が町長提案をふくめて政策をしっかり議論し、論点・争点を明確にするための柱立てです。先ほど、西科純さんが紹介した「委員間討議用（論点・争点）シート」では政策等の発生源など八項目を論点にしていますが、これはまさに第一二条を具体化、実践化するための議会技術といってよいでしょう。

けれども、多くの議会では、議会基本条例に栗山町議会、芽室町議会と同様の規定を設けているにもかかわらず、なかなか活用できていないのが実態です。

私がこのたび新版をつくることを思い立ったのは、議会基本条例に書いている上記のような政策チェック項目を、行政と議会の双方から実行して政策の質をあげてほしいと願ってのことです。政策を構成する重要な要素を項目化し、それを遵守して行政は政策活動をおこなう。そして議会は提案された政策を調書に即して点検し、必要なときには自らの政策提案をおこなう。これがあるべき自治体の政策活動だと思っています。

栗山町議会が議会基本条例に七項目を規定したいと町長に事前相談したとき、町長は逡巡されたそうです。そこで、当時の橋場利勝議長は、「今後はどんな案件が出てこようと議会はその都度この項目に即して質問をしますよ。だからあらかじめ条例で示しておいたほうがよいのではないか」というと、町長は同意されたという話を聞いたことがあります。いまからふり返って、議長と町長の判断は立派だったと思います。

政策の決定過程あるいは審議過程で、調書にある①～⑨までの九項目、あるいは基本条例の七項目の意味を考えてみましょう。たとえば、首長の提案を議会が九項目あるいは七項目でチェックしたとき、三つか四つしかクリアしていないとなれば、政策としては不備ですから議会は簡単に承認できなくなります。議会は首長に改善を求めるか、対案を出すか、またときには否決ということになるかもしれません。

そこで行政はできるだけ項目をクリアするような政策活動を心がけるようになるでしょう。首長も調書や議会基本条例が規定する条件を満たす政策活動を職員に督励するようになるでしょう。そのことによって職員の政策能力は向上し、結果として、自治体の政策レベルを引き上げていくことになります。職員は首長の私兵ではありません。市民の職員機構ですから、首長も議会もともにその政策能力の向上に心を砕くべきでしょう。

いま現在、福島町がこれらの項目を実施しています。福島町は年度予算における新規事業について調書を作成しています。議会が提案し、行政と協議して実現したものです。予算における新規事業の説明資料として使っています。名称は「政策調書等・総合計画事業推進管理票」といいます。私の目から見て、この仕組みが成熟するまでにはもう少し時間がかかるかもしれませんが、意欲的な試みだと高く評価しています。

4　心のなかに理想の議会をもて

話は少し変わりますが、先日、自治日報のコラム「議会」欄に「心のなかに理想の議会をもて」と題した小論を書き（二〇一七年六月二日号）、なぜ議会基本条例に七項目を規定することになったのか、事業別政策調書をなぜつくったのか、それらの経緯について述べておきました。その内容を少しお話したいと思います。

話は二二年前にさかのぼります。一九九五年に地方分権推進法が制定されて分権改革がスタートします。この年、北海道では自治体学会が設立され、また地方自治土曜講座も開かれ、自治体職員を中心に自治の議論が活性化しはじめました。

そのなかで、議会については、報酬と定数を削減することが議会改革だという程度の認識で、大方の職員の認識では、議会に力はなく、議員一人ひとりを見ても能力に乏しいと、議会にたいしては批判こそすれ、評価をする向きはほとんどありませんでした。そこで私は「そうであれば、あなたたち職員は心のなかに理想の議会をもって仕事すべきではないか」といつも話しておりました。そして理想の議会であれば、議員はこういう質問をするに違いないが、あなたたち職員はこれに答えられるかと。

それは、①この政策を最初に提案したのはだれか、②行政内部で検討した代替案の内容を示してほしい、③他の自治体でやっている類似の政策を学習したか、④まとめる過程で市民参加はどうすすめたか、⑤この政策の検討過程でどのようなデータを用いたか、⑥政策の根拠を総合計画に具体的な書いてあるか、という六項目です。

議会がこの六項目の質問をしたら、はたして職員や首長は的確に答弁できるか。たぶんできないだろう。とすれば、議会がダメなのではなく、議会がダメなことを理由にして、実は首長や職員が怠けているのではないか。そう考えて北海道町村会報の小さなコラム欄に「心の中に議会を持て」と題して書いたのです。一九九五年のことでした。

それからしばらく経った二〇〇一年に、現在の衆議院議員の逢坂さんがニセコ町長のとき全国ではじめて自治基本条例を制定しましたが、そのなかでこの六項目を町民にたいする行政の情報公開、説明項目として取り入れました。いま全国で約三〇〇をこえる自治基本条例がありますが、行政の情報公開、あるいは説明責任としてここまで規定しているのはニセコ町くらいではないかと思っています。

さらにその後、堀知事がすすめた道政改革の時期に、「時のアセスメント」を出発点にして政策評価がスタートし、この北海道発の政策評価が全国的な流れになりました。このとき私は町村会報に書いた六項目を軸に事業別政策調書のフレームを作成しましたが、当時の道庁は、政策評価のための基礎情報として、同名の事業別政策調書を道の全事業について作成しました。これについてはすでにお話ししたとおりです。

それからまた数年経って、北海道自治体学会の議会研究会で渡辺三省さんたちが二〇〇四年に「議会基本条例要綱試案」をまとめましたが、そのなかでこの六項目を八項目に整理して取り込みました。そして二〇〇六年に栗山町が議会基本条例を制定するとき参考にしたのがこの要綱試案だったので、あらためて七項目に再整理して規定することになったのです。以降、各地の議会基本条例に受けつがれ今日にいたっているのです。

本日、新版としてみなさんにお示しした事業別政策調書は、お話ししましたように二〇年以上の変遷をたどって生きながらえてきました。今回新版に改定するに際しては、二回ほど議会技術研究会で西科純さん、渡辺三省さん、辻道雅宣さんからアドバイスをいただきました。けれどもこれはあくまでも参考にすぎませんから、みなさんも自由に考えてもっと改良し、議会の意思として行政に作成を求めていただければと願っています。

5 自治体政策の枠組み—総合計画

釈迦に説法かもしれませんが、自治体が存在するのは地域社会の問題を解決するためです。市民個人やグループでは解決できない問題を社会全体の観点から政策によって解決するために、まず基礎政府として市町村政府がつくられます。ですから政府というものは問題解決のために市民がつくった道具なのです。したがって市民の期待に応えなければ交代させられ、よくやれば評価されて継続することになるわけです。

その自治体政府は二元代表制で運営されます。議会基本条例は議会だけの問題ではなく、首長の行動も規定しますので、私はさしあたって「二元代表制運用条例」だと理解しています。また、政府の最大の仕事は、政策を実施して市民の信託に応えることですから、その政策の基本枠組となる総合計画をしっかり策定しなければなりません。

実効性のある総合計画とはどういうものか。近年は、役に立つ総合計画のために、策定と運用の手法の改革をふまえた、すぐれた「総合計画の策定と運用に関する条例」（総合計画条例）も登場しています。今日はこれについてお話しする時間はありませんが、関心がある方はぜひ神原・大矢野編著『総合計画の理論と実務』（公人の友社、二〇一五年）をお読みください。

自治体政府を運営するための最高規範として自治基本条例があり、さらにその下に情報公開条例や市民参加条例などさまざまな関連条例がありますが、私は、なかでも自治体政府を運営する、二元代表制運営条例としての議会基本条例と、自治体政策運営条例としての総合計画条例の二つを基幹的な関連条例として位置づけています。

岐阜県多治見市は、市政基本条例（自治基本条例）の第二〇条の二第三項で、「総合計画は、市の政策を定める最上位の計画であり、市が行う政策は、緊急を要するもののほかは、これに基づかなければなりません」と規定しています。いってみれば総合計画に基づかない事業は実施しないというわけです。

栗山町自治基本条例の第二五条でも「町は、町政の目指す方向を明らかにし、総合的かつ計画的に町政を運営するため、情報の共有と町民参加を踏まえて、最上位の計画として総合計画を策定します」と規定しています。このように多くの自治基本条例では、総合計画が最上位の計画であることを規定しています。

ところで、問題はその先にあります。多治見市が市政基本条例で総合計画にもとづかない事業は実施しないといったことです。総合計画がありながら、そこに記載のない事業を計画外でおこなうようでは計画などあってなきがごとしということになり、政策規範としての意味を失います。総合計画の生命線はここにあります。

栗山町の「総合計画の策定と運用に関する条例」（総合計画条例）は議会が主導して制定に至ったものですが、議会条例案の第六条では、「町が行う政策等は、総合計画に根拠を置くものとし、総合計画に記載のない政策等は、緊急に必要が生じた場合を除き、予算化しないことを原則とする」と厳しく規定していました。

その後、町長側がこの議会案を引き取って提案し、自治基本条例と同時に制定した同名の総合計画条例は第二条で、「……町が進める政策等は総合計画に根拠を置くものとします」と定め、第一一条で「町が進める政策等は、総合計画に基づき予算化することを原則とします」と規定しています。要するに表現は多少異なりますが、総合計画の外で事業を実施することはできないということです。

このように、思いつきの政策はやめ、限られた財源のなかで将来を見通し、しっかりと議論をしたうえで政策を実施しなければならない。ただし、計画期間中に新たなさまざまな問題が発生するでしょう。国の方針、補助金が新設、変更となる場合もある。そのときは、事業を新設したり修正したりする必要が生じることもあるわけですが、その場合でもこれらの事業を総合計画に組み込んだうえでおこなうことになります。

福島町も総合計画条例を制定していますが、同様な趣旨から総合計画を修正変更した場合は必ず「議会だより」にその内容が掲載されます。議会はそれほど総合計画にこだわっています。

このように総合計画に記載されていない事業はおこなわない。そして記載された事業の一つひとつを事業別政策調書のシートで管理していく。二元代表制と総合計画のルールをしっかりつくり、その二つのルールを組み合わせて活用することが、これからの自治体運営に必要だと考えています。政策基礎情報としての事業別政策調書はその結節点となるのではないか。

議会が首長の提案した政策を吟味する場合も、自ら政策を提案する場合も、チェック項目としての事業別政策調書のフレームは大いに役立つと思います。どうかいろいろな場面で活用していただきたいと思います。「たかが調書、されど調書」ともうしあげて、私の話を終わります。

（二〇一七年八月一一～一二日に開催された議会技術研究サマーセミナーにおける報告。北海道自治研究二〇一七年一〇月号）

＊（追記）政策情報の作成・公開にかんしては、小口進一『政策転換への新シナリオ』（公人の友社、二〇一三年）が、事業別予算書・決算書・事業報告書・施策の原価計算について、すぐれた問題提起をおこなっているので参照されたい。

［6］自治体議会改革の到達点と課題（二〇一七年）

議会改革は自治史を画する営為

北海道栗山町議会が議会基本条例を制定してから一〇年の節目を迎えた昨年、当の栗山町議会をはじめさまざまな関係主体が記念行事を催し、また、さらなる議会改革の推進に貢献するため、議会事務局を経験した職員を核にした「議会技術研究会」なども新たに発足している。この間、私も多数の改革現場と接点をもつ機会に恵まれた。そうした経験をふり返って、この一〇年間の議会改革は戦後自治史を画する営為であったと評価している。

かつて政治学者の篠原一は「神々は細部に宿りたもう」という言葉を引きながら、市民自治の発展は意義ある小さな営為からはじまり、時間の流れとともに次第に波及していく、と語り、政治学者の松下圭一も、意義ある問題提起であっても実行されて見えるカタチになるまでには一〇年の歳月を要する、と常々述べていた。栗山町議会に起点をもつ議会改革の今日的ひろがりは、このような戦後自治の経験則に符合する好例といえるだろう。

一〇年が過ぎても議会基本条例の誕生前後の興奮が鮮やかによみがえる。そこには日本で最初の議会基本条例となること、それに耐えうる内容であるべきこと、といった議会関係者の熱い思い入れがあった。栗山町の議会基本条例は、新しい議会像の提示とともにそれを具体化するための諸事項のほとんどは四年にわたる先行改革の内容を条例化するものであったから、二元代表制の理念と現実が融合し、それゆえに議会改革の象徴となりえた。

こうして議会基本条例が登場した二〇〇六年が「議会改革元年」となって、全国で七五〇をこえる自治体、実に四割をこえる議会が議会基本条例を制定するまでにひろがった。このような「議会基本条例時代」の到来は当時はだれも予測しなかった。もちろん改革の時代は、古いものと新しいものが相克する分極状況を呈するから、後にも述べるように現段階の議会改革を手放しで評価するわけではないが、総じて議会改革の時代がやってくることは、当時も述べたが、以下の四点の理由にもとづいて予測していた。

第一に、分権改革によって議会の役割が変化した。二〇〇〇年の分権改革によって議会の関与を排除していた機関委任事務の廃止を軸に自治体の事務が再編成され、自治体がおこなう事務はすべて「自治体の事務」となり、議会は全面的にこれに関与できることになった。したがって、二元代表制そのものに手直しがくわえられたわけではないが、結果としてこの事務改革は議会の役割を増大させることになったのである。

第二は、議会改革の遅れにたいする議会関係者の危機意識である。一九六〇年代にはじまる今日的意味での自治体改革は、自治主体の変化でいえば、市民（市民運動の噴出）→首長（公選首長の対市民責任）→職員（政策能力の開発）へと連動しながらすすんできたが、議会だけは一貫して改革の外にあった。それゆえにキッカケさえつかめば、議会改革に火がつく潜在的な可能性がふくらんでいた。

第三は、その有力なキッカケとなる議会基本条例が登場したことである。これによって二元代表制をふまえた議会のあるべき姿があきらかになり、また、それを具体化するために議会と市民、議会と首長・職員、議員相互の関係の改革をめぐって、なすべき当面の改革課題もみえてきた。議会は自己革新にあたって、成算のないソモソモ論からはじめるのではなく、いつでも具体的な改革に着手できる教科書を手にした。

第四は、二元代表制論と議会改革の接合の問題である。自治体政府は、直接公選ゆえに政治的正統性が対等な首長と議会の二元代表によって構成される。したがって、二元代表制（国会内閣制）の国会のような与野党形成は制度要件ではなく、議会は首長にたいし批判と提案の機能を「機関」として発揮するのが本来の機能である。このような今日的議会改革の理論的支柱となる二元代表制論がすでに提起されていた。

以上の四つの要因が相乗して議会改革がすすむと予測した。なかでも私は、自治の主体とその相互関係の変化に大きな期待を寄せてきた。議会改革がすすむことによって、議員のみならず、先行して自己革新に直面してきた市民・首長・職員もあらためて自己のあり方を問い直さざるをえなくなる。すなわち、これからの議会改革に「議会が変われば自治体が変わる」可能性を読み、そのような変化をつくりだす議会改革を展望したのである。

議会改革はどんな成果をあげたか

それでは一〇年にわたる議会改革はどのような成果をあげたか。前にも述べたが、改革の時代は古いものと新しいものが交錯する分極的な状況を呈するのが常である。この例にたがわず、議会改革がすすむにつれて議会間格差がみられるようになった。一〇年という時の流れのなかで、改革の先頭を走る「先駆議会」、議会基本条例は制定してもなかなか実行がともなわない「居眠り議会」、旧態依然の「寝たきり議会」に三分化してきたのである。

私の直感でそれぞれ一割、二割、七割と見立てている。ところが、ＮＰＯ法人公共政策研究所（水澤雅貴代表）が昨年おこなった議会の政策活動実態調査によれば、この数字はほぼ妥当なものであることが裏づけられた。けれども議会間格差とはいっても、これはあくまでも時間格差で、どの議会も努力次第でランクはあがるから、解消可能な当面の格差とみておきたい。逆に、先駆議会であっても油断すれば後退することはいうまでもない。

議会基本条例は、議会の行動規範を定めたもので、ここには、①積極的に市民と交流して市民の意思を自治体の政策に反映させる、②首長と行政をしっかり監視し自ら積極的に政策を提案する、③これらの実効をあげるために議員間で闊達に政策を議論する、という三本の大きな柱がある。この課題さえ押さえておけばどこから改革に着手してもよいが、芽室町議会のように短期間で総合的に改革をすすめ、全国のモデルとなった先駆議会もある。

ともあれ、一〇年かかって先駆議会が一割という現状で、どうして議会改革を高く評価することができるのかという疑問符がつきつけられる。これに答えるためには、やはり冒頭にふれた篠原の言説のように「時間」の軸を援用して考えるしかない。すなわち、現在という同時的空間における先駆議会は微々たる数かもしれないが、その意義が普及して改革議会が増大すれば未来の空間構成は大きく変化するはずである。現在における先駆議会の存在を起点に未来の空間を構想する視点なくしては、いかなる改革も語ることはできないだろう。

このような認識に立って、私は、一〇年の議会改革によって「あるべき議会像のみえる化」がすすみ、それが次なる改革へのたしかな展望を拓いたと評価している。そしてこの「みえる化」には二つの側面がある。いずれについても多くの議会基本条例に書かれていることだが、第一は理論的な側面における問題で、二元代表制における議会像が明確になってきたこと、第二は実践的な側面において、すぐれた改革実例が蓄積されたことである。

第一の二元代表制の問題だが、栗山町の議会基本条例は「二元代表制」という言葉を使用していない。「二元代表制」は当時においては議員・市民にとって馴染みの薄い用語であった。そこで議会は、その意味するところを平易に記述して、議会のあるべき姿をわかりやすく表現することにしたのである。現在から考えると、そのことがかえって二元代表制についての理解をひろげるうえでプラスに作用したのではないかと推測している。

昨年、一〇周年の記念行事の講演で条例制定時の議長・橋場利勝は「私の望む議会は基本条例の前文にすべて書いてある」と述べた。この前文には、二元代表制の意味として、町長と議会には、町民意思の反映をめぐって競争・協力し、町としての最良の意思決定を導く共通の使命があること、議会は自由な討議をとおして政策上の論点・争点を提起する「討論の広場」になることが第一の使命であること、それらの使命を実現するため、情報の創造と公開を前提に、議会と町民、町長、議員間の関係について独自のルールを定めると書いている。

ここまでの理解に達しているかどうかは別として、現在では多くの議会基本条例に「二元代表制」が明記され、また、昨今の東京都政をめぐるワイドショーなどでも「知事や政党・会派の言動は二元代表制に反する」などといった評論がなされるなど、「二元代表制」が日常用語化しつつあることがうかがわれる。一〇年前と比べれば隔世の感がある。あたりまえのこととはいえ、自治体の代表制原理は国政と異なるとの認識は議会改革の第一歩である。

第二の成果である改革実践例についていえば、列島全体でみれば一般的に議会基本条例に記されるアイテムにかんしては、先駆議会によるすぐれた改革事例が蓄積されている。たとえば北海道でいえば、独自改革にくわえて本州をふくむ先駆自治体同士の交流による成果も吸収しながら改革をすすめている栗山町、福島町、芽室町、登別市などの議会をたずねれば、全国的な改革の到達状況やすぐれた改革事例の情報に接することができる。

事実は小説より奇なり、というべきか、こうした実例の存在は改革に向けた大きな動力となる。今日ではこれらの到達状況や先駆事例は容易に情報入手できるから、改革をすすめようと思う議会はまずそれらの先端情報を取得し、自己の議会の現状と比較することで改革の構想をねることができる。実際、北海道では、栗山町議会を手本に福島町議会が、福島町議会を手本に芽室町議会がそれぞれ独自性をくわえた総合的な改革を試みている。

以上のように、二元代表制の理念が浸透したことと、それを具体化する改革事例を蓄積したことが、これまでの議会改革の成果だととりあえず指摘しておきたい。このことはどの議会にとっても本格的な改革にチャレンジできる条件が整えられたことを意味するから、それでも無為にやり過ごそうとするなら、そうした議会は怠慢のそしりを免れることができなくなるであろう。議会にとってはこれまでとは違った意味できびしい時代がやってくる。

これからとくに注目したいこと

一〇年の成果をふまえて、次なる改革の課題あるいは留意点をいくつかアトランダムに考えてみたい。

第一は、「政策議会」への展望である。自治体は地域社会に生起する公共問題を政策によって解決するために設けられた市民の政府だから、この政策に正面から向き合う力量を備えた「政策議会」に成長することは議会改革の枢要な目的である。そこで、これまで試みてきた議会と市民の交流、議会と首長の緊張保持、議員間討議などの諸方策も、あらためて議会からの政策発信を軸に再構成すれば、求心力をもって議会改革が推進できる。

これにかんしてはすでに予算・決算に焦点をあてた議会における「政策サイクル」の形成というすぐれた試みがあるが、さらにすすめて、政策の基本枠組として、また多年度予算として実効性ある総合計画の手法を確立することが肝要である。ここでは詳述できないが、すでに栗山町などでは議会が主導して「総合計画の策定と運用に関する条例」が制定され、計画と予算をリンクさせた政策議論が議会において可能な仕組みが整備されつつある。

議会と行政がこれに習熟して政策議論を活性化させるにはなお時間を要するが、少なくともこのような仕組みが確立されなければ、議会の政策活動はこれまでと変わりのない「首長への要望」の域を出ることができない。計画や予算の仕組みの革新は議会だけではおこなえない。これは首長・行政における政策手法の変更でもあるから綿密な協議を要する。だからこそ議会改革は「議会が変われば自治体が変わる」議会改革でなければならないのである。

第二は、都道府県や大都市などの大規模議会の改革の問題である。ここには規模の大きさに由来する構造的な問題があって、なかなか改革がすすまない。これを克服するには二つの側面から検討が必要である。ひとつは、タテ割り型の行政にそった常任委員会のほかにヨコ割り型の地区別常任委員会という政策空間を設け、都道府県であればそこに市町村の参加を、大都市ならば市民参加を試みて政策議論を活性化させる必要がある。

このような議会独自の政策空間を設けることによって、行政のタテ割り政策の弊害にたいする批判がきびしさを増せば、都道府県行政における出先機関の改革による地域政策単位の形成や、すでに地方自治法が導入している大都市行政区の「総合区」化も促進されることになろう。

もうひとつは議会内の会派の問題である。国レベルの政党政治と密接度の高い大規模議会の会派は、事実上は政党会派である。それゆえに二元代表制は首長との関係で与野党化した会派間の対立と調整を軸に運用される。しかもこの調整は水面下でおこなわれるから、議会基本条例にどんなに立派なことを書いても形骸化してしまう。まさしく大規模議会は旧態依然として「会派あって議会なし」の様相を呈しているといっても過言ではない。

政党会派には民意集約機能もあるから存在を否定するつもりはないが、それならもう少し内部の透明度を高め、構成員にたいする拘束度を緩めてはどうか。会派が「政策集団」なら、政策研究の成果は政務活動費とともに公開されなければならない。また、広範多種な自治体政策を一会派でカバーできるわけではないから、多様なテーマを設けて会派横断的な政策活動にも積極的にとりくみ、議会としての政策合意をつくりだす努力を重ねるべきだろう。

議会改革における市民的な基盤の強化

紙幅が尽きたので、最後に、議会改革における市民的な基盤の強化について一言述べておきたい。

議会改革一〇年の成果は、並々ならぬ熱意をもって改革にとりくんだ、議会事務局をふくむ議会関係者の努力のたまものである。けれども、そうした努力によって議会改革がすすんでも、マスコミ報道によれば、議会にたいする市民一般の評価はさして好転していないという。先駆議会の絶対量が少ないこととあいまって、人口減少や高齢化、地域産業の停滞、行財政の縮小、議員のなり手不足、無投票・定数割れ選挙の増大、不祥事の発生など、議会をめぐる昨今のきびしい環境がそうした努力をみえにくくしているのであろう。

けれども市民的な支えを欠いた議会改革は長続きができないこともまた事実である。最近になってある先駆議会の議会モニターから教わったことだが、普通の市民でいたときとモニターになってからの議会観がプラス方向に大きく変わったというのである。見方を変えれば、改革をすすめる議会の姿を市民に伝え、市民の議会観を変えていくシゴトは、議会・議員の努力だけでは限界があるということでもある。

そこでやはり市民の出番となる。議会の現場に出かけて市民の目で観察・提言する議会モニターの設置や、議会改革のあり方を議論する諮問委員会などへの市民参加を積極的にすすめる。

こうして日常の議会運営や改革の現場にふれて議会を理解した市民の数が増えれば、そうした市民がオピニオン・リーダーとなって、議会と市民一般との間の心理的な距離を短縮してくれるだろう。こうした市民参加をとおして議員予備群も育つのではないか。（文中敬称略）

（ガバナンス二〇一七年四月号）

［7］ 議会改革一〇年の回顧と展望 （二〇一六年）

1 栗山町発・議会基本条例

議会基本条例の制定は自治体議会の力量を高めるための議会改革を象徴する。その議会基本条例はいま全国で七〇〇をこえて制定されている。今年は二〇〇六年に北海道栗山町議会が最初に制定してから一〇年の節目の年にあたる。普遍的な意義をもつひとつの問題提起が具体的なカタチとなってひろく定着するには一〇年のときを要する。もちろん、なお多くの課題が残るが、議会基本条例の普及は戦後自治史の画期をなす営為とまず率直に評価したい。

私が「議会基本条例」という言葉を用いたのは二〇〇一年のことである。この年の四月に北海道ニセコ町が全国ではじめて施行した自治基本条例の意義を『世界』で紹介したのだが(1)現在とは異なって当時の条例には議会に関する条項がなかった。そこで私は同町の自治基本条例を「行政基本条例」と特徴づけて、あるべき姿としては、「議会基本条例」の要素を組み込む必要があると述べた。これが「議会基本条例」という言葉の最初である。

翌二〇〇二年八月、北海道自治体学フォーラムの基調講演（＊本書に［19］として収録）で二元代表制の理解の仕方と議会基本条例の考え方について解説し、とくに議会基本条例については、自治体運営の主体が市民・首長・議会・職員の四者であることに着目して、二元代表制を活性化させる観点から、「議会と市民の関係」「議会と長の関係」「議員相互関係」の三点についてあらたなルールの条例化を提言した(2)。

こうした整理については、松下圭一『自治体は変わるか』(一九九九年、岩波新書)に多くを負っている。とくに同書の「2　自治体議会に改革構想を」には、「議会の課題・責任は深まる」「議会・長の機構分立とは」「議会の課題と市民活動」「条例づくりと自治体法務」「自治体再構築と議会」の五つの項目にそって、議会認識の基本と具体的な改革課題が示されている。議会改革にかかわるものにとっては、現在においても必読の文献である。

二〇〇三年になると議会基本条例をめぐる議論はより進化した。同年、札幌市が自治基本条例制定の意向を表明したのを受けて、私は自治体一般における活用も念頭において、自治基本条例の「神原私案」をまとめたのだが(3)、その「第7章　議会と議員の活動の原則」において、上記の松下論文をふくめて、その時点までに蓄積されていた議会改革の諸課題を条文のカタチで整理している。議会改革をめぐるさらなる議論の深化を願ってのことである。

こうした前史をふまえて二〇〇四年一一月、北海道自治体学会議会研究会が「議会基本条例要綱(試案)」を公表した(4)。この研究会は二〇〇二年一二月に設置され、二年余の研究成果を札幌市職員の渡辺三省が中心になってまとめたものである。要綱試案だが内容は条例案に近く、現在からふり返えれば議会基本条例の原型といえる。この要綱が栗山町議会の目にとまり、すでに四年にわたって実施していた改革の成果と結合して最初の議会基本条例の実現となるのである。

同町議会が議会基本条例を制定したのは二〇〇六年五月一八日の臨時会であった。まもなく六月定例会が開かれるのになぜ五月の臨時会で議決したのか。これにはエピソードがある。当初、栗山町議会は六月定例会での議決を予定していた。ところが四月ころ某市議会が六月定例会で初の議会基本条例を議決するとの情報に接した。そして手をつくしてその条例案を入手したところ、内容は栗山町議会の条例案よりはるかに劣るものであった。

栗山町の条例案作成に協力していた私の目にも事態は深刻に映った、六月議会の日程いかんで同町は後塵を拝することになるかもしれない。某市議会の条例がすぐれていればそれでよいが、最初の議会基本条例が今後の自治体議会に与える影響の大きさを考えると、どうしても栗山町議会は一番乗りする必要があった。そこで臨時会となったのだが、これは単なる功名心ではなく、橋場利勝議長をはじめとする栗山町議会の深い洞察があったのである(5)。

2 議会を考える二つの視点

議会基本条例の登場から一〇年がたって、制定する議会が四割をこえても、マスコミなどによると市民の議会評価はさして好転していないという。効果がみえない議会、議員のなり手不足、無投票・定数割れ選挙の増大、不祥事の発生など、議会報道は従来型の負のイメージが先行する。けれども全国ワイドでみれば議会改革は着実に進行している。このギャップをどう理解すべきか。そこで昨今の議会を考える二つの視点を強調しておきたい。

ひとつは「空間」と「時間」の認識である。現在という平面的な同時的空間においては、議会にかぎったことではないが、実にさまざまな問題が共存・錯綜して見通しが悪い。そこで歴史とか時間の流れを援用して考えてみる。たとえば、議会改革を象徴する議会基本条例は、五年前は一六〇だったが、現在は七〇〇をこえている。議会基本条例がこれほど普及したのに市民の議会観に大きな変化がみられないとすれば、これをどう考えればよいか。

議会基本条例は、市民を代表する議会としての行動規範を定めたもので、これに則して議会改革を実現しようとするものだが、ここには三本の大きな柱がある。①積極的に市民と交流し市民意思を自治体の政策に反映させる、

②長と行政をしっかり監視し自らも政策を積極的に提案する、③これらの実効をあげるために議員間で闊達に政策を議論する。この三つを関連させて、市民に「役に立つ議会」の構築をめざす。

このような議会改革がはじまってから一〇年を経て、大きな変化がみられるようになった。第一の変化は議会問題の「みえる化」が進んだこと。数は少ないが改革を実行する先駆議会が次々と現れて、すぐれた手本を示している。また、各地の議会基本条例が示すように、改革すべき課題、あるべき議会像が文字上はっきりみえてきた。こうした実例の増大や規範の明確化によって、議会改革はゼロからの議論を脱し、その気になれば容易に実行できる状態になった。

第二の変化は議会間格差の拡大である。一〇年という時間の推移のなかで、議会は、先頭を走る「先駆議会」、議会基本条例は制定しても実行がともなわない「居眠り議会」、旧態依然の「寝たきり議会」に三分化している。おおよその見当では、一割、二割、七割といったところか。けれどもこれはマイナス方向の格差ではない。どの議会も努力すればランクはあがるから、当面の時間格差とみておきたい。もちろん先駆議会でも油断をすれば後退する。

次は「制度化」と「運動化」の視点である。議会改革は上記の①②③に即してさまざまな議会運用の制度を創りだす。使い勝手のわるい制度や悪い慣習をあらためて新しい制度を創りだすのが「運動の制度化」、その制度を運用しつつ新たな不備がみつかれば次なる改革を試みるのが「制度の運動化」である。この運動の制度化と制度の運動化を絶え間なくくり返しながら議会は力量を高めていく。これは民主政治一般に妥当する成熟の論理である。

したがって、制度化という「制度を創る精神」が健全でなければ、運動化という「制度を活かす精神」も健全ではありえない。逆もまた真である。どちらか一方だけでは改革はすすまない。事実、先駆議会は、議会基本条例を実行しながらその実施状況を点検し、それをふまえて条例改正をふくむ新たな制度工夫を積極的に試みている。多数のひな型が存在するから議会基本条例は簡単に制定できる。だが、問われるのは制度化と運動化の精神の健全性である。

このように空間と時間、制度と運動の視点をふまえれば、とくに議会事務局の役割が重要になる。事務局は、議会・議員からの要請の有無にかかわらず、職務として先駆議会の情報を把握・整理・提供すべきである。たとえば、北海道の福島町議会や芽室町議会のように、改革の課題を網羅した「総合型改革」を実行している議会があるのだから難しい仕事ではない。こうして自分たちの議会と先駆議会との到達水準を比較する目をもつことから改革意識が育ってくる。

同様な視点はマスコミにも求められる。議会・議員の不祥事報道で負の議会イメージを増幅するだけではなく、現在到達している改革の先進状況もバランスよく報道すれば、これから改革をすすめる市民と議会にとって強い力になる。他の自治体の議会のことではあっても、市民は「役に立つ議会」が現実につくれるという確信をもてるようになり、議員選挙に際しても、市民が当該議会を変える改革案の提示を候補者に迫ることにもつながっていく。

3　総合計画と政策議会の展望

現在、議会改革が到達している最先端の課題は総合計画条例の制定である。二〇一一年に市町村が「基本構想」の策定義務を解除されたのをうけて、市民自治型総合計画のシニセである武蔵野市が「長期計画条例」を制定するなど、総合計画をめぐる自治体の変化が見えはじめていた。この流れのなかで、北海道では、二〇一三年に栗山町と福島町が、二〇一五年には芽室町が「総合計画の策定と運営に関する条例」（以下「総合計画条例」）を制定した。

三町は議会改革の先駆自治体として全国的に名高く、総合計画条例の制定も議会が主導してすすめた点で共通している。そしてここから読み取るべきは「議会改革がすすめば総合計画にいきつく」という、必然の流れである。どこの議会基本条例にも市民と議会の双方向性の確立、議員間自由討議の活性化、議会と首長の緊張関係の持続の重要性を書いているが、議会の政策活動を組み込んだ総合計画のシステムを整備しないかぎり、これらの実効はあがらない。

議会が市民参加をおこなっても市民の意見を自治体の政策に反映させる有効な方法をもたないなら、市民参加は形骸化してしまう。また議会が政策提案をしないなら、そもそも議員間で政策討議をおこなう必要すら生じない。首長と議会の緊張関係の維持も推してはかるべしだろう。こう見てくると、議会の政策活動は、議会の内部努力にとどまらず、行政をふくむ自治体としての政策装置のあり方の問題として問わなければならないことになる。

ここでいきついたのが総合計画条例の制定である。自治基本条例に当該自治体の政策は、政策の最高規範である総合計画にもとづいておこなうと定め、これを具体化する総合計画条例では、たとえば栗山町のように「総合計画に記載のない事業は予算化しない」という原則をはじめ、市民参加や政策情報の作成・公開、首長の選挙政策の反映など、計画の策定・運用・改定の諸原則を規定する。議会もまた議会基本条例の諸規定を援用してこのプロセスにかかわる。

総合計画条例の詳しい内容と評価は他の論考にゆずるが(6)、たとえば福島町が議会と行政の協議で作成した「政策調書・総合計画事業進行管理表」（総合計画の構成要素）には、事業の目的・期間・履歴をはじめ、議会基本条例で議会が首長に説明を求めている政策情報（政策の発生源、代替案等の検討、総合計画上の根拠、他自治体の類似政策との比較、財源構成、将来コストなど）が記載されるので、この一枚のシートで個々の政策の全貌が把握できる。

情報の作成・公開・共有とはこうしたことをいうのである。このような総合計画のシステムが構築されれば、議会の政策活動は質的に変化する。議会における計画事業の評価と、それをふまえた継続・修正・廃止・新設をめぐる議論が不可欠となり、その結果が議会の政策提案となる。上述した市民意見の反映、議員間討議、首長との政策緊張は現実のものとなる。

こうして、従来、議会を蚊帳の外においていた総合計画は、「行政計画」から「自治体計画」に変化する。私は議会基本条例の当初から「議会が変われば自治体が変わる」、また、そうした議会改革でなければならないと力説してきたが、総合計画条例の登場によって、ようやくその展望が拓けてきたように実感している。自治体とは地域の公共課題を政策によって解決するための市民の政府だから、政策活動こそが議会活動の基本になるべきことは当然である。こうした「政策議会」の確立をあらためて確認して議会基本条例を戦略的に実行すべきである。

一〇年で議会改革はたしかに前進したが、大都市と都道府県の議会改革はほとんど手がついていない。自治体規模にも起因するタテ割り行政の強烈な支配、与野党型議会運営の惰性が改革を拒んでいる。私はその克服策として行政における地域政策単位の構築とともに、議会における「地域別常任委員会の設置」などを主張してきたが、一、二の議会が試みはじめたにすぎない。これも今後の議会改革ひいては自治体再構築の大きな課題である。

（1）拙稿「ニセコ町『基本条例』が開いた扉」世界、二〇〇一年四月号
（2）『神原勝の首長鼎談』北海道町村会、二〇〇三年所収
（3）拙著『増補　自治・議会基本条例論』公人の友社、二〇〇九年
（4）渡辺三省「議会基本条例要綱研究会試案」北海道自治研究、二〇〇四年一一月号
（5）このエピソードには触れていないが、議会基本条例制定のいきさつについては橋場利勝栗山町議会議長（当時）「なぜ議会基本条例が生まれたか」神原勝・橋場利勝著『栗山町発・議会基本条例』公人の友社、二〇〇六年所収を参照

（6）神原勝・大矢野修編著『総合計画の理論と実務』公人の友社、二〇一五年所収の拙稿「総合計画条例と政策議会の展望」参照

（地方議会人二〇一六年九月号）

［8］ 生ける計画と自治体の実行力　（二〇一六年）

総合計画条例の制定

自治体に総合計画が普及してから四〇年の時が流れた。およそ一〇年を計画期間としたことから現在まで第五次・六次と版を重ねている。これを主導したのは一九六九年の地方自治法改正によって市町村に義務づけた「基本構想」の策定とこれにともなう基本計画・実施計画の策定（「三重層計画」）であったが、この基本構想の策定義務は分権改革の一環として二〇一一年に廃止された。

これと入れ替わりに、近年「総合計画条例」が散見されるようになった。武蔵野市は二〇一一年に「長期計画条例」を、また二〇一三年には議会が主導して北海道の栗山町と福島町が、さらには二〇一五年に芽室町が「総合計画の策定と運用に関する条例」を制定している（以下「総合計画条例」と総称）。こうした条例の制定はまだ少数だが、総合計画のあり方に転機がおとずれている。

私はこれまで自治体運営の最高規範である自治基本条例の推奨とともに、これが「生ける自治基本条例」となるためには関連条例の制定が不可欠であることを指摘してきた(1)。自治基本条例には、情報公開、市民・職員参加、市民投票、議会運営、総合計画、財務規律、政策法務、政策評価などを規定するが、実効性を確保するためには、これらの理念を具体化する関連条例の整備が必要になる。

そして関連条例のなかでも、とくに議会基本条例と総合計画条例を「基幹的関連条例」として制定すべきことも説いてきた。自治体は地域の公共課題を政策によって解決するための市民の政府だから、その政府の運用と政策活動を規律する議会基本条例と総合計画条例の制定が必要である。その他のさまざまな関連制度・条例もこの二つの基幹的条例と結びつけて活用されてこそ生きた制度となる。

上記の栗山町・福島町・芽室町は、自治基本条例＋基幹的関連条例をカタチのうえで実現した。先鞭をつけた栗山町は、市民型総合計画の手法の開発・実行で名高い武蔵野市やそれを発展させた多治見市の営為に学んでいる。自治・議会・計画の三条例をそろえた自治体がこれ駆使して洗練された自治体運営にどこまで習熟するかは今後の課題だが、これによって総合計画のあり方にあらたな展望が拓かれたことは間違いないだろう。

総合計画の先駆自治体

今日につながる市民型自治体計画への思想転換は、一九六八年に東京都が策定した「東京都中期計画—いかにしてシビル・ミニマムに到達するか」によってはじまった。「シビル・ミニマム」は、市民の都市的生活様式を支える生活基準を市民の権利として設定し、それを自治体の政策公準として達成目標を数値化するとともに、市民自治の手続をふまえた自治体計画によって実現する考え方である。一九七〇年代には、全国に叢生したこの時代の先駆自治体、いわゆる「革新自治体」がシビル・ミニマム計画を策定した。

武蔵野市はその象徴的な存在であった。「長期計画」の策定において、市民自治、自治権拡充、市民生活優先、科学性、広域協力を計画の五原則として、自治体の自立、市民の参加、計画の実効を重んじた計画手法を開発した。三重層計画ではなく、基本構想を第一章として一つの計画書に統合、議会の議決化、また、計画を実行計画と展望計画に分けて三年ごとに調整する手法は、実施事業の一覧表示とあいまって計画の実効性を高めた。

市長が委嘱する専門家市民による「策定委員会」方式の採用、周到な市民参加（個人参加・課題別参加・地域参加・団体参加）、職員参加（個人参加・部課別参加・職制参加・団体参加）の実施のほか、参加と討論を有効におこなうための「討議要綱」の作成や地域情報を地図上に可視化した「地域生活環境指標」などの政策情報を作成・公開している。このような斬新な試みは、当時から「武蔵野市方式」として注目された。

同市は現在もこの方式を継承している。市長の保・革交代があっても、武蔵野市方式の基本が不変だったのは、その方式のもつ市民性・実効性のためにほかならない。現在の同市には自治・議会基本条例はない。けれども、公開・参加・評価・財務・法務など今日の自治基本条例にふくまれる主要なアイテムを、長期計画と深く関連づけて実体化、すなわち長期計画が実質的に自治基本条例の機能を担う市政運営をはやくから定着させてきた。

二〇〇〇年代になって多治見市は西寺前市長の時代に、武蔵野市方式をふまえて「第五次総合計画」を策定し、これによって財政危機を克服した。「多治見市方式」とも称される新たな特色は、実施する事業の明示を計画の本体とする政策の一望性、当選市長の選挙公約を組み込む策定・改定の手法、約四〇〇の計画事業を個々の政策情報（実行計画シート）の作成・公開によって目標管理・政策評価を行う、などの手法である。

くわえて、同市は、市政運営の最高規範となる自治基本条例（市政基本条例）を制定して、総合計画にもとづく政策の実行、総合計画の期間と市長任期の整合による市長選挙公約の総合計画への反映を明記するとともに、自治基本条例を具体化する多数の関連条例の整備の一環として、総合計画と深く関連づけた財務規律条例（健全な財政に関する条例）を制定している。これも多治見市方式を構成する重要な要素とみなければならない。

総合計画の今日的手法

栗山町の総合計画条例は、上述した両市の方式をふまえているので、総合計画の今日的課題をひろく理解することができる。なお、条例本体とその「解説」とあわせて議会が作成した条例案を読むのがよいであろう。この議会案は詳細に論点を網羅しているので、総合計画のあり方をめぐる議論に役立てることができる(2)。

そこで栗山町の総合計画条例の内容だが、以下にその手法の特徴ないしは意義を列挙しておこう。

（1）総合計画が「最上位の計画であり、町が進める政策等（政策・施策・事業）は総合計画に根拠を置く」ことを明記（第二条）。また「町が進める政策等は、総合計画に基づき予算化する」（第一一条）、したがって「総合計画に基づかない政策等は予算化しない」（解説）と計画と予算の関係における原則を述べている。これは生ける総合計画であるための最大の原則である。計画がありながら計画外で事業をおこなっていては話にならない。

（2）総合計画の策定において市民参加・職員参加ならびに議会による政策提案の推進をはかる（第九条）。また、これらの参加を効果的に推進するため、討議課題・論点整理の文書のほか、必要な情報を作成・公開する（第一〇条第一項）。情報なくして参加（議論）なしの原則を実体化させる規定である。

くえて情報の作成と提供に関して市民に意見を述べる権利を保障している（同条第二項）が、これは情報公開のあり方として画期的である。自治体の情報公開は、存在する情報の開示から、必要な情報の作成・公開に論点が移行してきたが、市民に対する意見提出権の付与は情報公開の次なる段階への進化を予測させるものがある。

（3）実効性ある総合計画の要諦は、具体的な政策を一望できるように示すことである。このため、まず市民が「容易に理解でき」かつ「簡便な方法で入手できる」計画を策定するとしている（第四条）。抽象的な文章で記述され、かつ膨大なボリュームのる総合計画は、計画としての体をなさないものと考えなければならない。

そこでこれらを担保する総合計画の仕組みをどうつくるかが次の課題になる。

（1）まず総合計画を基本構想・基本計画・進行管理計画から構成する（第五条）。前二者が議会の議決の対象となる。このうち基本構想には、重点政策と政策分野の基本方針とともに計画の財源、財政健全化、行政組織、職員機構、計画の進行管理方法など（解説）、「総合計画を推進するに当たっての必要な事項」が記述される（第六条）。

（2）基本計画は期間が四年の実施計画と展望計画から成る（第七条）。ここが実効性を確保するための最大のシカケとなる。実施計画は「財源確保を含めて実施が確実に見込まれる政策等により構成」される。展望計画は「将来を展望する政策構想と総合計画の策定時点では緊急性が低い政策等により構成」（第七条）される。

（3）進行管理計画は、実施計画に記載された主要な施策・事業の進行管理に必要な政策情報として作成・公表される（第八条）。この施策・事業ごとの個票には、事業目的、実施内容、財源構成、目標値、達成度、進捗状況が記載される（解説）ので、議会、市民、職員それぞれにおいて、継続・修正・廃止・新設の観点から、政策めぐる議論が活発かつ効果的になる。首長・議員選挙においても政策争点が明確になろう。

（4）実施計画には選挙で当選した首長の公約を組み込む。そのため首長選挙がおこなわれる年に実施計画の最終年度がくるように計画期間は四年とし、選挙直後に次の実施計画を策定する。これにかんし「解説」は、「実施計画は、従前の実施計画における政策等の評価や、町長選挙において当選者が掲げる公約、計画策定時点での展望計画に表記した政策構想等を総合的に検討して策定」すると説明している。選挙公約といえども絶対ではない。総合計画事業として再評価されなければ実行に移されない。

（5）総合計画にない政策は予算化しないとなれば、きわめて窮屈な対応を強いられる。想定外の緊急避難の政策実行を余儀なくされる場合や総合計画の計画年度の途中で首長が交代した場合、あるいは国の政策方針の変化など、外的な事情によって計画外の緊急の政策・予算の対応が必要になることが多々ある。

そうした場合、条例は「町は、政策等の追加、変更、廃止の必要が生じたときは、議会の議決を経て、総合計画を見直す」（第一二条）と、柔軟な対応を規定している。けれどもそれは計画外の事業ではなく、議会の議決を経て総合計画に組み込んだうえで、あくまでも総合計画事業として実行する。そして年度と理由を明記したうえで、他の事業と同じく進行管理計画で進行を管理する（第八条第二項）。

行政計画から自治体計画へ

やや詳しく条例の内容を紹介したのは、これがたんに一自治体の特殊な条例ではなく、どの自治体でも実行可能な普遍性を有していると考えるからである。もちろん、それぞれの自治体の固有の事情（人口と面積、自治体の種類、その他の地域の特殊性など）をふまえて計画手法に工夫が必要なことはいうまでもない

かつて松下圭一は「それぞれの自治体計画をみれば、その市民、自治体の文化水準、自治能力がわかる」と述べた(3)。総合計画は、政策を総合的に表示したたんなる政策集ではない。その「総合」には、上述のような市民自治にもとづくさまざまな政策合意手続のシステムとその周到な実行がふくまれる。それゆえに総合計画にはそれぞれの自治体の文化水準や自治能力のレベルが表現されるのである。

これとの関連で、総合計画と議会との関係について付言しておきたい。近年高まってきた議会改革は、市民と議会の双方向性の確立（市民が参加する議会）、議会と首長が政策を競う代表制の運営（政策を提案する議会）、議員間自由討議の推進（政策を討議する議会）をめざしている。この三課題を達成するためには上記のような総合計画のシステムが不可欠である。

なかでも総合計画に組み込んだ事業個々を進行管理する政策情報を作成・公開することはとくに重要である。すでに一部の議会では、この政策情報をもとに、実施計画を継続・修正・廃止・新設の観点から点検・評価し、議会としての政策提言に結びつけている。こうした議会の政策活動が定着すれば、議会の存在意義が高まるとともに、これまで「行政」の計画にとどまってきた総合計画は、文字どおり「自治体」の総合計画へと変化する。（敬称略）

（1）拙著『自治・議会基本条例論』（増補版、公人の友社、二〇〇九年）
（2）栗山町の議会条例案は、神原勝・大矢野修編著『総合計画の理論と実務』（公人の友社、二〇一五年）に収録
（3）松下圭一『市民文化は可能か』（岩波書店、一九八五年）

（ガバナンス二〇一六年四月号）

［9］ 自治体議会の改革と公開・参加の政治（二〇一三年）

はじめに

ここ三〇年の時の流れのなかで、自治体の政治行政においては情報公開や市民参加の理念が普及し、自治体間で実行の熱意に温度差はあるものの、さまざまな試みがなされるようになっている。

けれども、公開や参加の政治は公選の首長とその首長が統括する行政と市民の関係として考えられがちだった。市民・首長・職員に次いで、自治体運営のもう一つの主体であるはずの議会・議員には多くの期待は集まらなかった。

したがって議会にたいする市民の信頼度が高まらないのは当然である。首長が国の官治集権と固く結びついた「強い首長」であったという理由だけでなく、普段の活動が見えなければ議会はよくてもゼロ評価であり、一方でマスコミをとおして議会が市民に顔を見せるときは、不祥事の発生や定数・歳費問題などでマイナス・イメージに傾斜する。

その意味で議会にたいする評価は、ゼロとマイナスの間を往来して、プラスに浮上しなかったのである。

こうした厳しい議会イメージに危機感を抱いて、最初に、今日につながる議会改革に着手したのは北海道栗山町議会であった。同議会は二〇〇六年にそれまでの議会改革の成果を組み込んでかなり整備された議会基本条例を制定した。

以後、この議会基本条例の制定を中心に、議会改革の波は全国にひろがり、制定自治体は約三〇〇といわれ、六年早く北海道ニセコ町からはじまった自治基本条例とほぼ同数かそれを超える状態にまでなっているようである。

とはいえ、議会基本条例の制定で議会改革が実現したわけではない。多くの場合、それは改革の橋頭保を築いたにすぎず、条例に規定する議会運営の理念を具体化する努力を継続しなければ、たちまち「死せる基本条例」に堕する。実際にそのような状況に陥っている議会が多数ある。

けれども、これは当初から想定できたことだから、私は「生ける基本条例」への持続的な改革努力を鼓舞するとともに、そのための論点や改革策を提起してきた。

最初は少数の自治体の営為でも、普遍的な意義をもつものなら時間をかけて普及する。市民参加も情報公開もそうであったように、私は、大局的にはこのような経験則をこれら基本条例にも当てはめて考えたい。「いま」という空間軸だけでみれば幻滅してしまうことにたいしても、「さき」という時間軸を加味すれば、豊かな展望が拓けてくるのではないか。

その意味で、自治体改革を志向するなら、自治体全体のなかでは少数であっても、政策・制度の開発にチャレンジする先駆議会への目配りは欠かせない。近年は、元祖の栗山町議会をはじめ、北海道福島町議会、あるいは会津若松市議会など、大がかりな議会改革を試みて実績を積む「先駆議会」に続いて、さまざまな改革を試みる議会が自治関係誌に紹介されるようになった。こうした先駆議会が存在し続けるかぎり、それによって「居眠り議会」との間の議会間格差は拡大するが、全体としての議会改革は後退することはない。

本稿では、与えられたテーマ「自治体議会の広報・広聴活動」に即して、私がもっとも先駆的と評価している北海道福島町議会を中心に公開・参加の営為を披歴してみようと思う。

広報とは「ひろく知らせること」すなわち公開である。公聴とは、広辞苑によれば「行政機関による、国民または住民の行政に対する意見・要望の収集活動」と、「行政」に限定した活動であるかのように解説されているのには首をかしげたくなるが、ある意味では議会が等閑視されてきたことの反映なのかもしれない。

それはともかく、政治行政を公開することと市民が参加することをいうのだから、できるだけ「公開・参加」と表現したい。

1　福島町議会の「議会だより」を読む

私の手元に「ふくしま議会だより」の各号がある。福島町議会が年四回発行するA４版で二〇頁前後の小冊子である。とにかく面白くて模範と思える「議会だより」だから、議会改革を志す議員や議会事務局職員にしばしば紹介している。

議会や議員がめざしていることや具体的な活動内容が盛りだくさんで、議会のことがよくわかる。私は各地の議会だよりを多数読んでいるわけではないが、これまで出会ったなかでは群を抜いている。以下にその内容を紹介したい。

毎号かならず掲載する記事

最近一年間の「議会だより」に掲載された記事を少し整理してみよう。まず毎号かならず掲載されるのは次のような記事である。個別にわたって少し煩わしいかもしれないが、しばらく辛抱してつきあってほしい。

① **一般質問**　当町議会は通年議会制なので、定例会の招集は年一回だが、会議を開くときは「定例会○月会議」と称し、その終了後に「議会だより」が編集・配布されることが多い。通常、「○月会議」は通年制導入前のように年四回開催している。そして本会議における議員の一般質問とそれにたいする町長などの答弁の内容が写真入りでわかりやすく掲載される。次に述べる常任委員会レポートに次いで分量が多い。

② **常任委員会レポート**　議会には政策にかかわる常任委員会として「総務教育」と「経済福祉」の二つがある。福島町議会は、この常任委員会における政策の議論と提案を重視していて、住民目線でとりあげた町政の課題や事業などについて、独自の調査・分析をおこない、議会としての意見を付して行政に対応を促す。最近一年間では一二のテーマについて調査・提言がおこなわれた。各号平均五ページでもっとも多くのページを割いている。

③ **文書質問**　文書質問の内容と回答の全文が掲載される。最近一年間では七件の質問があった。大間原発にかんする町長の考え、全国学力テストの当町の結果、企業誘致にかんする問い合わせ状況、恒常的な福祉灯油事業の実施、町長の退職金の見直し状況などがテーマとして取りあげられている。

④ **町民と議員との懇談会**（多くの議会では「議会報告会」と称している）　議会と住民の双方向コミュニケーションの確立をめざしておこなわれる。町内を一四会場に分け、一一名の全議員が班を編成して各会場を担当し、住民と交流する。議会側は主に「議会だより」をもとに議会活動の報告をおこない、住民はひろく町政について意見や要望を述べる。「議会だより」にはこれら各会場の住民の意見の概要が掲載される。

議員定数や議員歳費の問題などテーマを特化した懇談会もおこなわれ、これにかんしては通常の「議会だより」とは別に、内容を詳細に報じた「議会だより速報版」を発行している。こうした手続きを経て、議会基本条例諮問会議（議長が委嘱した五名の町民委員で構成）が提案した議員歳費算定の「福島町方式」が条例化されている。

⑤ **審議した議案と各議員の賛否**　議会は一年間に約八〇件の議案を採決しているが、各会議で審議した議案にたいする各議員の賛否の態度を一覧表で表示している。

⑥ **会議等出席状況**　議会の会議や議会にたいして通知のあった行事など、議員の出席にかかわる件数は一年間に約一八〇件ある。これらについて出席・欠席・議員によっては出席不要・委員外議員として出席・別公務のため欠席・議長の職務出席などの区分にしたがって、全議員についてチェックした一覧表を毎号公表している。

⑦ **その他**　これらのほか、毎号、議会にたいする「町民の声」と議員が輪番で担当する「議員の雑感」と題したエッセイ、議会の主な行事予定、議会用語の解説などが掲載される。

年一回ていど掲載する記事

次に、年一回ていど、いずれかの適当な号にかならず掲載される記事を列挙しよう。

① **当該年度の予算の議決**　予算特別委員会における質疑を要領よく簡潔にまとめて、当該年度予算を議会の視点から解説する。補正予算にかんしても同様である。

② **決算の認定**　政策論議を重んじる議会として、決算の認定にも力点を置いている。予算のとき以上のスペース（四ページ）を割いて、質疑内容を紹介している。

③ **議会による行政評価**　議会は上記②の決算の認定を厳しくおこなうことによって、行政にたいする議会のチェック機能を発揮するとともに、それらの結果を次年度予算に反映させるため、独自の評価手法を用いて、前出の二つの常任委員会で二八事業を評価し、必要な場合は改善策を提案する。これら評価の手法と結果の一覧表を掲載している。

④ **議会費の予算・決算の報告**　四七〇万円強（二〇一三年度）の議会費について、その使途細目と前年比増減額

の理由が示され、あわせて管内・全道・全国各レベルの町村平均と比較した議員歳費の月額を掲載している。

⑤ **政務活動費の活用と研修報告会**　議員一人当たり年六万円の政務活動費の枠があるが、これらを活用した視察研修については、各議員が研修した内容を全議員で共有するため、「議員報告会」が開催され、その内容が公表される。

⑥ **議員による議会評価と諮問会議の改善意見**　議会活動を大項目（一〇項目）と小項目（三六項目）に分け、議員・議会の活動状況の基礎資料と統計などによる全道・全国の町村議会の実態や先進的な活動をしている議会などと比較検討し、議会運営委員会が評価して住民に公表する。また、この議員による議会評価を議会基本条例諮問会議が住民の観点からあらためて評価をおこない、その改善意見を次年度の議会運営委員会による評価・改善に反映させる。これの一部始終が掲載される。

⑦ **議員活動の自己評価**　議員としての態度、行政チェック、政策提言、政策実現、議会改革などの五つの指針によって、各議員が自らの一年間の活動にたいしておこなったて自己評価の結果（ほぼ満足・努力が必要・さらに努力が必要）を掲載している。また、次年度のそれぞれの議員活動の目標（公約）と、前年度に掲げた目標の達成についての評価を公表している。

総合計画への強い関心

以上のほかこの一年間の「議会だより」を通読すると、議会は「総合計画」に一貫して大きな関心を示していることがわかる。

第九四号（二〇一二年八月一日号）には、溝部幸基議長がインタビューに答えて、総合計画の改定の時期を迎えて、計画の精度や実効性を高めるための計画手法の検討や計画にない事業は安易に予算化しない原則の確立などをふまえて、総合計画条例を策定する必要があると述べている。

定例会九月会議をあつかった第九五号（二一月一日号）では、この会議に町長が新たな事業の追加を内容とした総合計画の変更にかんする議案を提案したのにともない、議会は初めて本会議で議員同士が意見を述べ合う「自由討議」をおこなって採決した模様を伝えている。この討議では、町長などへの質疑の後に、議長が論点を三つに整理し、それにもとづいて議員が意見交換している

第九六号（二〇一三年二月一日号）では、現行の総合計画策定時に議会が政策提言した「人材育成」と「産業政策」に的を絞って、二つの委員会で事業内容を確認し、行政の考え方や実施状況を問うたうえで、委員会としての意見を提起している。

政策論議を深めようとする議会にとって、政策の基本枠組みである総合計画のあり方に問題がいきつくのはある意味で自然な流れである。栗山町では、議会が議会基本条例制定後に数年かけて主導してきた総合計画条例（正式名称は「栗山町総合計画の策定と運用に関する条例」）が制定され、二〇一三年四月に施行している。

これに続いて六月には福島町も議会が先導して同趣旨の条例を制定した。上述したように、一年を通した「議会だより」を読んでも、二つの常任委員会を中心にして、政策や計画について活発に議論する様子がよくわかる。今回の総合計画条例の制定は、そうした政策議論を重視する長年の議会運営がいきついた改革の成果といえる。この総合計画条例の意義については後で再び述べることにしたい。

2　情報の質は議会の質と同義である

福島町議会の「議会だより」の内容をやや詳しくながめてきた。そうしたのは簡便に手にできる紙媒体で全戸に確実に届けられる「議会だより」こそがもっともひろく住民に読まれるからである。

新聞やテレビジョンが小さな自治体議会の動向を日常的にウォッチングすることはないから、住民の議会にかんする情報や知識、あるいは議会イメージは「議会だより」に大きく依存することはいうまでもない。

それにしても、いくら「議会だより」が大きな役割をもっているといっても、公開するに値する議会活動がなければ、優れた「議会だより」はつくりようがない。あたりまえのことだが、ここが最大の問題なのである。

福島町議会は長い議会改革の積み重ねのあと、二〇〇九年に議会基本条例を制定したが、その当初から「町民が実感できる政策を提言する議会」「わかりやすく町民が参加する議会」「しっかりと討議する議会」の実現を三本柱に、基本条例の内容を豊かに実践するための改革を現在も続けている。そのキメの細かさと質の高さは群を抜いている。

先に詳しく見た「議会だより」の個々の内容は、この「政策」「参加」「討議」の三つの理念を具体的なカタチにしたものにほかならない。

今日、議会と住民をつなぐ「議会報告会」の実施が議会改革の要諦とみなされて、各地で取り組まれるようになった。それはそれで結構なことだ。けれども、報告内容が行政のおこなう説明と同じになって議会としての独自性が出せないという嘆きを各地で耳にする。そうした問題が起こる理由は単純である。議会が、政策の検討、議員間討議、住民との交流などを日々実践していなければ、報告すべき内容や議論の素材に事欠くのは当然である。

福島町の議会報告会が「議会だより」にもとづいておこなわれるのは、その前提として積極的な議会活動があることと、それを有意な情報として住民と共有できる、作成・公開の技術が存在するからである。たんに「情報の共有」といってみても、前提として情報の質が高くなければ意味をなさないのである。そしてここで情報の質とは議会活動の質と同義であることはいうまでもない。無為な議会からは有意な情報は生まれないのである。

自治体の情報公開は三〇年の歴史をもつが、初期段階の、存在する情報の無機質的な開示から、現段階の必要な情報の作成・公開に論点が移行してきた。そしておそらく今後は北海道苫前町の自治基本条例が住民に情報の作成・公開を当局に請求できる権利を保障したり、栗山町の総合計画条例が計画策定手続きのなかで、必要な情報の作成・提供にかんして住民に意見具申権を与えたような、ハイレベルの内容を加味した新段階の情報公開に変化していくであろう。

そうした展望のもとで議会は優れた議会活動を展開し、それを情報化すべきである。議会の本質は「討論のヒロバ」といわれる。議会という代表機関の装置によって自治体運営の主体である議員、住民、首長、職員の四者が直接・間接に交流して、当該自治体の運営上、政策上の論点提起・争点形成をおこなうのが「討論のヒロバ」だから、それは「情報のヒロバ」でもある。議会は議員だけのものでも、議員だけで運営されるのでもない。

このように考えれば、優れた議会活動のためには、二元代表民主制をふまえたうえで、四つの主体に着目して、議会と住民、議会と首長・職員、議員と議員の関係性を豊かに再構築しなければならない。これを議会運営のルールとしてまとめたものが議会基本条例である。もっとも議会基本条例がなければ議会改革はできないというものでもないが、ひろい視野に立って議会の課題を共有しながら、持続的に改革をすすめるためには条例化が有効であろう。

上に述べた四主体間の豊かな関係性の構築とは、まず議会と住民の関係では公開と参加、すなわち双方向回路を整備することである。これには上述したような福島町議会の「議会だより」が象徴するような議会活動情報の公開をはじめとして、諸会議の徹底公開、議案・議会配布資料の事前公開、陳情・請願提出者の意見表明と意見交換の保障、議会報告会のこまめな開催による議会と住民の直接交流、附属機関や議会モニター、議会サポーターによる住民意見、専門意見の反映などがある。

次に議会と首長の関係では、機関対抗による緊張関係の維持と議会の実効ある政策形成への参画が中心的な課題になる。前者にかんしては、一問一答の討議形式、首長等への反問権の付与、首長が議会に政策や計画を提案する際の努力義務の付加（政策発案者、行政が検討した代替案、市民参加の内容、他自治体の類似政策の検討、総合計画上の根拠、政策に要する財源の構成、将来にわたるコスト計算などの説明）、議決事件の拡大などがある。

議会は、政策過程に着目すれば、課題発見→政策立案→政策決定→政策実行→政策評価→課題発見という政策循環のどの局面にかんしても議論ができる。けれども、それが議会による実効ある政策提案に結びつくためには、政策システムとくに総合計画の手法の革新が不可欠である。

すべての政策が計画にもとづいておこなわれ、政策循環のプロセスが議会のシステムとリンクしていなければ、議会は住民の提案を受けてもそれを反映する手段をもちえないことになる。この総合計画の問題は議会にとっても先端的な重要課題なので次節で述べたい。

三番目の議員相互の自由討議はどうか。必要性はひろく認められながら、うまく進展しない課題である。私は以前から、議員による自由討議は、本会議あるいは委員会を問わず、議員間でなにかを「まとめる」という前提がないかぎり実行は難しいと述べてきた。

たとえば、執行部提案について議会としての論点・争点を文章で整理したり、議員・委員会提案の条例案や執行部提案にたいする議会の修正案を自由討議でまとめるなどである。

実効ある方法を開発したり、習熟するにはなお時間がかかるが、福島町議会では、議会運営基準を改正して、「議案の質疑及び町長等執行機関との意見交換終了後は、活発な議員の自由討議に資するように論点・争点を整理し、まとめるものとする」、そして「整理された論点・争点に沿い、議員相互の自由討議を中心に議論を尽くして、合意形成に努めるものとする」ことになり、二〇一二年度から本会議と委員会で試行している。

以上に述べたもののほか、福島町議会は議会単独のＨＰを開設して議会の膨大な情報を公開している。これらには本会議・常任委員会・特別委員会の全会議録、常任委員会・特別委員会に配布する全資料、本会議の全議案、議会経費（交際費・視察旅費の詳細をふくむ）、視察報告がふくまれる。

本会議・特別委員会・全員協議会はビデオ録画もおこなっている。また本会議場にインターネット中継設備を整備し、ライブ中継と録画映像を配信している。

なおＨＰで公表している、毎年度発行の「議会白書」は、Ａ４版約一二〇ページで、これまでの議会改革（議会基本条例にもとづく開かれた議会づくりの実践）の歩みと議会基本条例の内容を着実に実現するための行動計画のほか、議会・議員評価のための基礎資料にすることを主目的にして、本会議の審議、常任委員会の活動、議会の活性度、議会の公開度、議会の報告度、住民参加度、議会の民主度、議会の監視度、議会の専門度、適正な議会機能などの大きな項目によるくくりで、「議会だより」を補う詳細なバックデータを提供している。

これまで住民との交流をふくむ福島町議会の改革の状況とそれらの情報化について述べてきた。議会改革もその情報化もまだまだたくさんの課題を抱えているが、私の管見するところでは、これほど体系的かつ広範囲に改革に取り組んでいる議会は少ない。

日々おこなわれる改革はそのかぎりでは断片的に見えても、時間がたてば体系立ってくるのは、やはりその核に議会基本条例があり、また改革内容が広範囲におよぶのは理念を実現して「生ける議会基本条例」にしようとする、関係者の熱い改革精神があるからにほかならない。

3　総合計画と正面から向き合う議会

地方分権の進展の如何にかかわらず、自治体が「自律自治体」として成長することを願って、私はこれまで自治体運営の規範となる自治基本条例を推奨してきた。

そしてそれが「生ける自治基本条例」であるためには、自治基本条例の理念を具体化する関連条例の制定・整備が不可欠なので、「総合型自治基本条例＝自治基本条例＋関連条例」と考えて、関連制度・条例の整備にふみ込むべきことを強く主張してきた。

そしてこの流れをより確かなものにするために、議会基本条例と総合計画条例の制定を戦略化することも提唱してきた。

自治基本条例と関連条例を整備することは議会にとってもきわめて大きな意義をもつ。これらの条例の多くは行政の活動の基準となるから、議会はその履行ないし遵守をめぐって、いわゆる「行政監視」の実をあげることができるのである。

ところが、政策をめぐる行政監視については、さしたる基準がなく、総合計画はあっても、策定・運用にかかる手法の拙劣さもあって、自治体の政策活動の実質は行政の裁量にゆだねられてきた。したがって議会は行政監視もできなければ、ましてや独自の政策活動などは望むべくもなかったのである。

けれども、自治体の政策をめぐる環境が大きく変化した。成熟経済のもとで今後の自治体は税収増が見込めず、かといって巨額の累積債務を抱える国に期待できない。その一方で少子高齢社会の深化にともなう支出増はまったなしである。

自治体の財政窮迫は半永久的に続くから、先々の見通しをもって厳しく財政を規律し、選択と集中で政策を厳選・抑制し、ときには自治体間協力で政策効果をあげる工夫も必要になる。

こうして近年、あらためて総合計画のあり方が問われることとなった。自治基本条例に総合計画の原則を規定し、そこに「実施する政策は総合計画に根拠を置く」という一言を規定する条例が増えているが、これは、「思いつきの政策」はおこなわないという厳粛な宣言と読むべきであろう。

けれども、それだけでは不十分で、やはり策定と運用の手法を改革して実効性を高める総合計画条例を自治基本条例の基幹的な関連条例として制定すべきである。

もちろん単独の総合計画条例でも大きな意義をもつが、二〇一一年には武蔵野市が自治体計画の先駆自治体らしく、いち早く優れた「長期計画条例」を制定した。次いで二〇一三年には栗山町と福島町が、武蔵野市→多治見市と流れる計画手法を継受して「総合計画の策定と運用に関する条例」を制定した。

栗山町と福島町では、自治基本条例、議会基本条例、総合計画条例の３三条例がそろい、自律自治体に向けて大きく前進する条件が整ってきた。

両町では条例制定の過程を議会が一貫してリードした。議会は、今日の自治体運営における総合計画の意義を再評価し、次いで策定と運営のそのルールを革新して条例化し、それを行政や住民と共有しつつ、議会独自の政策活動の活性化にもつなげようと考えたのである。

行政の周辺で些細な問題を取りざたするのではなく、自治体政策の基本枠組みである総合計画に正面から向き合って議会の政策活動を展開しようする画期的な試みであろう。

本稿のテーマではないので総合計画条例にかんして詳しく述べることはできないが、効用をいくつかあげれば、たとえば、総合計画に記載されない政策はおこなわないし、実施する施策・事業はすべて公開される。そして一つひとつの施策・事業は、計画内容、目的、期間、財源、手法、履歴などを明記した個票で進行管理する。当然この個票は政策情報として公表される。このような仕組みが整っていれば自治体の政策議論は質的に変化することになる。

議会は、総合計画の議決権をもつから、予算調製権はなくても、政策と予算をコントロールすることができる。すでに福島町議会の政策活動をみたように、計画記載事業を継続・修正・廃止・新設の四つの観点から議論し、議会としての政策見解を具体的に提起することができる。

このようになれば、議会は住民の提案を総合計画すなわち政策に反映させることが容易になる。また、議員選挙における公約をふくめて、議員個人の政策提案もおこないやすくなる。これらによって、議会にたいする住民の評価は次第に高まっていくであろう。

首長や職員にとっても大きな効用がある。首長は、選挙で市民に約束した政策を組み込んだ総合計画を着実に実行し、任期がくれば自治体を健全な状態で後任者に引き継がなければならないが、そのための大事な仕事として、政策能力の高い職員機構を育成しなければならない。

議会基本条例や総合計画条例があって、そこで課せられた厳しい政策活動の基準をクリアすれば職員の政策能力と自治体政策の質は間違いなく向上するだろう。

制定された三つの条例の活用が住民・首長・議員・職員にどのようにプラスの影響を与えるか、今後に期待するところが大きいが、たんに栗山町、福島町という個別自治体の特殊な現象ではなく、これからの日本の地方自治の発展に大きく貢献する普遍的な意義をもった問題提起であると考えたい。

総合計画条例の時代は幕が開いたばかりである。当然、自治体や議会の規模などによっても独自の創意工夫が必要になる。これからさまざまな経験が共有され成熟の道をたどることを期待したい。

おわりに

まとまりに欠ける評論になってしまったが、述べたかったことは、優れた議会活動なくして優れた議会情報なし、ということであった。それならば優れた議会活動とは何かに言及しなければならないので、自分がその営為を高く評価している福島町議会を事例として紹介した。

けれども「名山も近くによれば瓦礫の山」と例えられるように、改革の現場はどこも遠くから見えるほどには美しくはない。現場は常にさまざまな問題を抱えているのである。

たとえば、議会改革がおこなわれ、その情報がひろく公開されても、議会にたいする住民の評価はさほど好転しない。そればかりか、あい変わらず議員定数と議員歳費を中心にした議会関係費の削減が議会改革の中心課題だとする思い込みが支配的である。

議会の存在意義を再認識し、それを維持する諸経費を「民主政治のコスト」として当然視する考えはなかなか一般化せず、議会はまだ住民の「安い→悪い→安い→悪い」というマイナスの思考循環から脱しえていない。

それでも住民の意識は変化しはじめている。そうであるならば先々に望みを託して改革を続ける以外に道はない。そして改革を継続するには、議員の熱意のみならず、改革の意義を理解した議会事務局職員が欠かせない。

福島町議会では、議会の政策活動を支え、また執行部と対等な関係でおこなう調整業務、さらには議会活動を極限まで情報化するなどの仕事は、石堂一志事務局長をふくむ三名の職員でおこなっている。意気に感じる職員がいなければ、議会改革は持続できない。

最後に「議会だより」について一言。私の持論だが、これから三〇年、四〇年たって、後々の人たちが「議会史」を編纂する時に、過去の「議会だより」をそろえれば史料はそれで十分、と評されるような「議会だより」を発行してほしい。

現実は理想にほど遠いが、すでに見たように「参加」「政策」「討議」の理念に束ねられる議会の諸活動が存在し、それを豊かに情報化している福島町議会の「議会だより」はその理想に近い位置にいると思う。

（都市問題二〇一三年八月号）

[10] 総合計画条例の制定と自律自治体への道　（二〇一三年）

1　自治・議会・計画の三条例

北海道栗山町は、二〇一三年四月、自治体運営の最高規範とする自治基本条例と総合計画の策定と運用に関する条例（以下「総合計画条例」と称する）を同時に施行した。周知のように、同町議会が全国初の議会基本条例を制定して、ひろく議会改革の流れを導出したのは二〇〇六年五月であったが、今回の営為によって、自治基本条例とその基幹的な関連条例である議会基本条例、総合計画条例の三条例がそろった。これは全国で最初であると思う。

私はこれまで自治基本条例の制定を推奨するとともに、「生ける自治基本条例」であるためには関連条例の制定・整備が不可欠であることを繰り返しくりかえし指摘してきた。そして「総合型自治基本条例＝自治基本条例＋関連条例」と考えて、自治基本条例のみの制定にとどまって、理念を具体化する関連制度・条例の整備にふみ込まない自治体の自治基本条例を「単独型自治基本条例」と称して、あるべき総合型自治基本条例と区別してきた（1）。

自治基本条例は、自治体運営の規範であるから、さまざまな基本理念を規定することになる。情報公開、市民参加、職員参加、市民投票、議会運営、総合計画、財務規律、政策法務、政策評価などである。けれどもそれらの内容を一つの条例に詳細に規定することはできないから、どうしても自治基本条例は抽象的な理念の記述にとどまる。けれどもそれでは実効性をもちえないので、その理念を具体化する関連条例・制度の整備が必要になるのである。

実効性にかんしてもうひとつ重要なことは、制度の相互関係である。情報なくして参加なし、参加なくして計画なし、計画なくして財務なし、情報なくして評価なし、財務なくして政策なし、法務なくして政策なし、といったように、それぞれの制度は相互に関係づけて活用することによって実効性を高めることができる。自治基本条例はその名の示すとおり「基本」条例だから、全体的な視野から制度間のことをきちんとうたうべきである。

以上は、自治基本条例を中心に自治体運営の仕組みを体系的に整備して、自律自治体を構築する基本的な課題であるが、この流れをより確かなものにするために、私はこれまで総合計画条例と議会基本条例の制定を戦略化することを提唱し、あわせて総合計画と議会改革の関係についても論点を提起してきた(2)。それは上述のように、二つの条例が自治体運営あるいは総合型自治基本条例体系においてもっとも中心的な位置にあるからにほかならない。

いまさらいうまでもないが、自治体は地域に発生する公共課題を政策によって解決するために市民がつくる地域の政府であり、その政策の基本枠組みが総合計画である。そ

図1　自治体運営の基幹的な条例体系

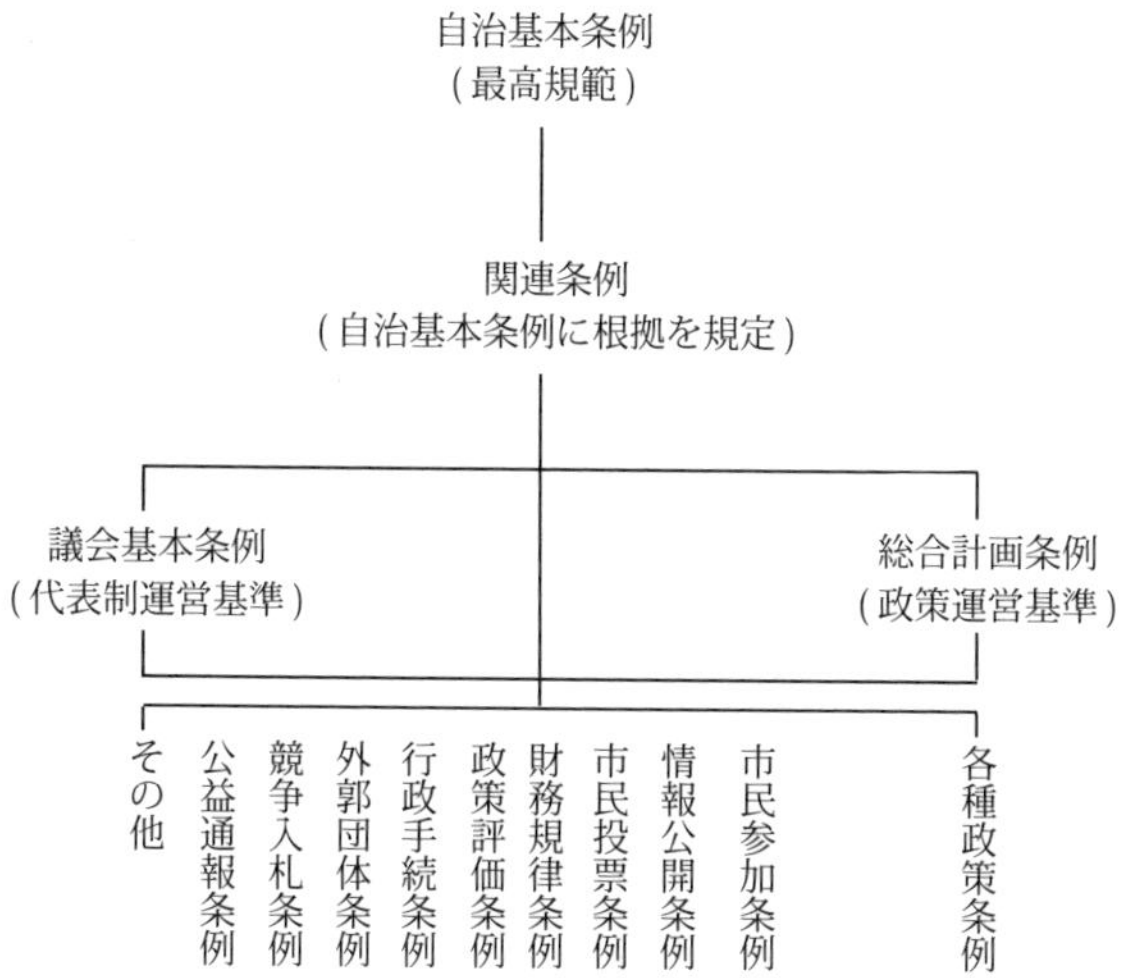

うであれば、自治体の政策活動の基本に総合計画を正当に位置づけ、自治基本条例に「総合計画による政策」の原則（総合計画にもとづかない思いつき政策はおこなわない）を明記するのは当然であろう。こうした記述は、今日、各地の自治基本条例に散見されるようになった。

けれども総合計画による政策が、市民意思を体現し、厳格な財政規律の下で、質高くおこなわれるためには、総合計画の策定と運用の手法の改革が不可欠である。従来の総合計画策定審議会条例の名称を総合計画条例に変えただけではあまり意味がない。上述のように、公開、参加、評価、財務、法務などとしっかり結びついた総合計画の策定と運用に関する手法の革新とその条例によるルール化がこれからの総合計画には求められる。

もう一つの基幹的関連条例である議会基本条例の内容はひろく知られるようになったので、多言は要しないであろう。最初の登場から七年になり、制定数は一二年の歴史をもち約三〇〇に達した自治基本条例に肉薄しつつあるが、客観的に見て、議会にたいする市民の評価が大きく好転したとまではいえない。けれども、力をつけた議会による行政監視や政策提案が重きをなす状況が各地で現出している。議会改革の成果は徐々に実りつつある。

議会は、自治基本条例や関連条例の制定によって、有力な活動の道具を手にすることになった。これらには行政活動のふまえるべき原則が書かれているから、それを基準として行政を評価すれば議会の行政監視は実効性を増す。議会基本条例も首長や行政にたいして行政活動にかんするさまざまな努力義務を課している（その意味で議会基本条例には首長をふくめた二元代表制運営条例の側面がある）が、これを遵守すれば行政（職員）の政策活動のレベルはおのずと向上する。

これにくわえて、計画の策定と運用の手法を革新した総合計画条例を制定・実行すれば、政府としての議会と行政の政策力量が高まることは疑いを入れない。栗山町では、総合計画条例の制定は議会が議会基本条例を制定したとき以来の課題となっていた。それが七年の時を経て実現したのだが、これによって自治基本条例、議会基本条例とあわせて三条例がそろい、自律自治体の構築に向けて大きく前進する可能性が拓かれることになった(3)。以下、栗山町における総合計画条例の制定過程と条例内容における特色や意義を概観することにしたい。

2 議会が主導した総合計画条例

栗山町議会が議決した総合計画条例は、二〇一〇年に議会が作成した「総合計画の策定と運用に関する条例案」(以下「議会条例案」と称する)を元にしている。内容は後述するが、名称のとおり、総合計画の策定と運用にかんして、一七条からなる詳細な規定を設けている。議会はこれを議会案として決定・公表したが、一部に行政との調整が必要な課題が存在したため拙速な議決は避け、町長が制定を公約していた自治基本条例と同時制定することで議会と町長は公式に合意していた。こうして今回、両条例は同時施行されるにいたった。

私も総合計画の議決事項化を明記した議会基本条例制定後の基本構想の策定やその後の総合計画の議会条例案の作成過程では、しばしば「専門的知見」を求められる機会があって議会と深い関係をもってきたが、事実経過としていえば、総合計画条例の必要を最初に提起したのは議会であり、また今般制定された総合計画条例の内容もほぼ議会条例案に即しているので、総合計画条例は総じて議会が主導して実現したものであることは間違いない。

けれども、総合計画の策定と運用の実務には、当然のことながら行政が深くかかわるから、行政との合意の成立なくして、議会のみの判断で条例を制定することはできない。結果として、今回議会に提案された総合計画条例案は、調整の場を議会から行政に移し替えて町長を軸に議会条例案を再調整したうえで、議会に提案したものである。このような成立史からいって、今回の総合計画条例は、議会と町長(行政)との共同作品といえるだろう。

それにしても今回の総合計画条例の制定において重要な意味をもつのは、議会が今日の自治体運営において総合計画の意義を正当に理解し、次いで策定と運営のルールを条例化し、それを行政や市民と共有しつつ、議会独自の政策活動を活性化させようとしたことである。行政の周辺で些細な問題を取りざたするのではなく、自治体政策の基本枠組みである総合計画に正面から向き合った政策活動にふみ込むという画期的な発想があったのである(4)。

もう少し具体的に説明しよう。今日的な総合計画の手法では、緊急避難を除いて総合計画に記載されない政策はおこなわない（すすんだ自治体では自治基本条例にこれを明記している）、そして実施する施策・事業を公開するという基本命題がある。そして一つひとつの施策・事業は、計画内容、目的、期間、財源、手法、履歴などを明記した個票で進行管理する。当然個票は政策情報として公表される。このような仕組みが整っていれば自治体の政策議論は質的に変化する。

たとえば北海道福島町議会の常任委員会では、所管別事務調査において、町の総合計画記載事業を継続（よいものはそのま継続）・修正（手直しすべきものは修正）・廃止（不要になったものは廃止）・新設（新たに必要なものは新設）の四つの観点から点検し、議会としての見解を公開している。また、個票による計画事業の進行管理の手法が定着していれば、議会と市民の相互交流において議会が市民の提案を受けても、このような仕組みをとおして反映させることが可能になる。

一般的に従来の手法では、総合計画の策定と運用、したがって政策選択・決定は、事実上行政の裁量にゆだねられてきた。議会も総合計画は行政の専権事項であるかのような錯覚にとらわれてきた。このように自治体計画である総合計画を行政計画であるかのようにみなす計画慣習のもとでは、議会は実効ある政策活動はできない。市民の意見を聴いても処理のしようがなかったのである。このような無力な状態に置かれた議会が市民の信頼をえられるはずはない。

議会がこのようであれば、首長・職員も惰眠をむさぼる。首長は、選挙で市民に約束した政策を組み込んだ総合計画を着実に実行し、任期がくれば自治体を健全な状態で後任者に引き継がなければならないが、そのための大事な仕事として、政策能力の高い職員機構を育成しなければならない。議会基本条例や総合計画条例があって、そこで課せられた厳しい政策活動の基準をクリアするよう、首長が督励しなければ職員能力は育たないだろう。

私はこれまで「議会が変われば自治体が変わる」と主張してきたが、議会が目覚めることによって、自治体運営の四つの主体（市民・首長・議員・職員）それぞれと、それら相互の関係が緊張を帯び、そのことによって自治体は自律性を高めて地域の政府として成長していく。その意味で、自治基本条例、議会基本条例に次ぐ総合計画条例の登場は、自治体自身の営為によって、日本の地方自治に新しい可能性を拓く大きな意義をもっている。

制定された三条例を活用して、栗山町がどのような成果をあげるか、今後に期待すること大であるが、単に栗山町という個別自治体の特殊な現象ではなく、日本の地方自治の発展に大きく貢献する普遍的な問題提起であると考えたい。総合計画条例という基幹的で具体的な自治体運営のツールが登場した今日、議会は近い将来、これらと正面から向き合うことなしに、行政監視機能や政策提案機能の強化を軽々に云々することはできなくなるであろう。

3　実効性の確保こそ計画の生命

二〇一一年の地方自治法改正によって議会の議決を要件とした基本構想の制定義務が解除された。法律による義務づけ枠づけ緩和の一環としておこなわれた。基本構想は今日の総合計画（基本構想・基本計画・実施計画）の一部を構成していただけだから、総合計画を全体としてみれば、この法改正で基本構想が削除されたからといって、大きな変化が起きるわけではない。もともと基本構想は美辞麗句の作文で計画と実効性は皆無に等しかった。

そこで自治基本条例の時代になって、自治体はここに基本構想をふくむ総合計画の法的根拠を書くようになり、それが現在に続いている。総合計画にかんする規定のない自治基本条例はほとんどない。そのなかでももっとも充実した規定を置いているのは、多治見市市政基本条例（二〇〇六年制定）と栗山町自治基本条例であろう。両条例には、およそ次のような共通する記述がある。

① 総合計画が当該自治体における最上位の計画であること
② 情報共有と市民参加をすすめて策定すること
③ 当該自治体の政策は総合計画に根拠をおいておこなうこと
④ 総合計画の基本構想と基本計画（期間四年の実施計画と展望計画で構成）は議会の議決を要すること
⑤ 首長は計画事業を進行管理しその状況を政策情報として公表すること
⑥ 基本計画を四年間の首長の任期ごとに見直すこと、総合計画以外の分野別政策計画を策定する場合は総合計画との関係を明確にすること
⑦ 総合計画にかんして必要な事項は別途、総合計画の策定と運用に関する条例で定めること（栗山町）

なお、一九七〇年代半ば以降、市民自治型の総合計画手法（「武蔵野市方式」）を開発して自治体計画論に大きな影響を与えた武蔵野市は、二〇一一年一二月、同市の計画手法を条例化してほぼ同じ内容の「武蔵野市長期計画条例」を全国でいち早く制定している（現時点で同市には自治基本条例と議会基本条例はない）。二〇〇〇年代になって岐阜県多治見市はこの武蔵野方式を参考して「多治見市モデル」と称される総合計画を策定した（ただし同市に総合計画条例はない）。栗山町の総合計画条例も当然、これらの先進的な総合計画の手法に学んでいる(5)。

栗山町をふくめて、自治基本条例に記された上記のような内容は、突き詰めれば総合計画における実効性の確保

という問題にいきつくであろう。もちろん、総合計画にかかわる先進的な理論や計画の試みのなかには、総合計画において不可欠な公開・参加、財務・法務などの多様な論点が存在するが、それらをふくめて、最大の論点は計画の実効性をいかに確保するかというところにあり、それを可能にする計画技術・手法の開発に関心が注がれてきた。

一九七〇年代から今日に至るまで、「自治省モデル」として普及した三重層計画（基本構想・基本計画・実施計画）は、総じて実効性に乏しいものであった。基本構想は美辞麗句の作文に終始し、基本計画は分野別の政策方針を書きつつも、初年度からそれとは別の実施計画を策定するために空洞化し、実施計画といえば補助金獲得をはじめ、その時々の定見のない予算の論理に振り回されて計画とはいいがたいものであった。それでも自治体が仕事ができたのは、経済成長にともなうそれなりの税収増があったからである。

一言でいえば役に立たない計画であったから、近年は一部で不要論さえ説かれるようになった。役に立たない計画ならあえて労力と金を費やして策定する必要がないではないかという不要論や、首長選挙における公約集（マニフェスト）で間に合わせればよいという代替論もある。けれども計画なき年度別予算のみで先を予測したまちづくりができるはずがないし、マニフェストだけで市民生活にかかる諸般の政策を包摂できるはずもない。

だとすればやはり計画は必要である。それも役に立つ、実効性のある計画でなければならない。諸事情から今後の自治体は税収増が見込めず、かといって巨額の累積債務を抱える国に期待できない。その一方で少子高齢社会の深化にともなう支出増はまったなしである。自治体の財政窮迫は半永久的に続くから、先々の見通しをもって厳しく財政を規律し、選択と集中で政策を厳選・抑制し、ときには自治体間協力で政策効果をあげる工夫も必要になる。

自治基本条例に総合計画の諸原則を規定し、そこに当該自治体が「実施する政策は総合計画に根拠を置く」という一言を挿入するのは、けっして思いつきの政策に誘惑されないという厳粛な宣言と読むべきであろう。旧来からの惰性との決別である。まずここをクリアしておかなければ、総合計画の実効性を確保するための次なる手法の開発にはすすめない。

4　総合計画の手法を革新する

すでに述べたように、栗山町の総合計画条例は議会条例案を簡略化したもので、簡略化された部分の多くは「栗山町総合計画の策定と運用に関する条例の解説」に回されている。その意味で、総合計画条例を正確に理解するためには、条例本体と解説をあわせて読む必要がある。また、条例としては細かすぎるほどの詳細な規定をもつ議会条例案は、そのまま条例になるというよりは、総合計画において欠くべからざる論点を網羅したものなので、そうした意味において、自治体一般の総合計画のあり方をめぐる議論に役立てることができる。

そこで栗山町の総合計画条例の内容だが、以下にその手法の特徴ないしは意義を列挙しておこう。

① 自治基本条例にも書いているが、あらためて総合計画が「最上位の計画であり、町が進める政策等（政策・施策・

図2　総合計画の策定・運用・改定の概念図

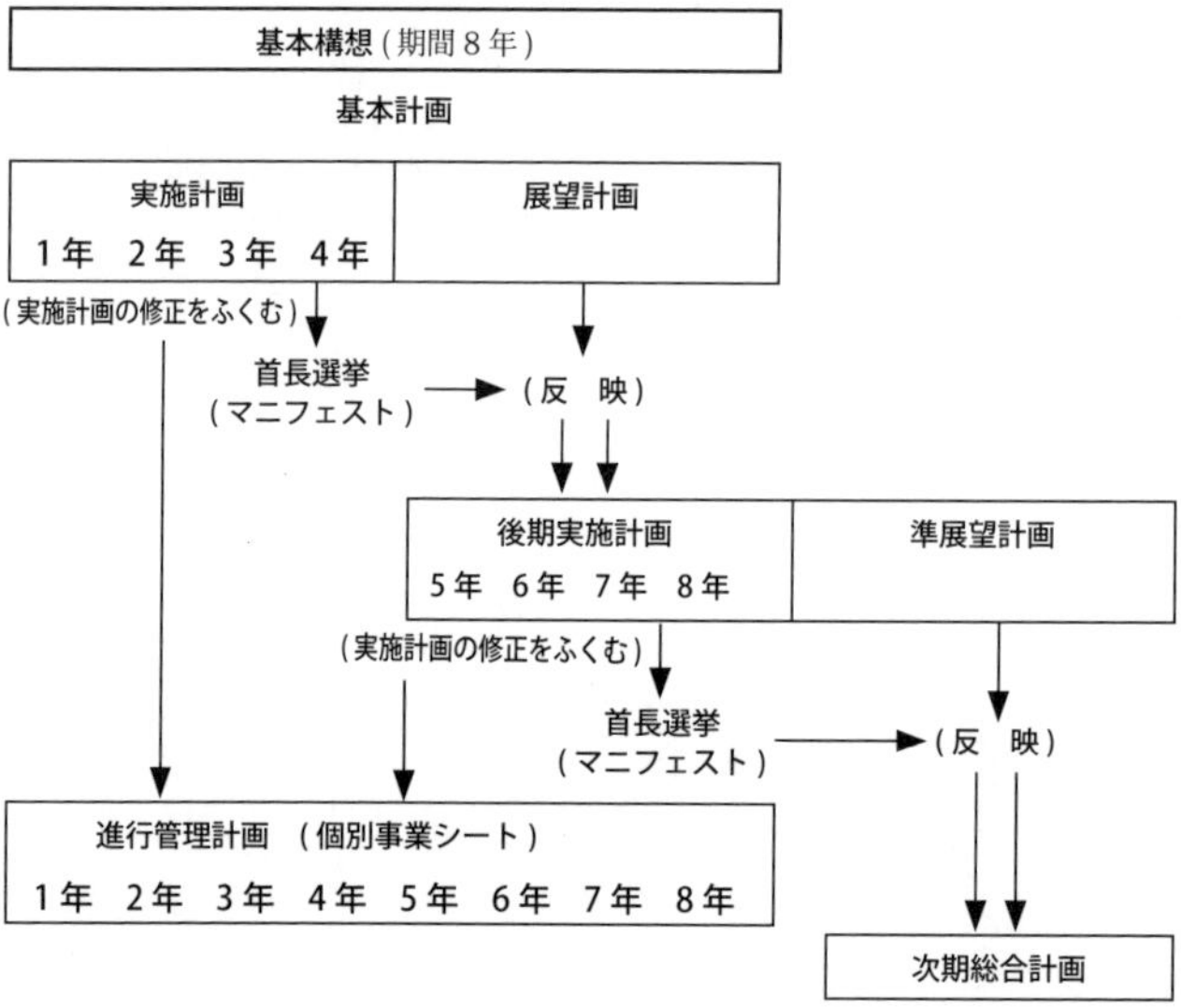

事業）は総合計画に根拠を置く」ことを明記している（第二条）。また「町が進める政策等は、総合計画に基づき予算化する」（第一一条）、したがって「総合計画に基づかない政策等は予算化しない」（解説）と計画と予算の関係の原則を述べている。これは総合計画に不可欠の最重要の原則である。

② 総合計画の策定において多様な市民参加・職員参加ならびに議会による政策提案の推進をはかること（第九条）は当然だが、参加を効果的に推進するため、討議課題・論点整理の文書のほか、必要な情報を作成・公開する（第一〇条第一項）。情報なくして参加（議論）なしの原則を実体化させるふみ込んだ規定である。

くわえて、情報の作成と提供にかんして市民に意見を述べる権利を保障している（同条第二項）が、これは情報公開のあり方として画期的である。自治体の情報公開は、存在する情報の開示から、必要な情報の作成・公開に論点が移行してきたが、市民にたいする意見提出権の付与は情報公開の次なる段階への進化を予測させるものがある(6)。

③ 実効性ある総合計画の要諦は、誰にでもわかる具体的な政策をきちんと示すことである。このため、まず市民が「容易に理解でき」かつ「簡便な方法で入手できる」計画を策定するとしている（第四条）。抽象的な文章で記述され、かつ膨大なボリュームの総合計画は、計画としての体をなさないものと考えなければならないのである。

そこでそれを保障する総合計画の仕組みをどうつくるかということになるが、まず総合計画を基本構想・基本計画・進行管理計画から構成する（第五条）。このうち基本構想には、重点政策と政策分野の基本方針とともに計画の財源、財政健全化、行政組織、職員機構、計画の進行管理方法など（解説）、「総合計画を推進するに当たっての必要な事項」が記述される（第六条）。

基本計画はともに期間が四年の実施計画と展望計画から成る（第七条）。ここが実効性を確保するための最大のシカケとなる。実施計画は「財源確保を含めて実施が確実に見込まれる政策等により構成」される。展望計画は先々において必要が見込まれる政策等、あるいは策定時において緊急性が低い政策等が列記される。このようであるから町がおこなう政策のすべてはこの基本計画で一望できることになる。

進行管理計画は、実施計画に記載された主要な施策・事業の進行管理に必要な政策情報として作成・公表される（第八条）。この施策・事業ごとの個票には、事業目的、実施内容、財源構成、目標値、達成度、進捗状況が記載される（解説）ので、議会、市民、職員それぞれにおいて、継続・修正・廃止・新設の観点から、政策をめぐる議論が活発かつ効果的になる。首長・議員選挙においても政策争点が明確になろう。

④ 実施計画には首長当選者の選挙公約（マニフェスト）を組み込む。そのため首長選挙がおこなわれる年に実施計画の最終年度がくるように計画期間は四年とし、選挙直後に次の実施計画を策定する。これにかんし「解説」は、「実施計画は、従前の実施計画における政策等の評価や、町長選挙において当選者が掲げる公約、計画策定時点での展望計画に表記した政策構想等を総合的に検討して策定」すると説明している。公約といえども絶対的ではない。総合的観点からの再検討を経たうえ計画化されることになる。

⑤ 最後に計画の修正について述べておこう。総合計画に記載のない政策は予算化しないという原則をかたくなに守れば、きわめて窮屈な対応を強いられることが容易に想定されよう。想定外の緊急対応が必要な政策実行を余儀なくされる場合や総合計画の計画年度の途中で首長が交代した場合、あるいは国の政策方針の変更など、外的な事情によって総合計画外の緊急の政策・予算の対応が必要になることが多々ある。

そうした場合について条例は「町は、政策等の追加、変更、廃止の必要が生じたときは、議会の議決を経て、総合計画を見直すことができます。」（第一二条）と、柔軟な対応を規定している。けれどもそれは計画外の事業ではなく、議会の議決を経て総合計画に組み込んだうえで、あくまでも計画事業として実行する。そして年度と理由を明記したうえで、他の事業と同じく進行管理計画で進行を管理する（第八条第二項）。

栗山町の総合計画条例の特色と意義を概略的に述べてきた。ここには武蔵野市→多治見市と進化してきた総合計画の手法が発展的に受け継がれている。栗山町が独自に提起した新たな手法も多々見られる。本稿を執筆中、福島町が議会の発意によって、道内では二番目に総合計画条例を制定した(7)。すでに述べたように同町議会は総合計画事業の評価を議会の政策活動の基本に据え、それにもとづいておこなった議会の政策提案を議会広報で公開している。

総合計画条例の時代は幕が開いたばかりだが、各地の創意工夫によるさまざまな経験を共有しながら成熟の道をたどることを期待したい。総合計画条例は制定していなくても、本稿で述べたような手法を駆使して総合計画を策定・運用することによって、財政を健全に保ち、質の高いまちづくりをしている自治体が増えている。そうした実績をもつ自治体が自らの計画ルールを条例化することになれば、自律自治体の構築に向けた流れは加速するだろう。

(1) これについては拙著『自治・議会基本条例論』(二〇〇九年増補版、公人の友社)およびこれ以降の諸論考で繰り返し述べている。
(2) たとえば拙稿「第二ステージに向かう自治基本条例」北海道自治体学会ニュースレター第四五号、二〇〇七年六月、「総合計画の策定と議会基本条例」年報自治体学第二二号、二〇一一年など。
(3) これら三条例のもつ今日的な意義にかんしては、拙稿「北海道の基礎自治体を考える—自律自治体への実践課題」(北海道地方自治研究、二〇一三年一月号)、「自治体政策の一〇年—自治体が市民の政府として運営されるために」(ガバナンス、二〇一一年四月号、＊本書に「12」として収録)などでも述べている。
(4) 栗山町議会が議会改革において総合計画を重視した一連の経過については、前掲「総合計画の策定と議会基本条例」参照。

（5）武蔵野市方式や多治見市モデルと栗山町議会の関係、また武蔵野市方式や多治見市モデルと深い関係をもつ松下圭一氏の自治体計画理論にかんしては、前掲「総合計画の策定と議会基本条例」参照。なお、西寺雅也（前多治見市長）『自律自治体の形成—すべては財政危機との闘いからはじまった』公人の友社、二〇〇八年は、斬新な手法の総合計画が財政再建をはじめ多治見市政の再構築に果たした役割を赤裸々に分析している。

（6）なお、北海道苫前町が、自治基本条例における情報公開の条項において、情報の作成を求める意見提出権を住民に付与する規定を設けている例がある。

（7）これによって福島町では、栗山町と同じように基幹三条例がそろうことになった。いずれの条例にかんしても議会が主導的な役割を果たしている。

（北海道自治研究二〇一三年六月号）

＊（追記）武蔵野市の自治体計画の歴史および同市と多治見市、栗山町における総合計画の策定と運用の詳細にかんしては、神原勝・大矢野修編著『総合計画の理論と実務』公人の友社、二〇一五年を参照されたい。

［11］小規模自治体と連合自治の形成
——合併問題から見えてきた自治のかたち（二〇一二年）

三道県に集中する小規模自治体

「小規模自治体」という言葉が一般化したのは、一〇年ほど前、地方制度調査会が人口規模の小さな町村の法的権限を縮小する、いわゆる「特例町村」をめぐる議論のなかで、規模の目安を「一万人未満」としたことから、その程度の自治体を小規模自治体とみるイメージが定着したように思う。この制度構想自体はそもそも実現不可能なバーチャルな構想だったが、「一万」という数字は自治体を規模でイメージする際、便利な目安である。

平成大合併で市町村数は一七〇〇台まで減少した。そのなかで一万人未満の小規模自治体は四五〇ほどになった。全自治体の四分の一である。ところが都道府県別に見ると、平均的に分布しているわけではない。私の住む北海道の市町村は、全国平均（四五％）の三分の一しか合併しなかったので、一七九市町村のうち小規模自治体は一一二もある。次に多いのは長野県で約四〇、三番目が福島県である。この三道県で小規模自治体の実に四割を占める。

国と道府県は小規模自治体を解消するため約一〇年間、市町村合併を主導してきた。けれども私は当初から「北海道の市町村合併は困難ですすまない」と予測していたから、それを無理にすすめるより自治体間協力、私の言葉でいえば「連合自治」に力を注いだ方がよい、そしてそうした経験が蓄積されるなら先々必然性のある市町村合併の可能性がひろがるかもしれない、と主張してきた。

合併は予測したとおりの結果だった。理由は単純。もともと面積のひろいところに、さらに合併すれば市民サービスの質や行政の効率がいっそう悪くなる。また、歳入に占める地方税の割合が一割未満の市町村が七割もある。この弱い市町村が合併しても財政力は強化されない。当座は地方交付税の算定替えや特例債発行などの「合併バブル」で潤っても、措置期限が切れる一〇年後、一五年先の状態は現在より悲惨な状態になる。

合併による分権効果も期待できない。日本の基礎自治体は政令指定都市、中核市、特例市、一般市、町村という順で権限が五段階にランクづけられるが、合併によって一ランク上がれば、実質的に分権効果がもたらされる。けれども、北海道は圧倒的に小規模市町村の数が多いから、合併してもランクが上がらない。事実、今回の合併で誕生した市はわずか一つにすぎなかったのである。

このような事情から合併は難しく、また合併しても効果は乏しいことが初めからわかっていた。結果的に破綻する合併論議に時間を無駄遣いするより、厳しい環境にある自治体がお互いに協力関係を築く道を探る方がより建設的である。

合併の如何にかかわらず、自治体の財政環境は半永久的に好転しない。これまで自治体が頼ってきた国の危機的な累積債務と自治体自身の債務状況、それに成熟経済における低成長率とそれゆえに期待できない税収増を想定すれば、自治体の財政が好転しないことはだれの目にも明らかなはずである。こうした厳しい環境を地域が生き抜くためには、少ない行政資源で最大の政策効果をあげる「自律自治体」の構築をめざす以外にない。

少子高齢社会に対応した政策の再編、地域生産力とか雇用開発のための政策の再編は急務である。自治体は、少ない財源と新たな政策需要という、二つの間の大きなギャップをどう埋めていくか、そうした厳しい自治体運営を強いられているのだが、それぞれの市町村が独力で問題を解決するのは難しい。そうした意味において、これからの基礎自治は、それぞれの市町村の個別単位の自治と市町村が協力して政策をおこなう連合自治の、二つの要素から成ると考えなければならない。

北海道の市町村合併の経験から

私は合併反対論者ではない。よい合併、必然性のある合併なら積極的にすすめればよいと考えてきた。ではよい合併とはどういう合併のことか、五つの視点ないしは五つの基準で考えることを提起してきた。

第一は「一体感」の存在。日頃から自治体間に、市民の感情をふくめて地域的な一体感が存在するかどうかという物差し。首長同士の仲がいいというような個人的なことではなくて、市民や自治体職員や議員などが、暮しや自治体運営において、互いに地域空間を共有しているという一体感が存在するかどうかという問題である。これがないところに合併の必然性はない。他の要素とも重なり合って、この一体感の有無の問題は、合併した場合はとくに長期にわたって新自治体の運営に大きな影響を及ぼす。

第二は「信頼感」で、端的にいえば合併論議にともなう情報公開の問題である。合併協議ではみな疑心暗鬼に陥る。お互いを信じあうために、徹底した情報公開が必要である。合併から数年を経た現在においても、三セクがかかえる膨大な借金など、合併協議時に隠蔽されていた問題が発覚して大きな混乱に陥っているところもある。ことん包み隠しなく情報を公開して合併の議論ができるか。それが信頼醸成の生命線である。

第三は「共益感」。合併は合併にくわわる地域がそれぞれプラスの効果を見通せる合併でなければならないことは当然であろう。特定の地域だけがよくなる、あるいは特定の地域が犠牲になるような合併はよい合併とはいえない。それをやらないで課題を新自治体に先送りして合併を急ぐ愚かな協定を結んではならない。合併協定という証文も時がたてば紙くず同然となる。

第四の「熟成感」は、お互いに議論が尽き、そろそろ結論を出してもいいと思える状態になっているかどうかという問題。

最後の第五は「寛容性」。これは第一から第四までの問題と少しニュアンスが異なる。自力ではどうにも立ちゆかない地理的、歴史的な負の問題を背負っている自治体もある。そうした近隣自治体があることを認識したうえで共生する寛容の精神が普段から培われていなければならないだろう。

これからの日本の地方自治において、市町村合併問題がどのようなかたちで再現されるかわからない。また合併は大量にではなくても、必要に応じて市町村はいつでも論議ができるのだから、その際はぜひ上記の五つの基準で当該自治体における合併の熟度を計測してほしい。この基準で判断した結果、合併を断念したという、北海道内の事例を私はいくつか耳にしている。

平成大合併が一段落したとき、社団法人北海道地方自治研究所が道内全市町村を対象におこなった調査がある。これによれば、自治体は、合併問題をとおして、地域づくりや当該自治体運営のあり方を見直すと同時に、普段から近隣の自治体にたいする目配り、あるいは自治体間協力が大事だと自覚するようになったという、意識の変化が読み取れる。その意味で、北海道における平成の合併は、合併の成否はともあれ、自治体が連合自治の重要性を認識するようになったという点で大きな意義があったということができる。

連合自治＝地縁連合＋機能連合

けれども先見の明のある自治体は、平成の合併問題が浮上する前から連合自治を着実に実践し成果をあげている。私はその優れた営為に学んで、その普遍的な意義を強調しているだけのことである。たとえば私は、連合自治を、制度的・非制度的を問わず、地理的な空間を一体的に共有している自治体が行う「地縁連合」と、政策目的を共有して隣接しない自治体が協力関係を築く「機能連合」に分けるが、北海道には前者にも後者にも好例がある。

前者では、奈井江町とその隣接自治体の連合自治があげられよう。この地域は相当以前から近隣の市町村と、介護保険や国民健康保険、医療、道路管理をはじめさまざまな協力関係を構築してきた。合併の議論も熱心におこなったが、結果として合併はしなかった。ある意味では連合自治が成果をあげているから、あえて合併の必要なしという結論に達したともいえる。とくにこの地域の医療連携を軸に保健・医療・福祉の一体的推進は、北海道にかぎらず全国のモデル的位置にあるといっても過言ではないであろう。

今年度になってからのことだが、この地域にふくまれる四市町は「公の施設の相互利用に関する協定」を結んだ。要するに四市町にある文化ホール、体育館、図書館、公民館など三六施設を四市町の市民が同じ条件で利用することができるようにした協定である。それぞれの自治体が個別に質の高い施設をつくろうとすれば莫大な費用がかかる。つくっても人口が減少すれば過大施設になる。これらの難点を克服する連合自治の実践といってよいだろう。

後者の機能連合の典型例としては、道北の下川町を中心にしたカーボン・オフセット事業などがある。下川町は何十年も前から町有林を増やし、森林組合と力をあわせて森づくりをすすめ、その森を活用した事業展開をはかり雇用を開発している。森の価値が地球温暖化対策の面から再評価されるようになり、下川町の試みに熱い視線が注がれるようになった。下川町のカーボン・オフセット事業は足寄町、美幌町、滝上町との共同の事業に発展している。事業内容はもちろんのこと、国をも政策的にリードする四町による先駆的な機能連合の例である。

平成の合併時には総務省とそれに追随する道府県は自治体間協力の推進にかんして否定的・消極的な言説に終始していた。けれども、合併問題が収束すると、手のひらを返したように定住自立圏などを制度化するようになった。私はこの制度を非難するつもりはないが、法制度上の連合自治の仕組みにとどまらず、より地域の自由な創意工夫がいかされ、そして効果の期待できる連合自治を自主的かつ多様に推進してほしいと願っている。

小規模自治体を包容する意義

日本の地方自治では、「広域行政」という言葉はあっても「広域自治」という言葉は使われないように、ひとつの自治体の範囲をこえて、ひろい範囲で市民が協力して自治をおこなうという認識やその方法は、自治の価値としてはあまり重んじられなかった。一方、ヨーロッパ地方自治憲章では、連合自治権に積極的価値を付与しているように、これに沿って各国は自国の自治制度のなかで、さまざまなかたちの連合自治を工夫している。

日本では、連合自治が育たなかた要因は三つほどあるように思う。一つは集権制要因。つまり中央集権下では権限の序列に従って垂直方向で問題を処理する。市町村間の問題は都道府県が処理し、都道府県間の問題は国が対応するというように、集権制のもとでは、それぞれのレベルにおける水平的な問題処理は重んじられなかった。

次の問題は完結性要因。なんでも自分の自治体のなかで完結させせなければ気がすまない。そうしたフルセットの政策展開を可能にしたのは財政のゆとりであった。したがって、先ほど事例を紹介した、今日的な、公共施設の共同利用などの発想はなかなか育たなかったのである。

三つ目は民主性要因。広域でおこなう行政は市民の目から遠く、したがって民主的なコントロールができない、と批判されてきた。大まかにいって、以上のような三つの要因があって、連合自治が根づくに至らなかったのではないかと思う。

けれども今日、状況は大きく変わった。第一の要因は、分権改革がすすんで自治体の政策の自由度が増せば、問題解決の方向が垂直から水平に変わるのは必然である。ヨーロッパ各国の場合のように、日本でも分権改革がすすめばそうした流れが本格化する。

第二の完結性の問題は、ひとえに財政問題から転換を余儀なくされている。財政はこれから半永久的に自治体の政策活動を制約していく。したがって、とくに財政力の乏しい小規模自治体は連合自治を推進しないかぎり、政策の量と質は維持できない。

第三の非民主的という問題もクリアできるだろう。現在、これまでの自治体改革の成果を総合化した自治基本条例を当該自治体運営の最高規範として制定する自治体が三〇〇を超えている。この自治基本条例に連合自治をしっかり位置づけて、民主的に運用していくことはさして難しいことではない。

このように連合自治の発達を阻んできた要因とそれを支えてきた環境は大きく変わった。これからは、合併に短絡することなく、まず連合自治を多様に駆使して豊かな基礎自治をつくりだしていくべきであろう。それは小規模にかぎらず自治体に共通する課題である。分権改革において「補完性の原理」が吹聴される。そのこと自体には大賛成だが、垂直補完の前段に連合自治という水平補完がまずあるべきであろう。

近年の日本の自治体は小規模な自治体の恩恵をたくさん受けている。分権時代における自律自治体形成の象徴的な存在となった自治基本条例、あるいはその基幹的な関連条例である議会基本条例の制定や総合計画条例の提起などは、いずれも北海道の小さな自治体からはじまって、日本の自治体改革を牽引しているではないか。

少なくても地方自治は、そうした大小自治体が共存するからこそ、総体として発展することができる。大きいだがけがよいことではない。大規模化して自治の実質を失っている自治体も数多い。自治の良心として、あるいは原点的存在として、小さな自治体を日本の地方自治のなかに包容していく意義はかぎりなく大きい。

（ガバナンス二〇一二年一一月号）

［12］ 自治体政策の一〇年
——自治体が市民の政府として運営されるために （二〇一一年）

自律自治体の形成と自治基本条例

北海道のニセコ町で全国初の「まちづくり基本条例」（自治基本条例）が発効したのは二〇〇一年であった。時の町長であった逢坂誠二氏はその後衆議院議員となり、現在はこの自治基本条例の制定に職員として尽力した片山健也氏が市民の熱い支持をえて町長の座を引き継いでいる。また当時は北海道大学教授としてこの自治基本条例の制定をサポートした木佐茂男氏も九州大学に転じている。

二〇一一年二月、ニセコ町は自治基本条例の施行一〇年を記念して、町主催のフォーラムを開催した。私は自治基本条例に関係した人々の動静をふくめて一〇年の歳月を想い感慨にふけった。人口四〇〇〇人のこの小さな町からはじまった自治基本条例の試みは、全国にひろがって、制定自治体は二一〇九に及んでいる（二〇一〇年七月現在、NPO法人公共政策研究所調べ）。とくに二〇〇五年以降は毎年三〇前後が増加している。

二〇〇一年は第一次の分権改革がおこなわれ、「分権時代の自治」の幕開けの年であった。分権改革には二つの大きな課題領域がある。第一は国と自治体の関係を対等・協力の関係にあらためること、第二は政策活動の自由度を増す自治体と市民との関係を変えて、多様な主体が参加する豊かな自治体運営の体制を構築することである。そしてこの第二こそ自治体が自らのたくましい構想力で率先して取り組むべき課題であった。

けれどもそれはゼロからの出発ではない。一九六〇年代以降の自治体改革で、自治体はさまざまな自治の手法や技術を開発してきた。それは図（＊本書［13］一七七ページの図参照）に示したように、市民参加、職員参加、情報公開、自治体計画、政策評価、政策法務、オンブズパーソン、政策評価、住民投票など、枚挙にいとまがない。一自治体のなかに完結しているわけではないが、列島ワイドでは、豊かな自治運営に必要なツールはほぼそろっている。

それらを自分の自治体に集めて、すぐれたものはそのまま保全して活用し、使い勝手の悪いものは修正し、不必要なものは除去し、存在しないものは新設する。そうして当該自治体の基幹的な運営ルールとして総合化し、最高規範化したものが自治基本条例である。その意味で私は、自治基本条例は、自治体改革の歴史の到達点であるとともに、分権時代の自治への出発点である、と説いてきた。

けれども、その後の分権改革は停滞しているので、将来はともかくとして、現時点では分権改革との関係における自治基本条例の効用は計れない。むしろ、市町村合併による新自治体の運営、半永久的な財政窮迫への対応、少子高齢の深化に伴う政策再編などが、高度な運営力をもつ「自律自治体」の再構築を迫っており、自治基本条例は、そうした自律自治体の規範として意義を大きくしている。

生ける自治基本条例のための条件

自治基本条例の理念が普及し制定自治体数も増大していることは述べたが、それらのすべてが「生ける自治基本条例」として機能しているとはいい難い。基本条例制定の動機、内容の熟度、運用の熱意などについて、自治体間には大きな開きがあり、なかには制定はしたが、市民はもちろん首長、議員、職員などから、事実上「忘れられた自治基本条例」になっている自治体も多々見受けられる。

けれども私は空間軸と時間軸によって楽観的に観察することにしている。現在という同時的空間における自治基本条例のひろがりをみれば、そこには上述したように熟度や熱意に落差があり、理想的と評価できる自治体はむしろ少ない。それを時間軸でみればどうなるか。少数の先駆的な自治体が牽引して時間をかけながら、徐々に波及して全体の水準を引き上げていく発展の構図を読むことができる。

このことは、私たちが一九六〇年代以降の自治体改革において学んだ経験則といってよい。市民参加も情報公開も政策評価も最初は一、二の少数の自治体からはじまっている。普遍的意義のあるものであれば時間を経ながら普及していく。空間的な観察だけで悲観的になるより、時間軸で先の可能性を拓く方が結果として改革を着実にすすめることになる。私は自治基本条例にもその経験則を当てはめたい。

制定して一件落着の自治基本条例にしないため、私は日々活用される「生ける自治基本条例」たるべきことをめざして、初期の段階から基本条例の「六原則・四課題」を提起してきた。六原則とは自治基本条例の内容に関する原則であり、四課題は制定過程においてふまえるべき課題である。ここでは詳述できないが、拙著『自治・議会基本条例論』（増補版、公人の友社、二〇〇九年）で詳しく述べている。

六原則としては、総合性、水準性、具体性、相乗性、関連性、最高性をあげているが、要は、基本条例の内容が抽象的な理念にとどまることなく具体的であり、また、さまざまな制度を相互に関連づけて運用することの重要性を指摘している。けれども、この原則を満たせば基本条例の分量は膨大になる。そこで私は、「総合型自治基本条例＝自治基本条例＋関連条例」という考えを提起している。これによって自治基本条例は具体的になり、実効性を高めることができる。

現在、関連条例の制定をめざしてさまざま制度を試行している自治体が増えているが、条例化はもう少し先になる。この分野では岐阜県の多治見市が先頭を走っている。同市は、議会基本条例、情報公開条例、市民参加条例、住民投票条例、オンブズパーソン条例、財政健全化条例など多数の関連条例を整備している。これに後述する総合計画条例や政策評価条例が加われば、総合型自治基本条例の体系はほぼ完成しよう。

関連条例の整備は今後も自治基本条例の最大の課題であるが、加えて二つだけ課題をあげておこう。第一は、とくに大規模な基礎自治体や広域自治体の自治基本条例には、タテ割り行政や所管面積の広さによる障害をいかに克服するかという視点が欠かせない。参加と政策の実効性を高めるため、域内分権やそれに付随する政策手法、議会による面的な政策チェックなどの点で独自の制度工夫が求められる。

第二の課題は住民投票による基本条例の承認の問題である。自治基本条例が当該自治体の最高規範であるためには、憲法の場合と同じように、住民投票によって市民の承認をえることが望ましい。けれども基本条例は試行段階にあり、しばしば改正されるから、その都度の住民投票は難しい。そこで、住民投票の意義を重んじるなら、ハガキ投票という安価で簡便な方法もある。実現すれば自治基本条例はすべての人に共有され、最高性と実効性は格段に保障されるであろう。

重要性増す議会基本条例と総合計画条例

総合型自治基本条例を実現するためには、前出の四課題も熟慮する必要がある。四課題とは、保全・修正・除去・新設の観点からする当該自治体の現行制度の周到な点検、とくに重要な関連条例としての議会基本条例・総合計画条例の制定、自治体運営の主体である市民・首長・議員・職員の参加、基本条例制定に至る十分な熟成期間の確保であるが、ここでは第二の議会と総合計画の問題を検討しよう。

最初に議会の問題だが、二〇〇六年に北海道の栗山町議会が議会基本条例を制定して以降、これを契機とする議会改革の機運が全国的に高まってきた。現在は一六八議会が議会基本条例を制定している（二〇一一年三月現在、自治体議会改革フォーラム調べ）。自治基本条例が制定されれば、議会基本条例はその基幹的な関連条例という位置関係になる。この議会基本条例の制定のひろがりは自治基本条例より早い。

議会の本質は「討論のヒロバ」である。議会は予算や条例をはじめ自治体の枢要な決定権をもっている。けれども、それは自治体の意思を決める形式的な決済行為で、決定内容の良し悪しとは別問題である。議会が良い決定をしなければ、首長は良い執行ができない。それゆえに議会は良い決定を導き出すために、決定に先立って論点・争点を多様に引き出すための「討論のヒロバ」にならなければならない。

議会は首長と対比にして決して弱い機関ではない。課題発見→政策立案→政策決定→政策執行→政策評価→課題発見という政策循環に着目すれば、どの局面でも縦横に論点・争点が提起できる。したがって市民、首長（職員）、議員との関係において、どのように討論の場と方法を設計し実行するかが議会改革の中心課題となる。これを中心に議会運営の基本ルールを条例化したのが議会基本条例である。

そのため多くの議会基本条例は、統合機能を担う首長と代表機能を担う議会の持続的な緊張関係の形成を軸に、議会と市民の双方向コミュニケーションの確立、議員相互の自由討論の推進などを盛り込んでいる。ここではその詳細は書けないが、栗山町議会基本条例と同じく北海道の福島町議会基本条例の二つを合わせれば、全国の議会基本条例が規定している内容の九割はカバーしているので参照されたい。

これまでは首長の翼賛機関あるいは追認機関と化して、主体的な活動の姿を市民に見せることのなかった議会がようやく変わりはじめた。自治基本条例と同様、議会基本条例を制定した議会間にも、制定の動機、条例の内容、運用の熱意に温度差がある。そのことから、全体として、市民の高い評価をえるには至っていないが、見えてきたなすべき課題を着実に実行すれば、市民の議会観はプラス評価に大きく変化するであろう。

最後に総合計画の問題に触れておきたい。自治体は地域社会の公共課題を政策で解決するための政府であり、その政策の基本枠組みが総合計画のはずである。けれども、実際の政策展開で総合計画は重きをなしていない。そこでいまその見直しが必須の課題となっている。分権改革がすすんで自治体の政策活動の自由度が高まればなおのことだが、今日の行財政縮小時代において、少ない資源を有効に利活用して政策効果をあげるためには、総合計画の再認識、再構築が不可欠となる。

この点でも多治見市は、自治体計画の武蔵野市方式を発展的に踏襲して、「多治見市モデル」と称される総合計画を策定・運用している。また栗山町議会は、このモデルに依拠して「総合計画の策定と運用に関する条例案」を独自に作成し、三重層計画の一本化、実施計画と展望計画による計画構成、首長の選挙政策と計画の接合、計画にもとづく予算の原則、計画の柔軟な修正手続、個別施策・事業の進行管理、参加・公開・評価など関連諸制度の整備を具体的に規定している。

この条例案は町が予定している自治基本条例と同時に制定される予定である。私は、このような総合計画条例も議会基本条例と同様、自治基本条例の基幹的な関連条例だと位置づけている。まだ総合計画条例を制定した自治体はないが、このような条例ができれば求心力のある効果的・効率的な政策展開が可能になり、また議会基本条例によって議会がその政策の策定と運用をしっかりチェックできる体制が構築されれば、自律自治体の形成は大きく前進すると確信している。

以上に述べたことは、この一〇年の間に自治体の主体的な営為に触発されて、折々に考えてきたことである。自治体が市民の政府としてどのように運営されなければならないか、そのために必要な自前の制度枠組みの輪郭が見えてきたように思う。

（ガバナンス二〇一一年四月号）

[13] 議会が変われば自治体が変わる　（二〇一一年、連載）

1　戦後自治の足どりと議会の状況

議会基本条例の制定自治体が二〇〇を超えている。自治体議会改革フォーラムの調べでは近々倍増するともいう。こうして急速に普及する形勢の議会基本条例だが、条例内容がきちんと実行されていないという批判も多い。もちろん制定した条例は誠実に実行すべきだが、議会がようやく自主改革の緒につく契機をつかんだ基本条例である。今後しばらくは進化をめぐって試行錯誤の状態が続くだろう。

最初から理想を体現した議会基本条例はない。制定の動機、内容の熟度、運用の熱意は、議会間に大きな開きがあり、また議会基本条例にたいする市民、首長、職員などの認識も総体として高いとはいえない。けれども制定を志す議会が増えれば、相互学習がすすんで条例内容や議会改革のレベルを高めることができる。議会基本条例を足がかりとする議会改革はいまようやく緒に就いたばかりである。

本稿では、議会基本条例を中心に議会改革の意義や課題を述べようと思う。タイトルを「議会が変われば自治体が変わる」としたのは、議会改革は議員だけの狭い世界の改革に止まってはならないことを意味している。自治体を運営する主体は市民・首長・議員・職員の四者である。議会を議員の議会から四つの主体が出会うヒロバへと再構築するのが議会改革であり、そのヒロバの形成をとおして自治体を市民の政府として再構築することが議会改革の本来の目的である。

戦後自治の推移のなかで、議会以外の主体は自己変革を経験してきた。一九六〇年代から七〇年代にかけては市民と首長が、八〇年代には職員が最初の改革の波に直面した。けれども議員・議会の改革は、二〇〇〇年代の半ばに議会基本条例を手にして改革の契機をつかむまでは手つかずの状態が続いてきた。議会は、改革が遅れた要因を検証するとともに、後発者としての利点を生かして、戦後の自治体改革の成果を議会改革に取り込みながら、市民自治の地平を切り開いてほしい。

そうした問題意識のもとに、初回は、戦後自治の変化をたどりながら、議会のおかれた問題状況を振り返ってみることにしたい。

戦前型がまかり通った一九四〇・五〇年代

戦後一九四七年に日本国憲法と地方自治法が施行された。憲法は第八章に「地方自治」を規定した。これによって自治体は立法権と行政権をもつ「憲法機構」となり、国とは別に、主権者市民が直接に信託し、それゆえに市民にたいして直接の責任を負う「もう一つの政府」になった。自治体は、時々の国の意思で都合よく改変される戦前の「法律機構」から、法律では侵害することのできない自治原則をもった「憲法機構」に大きく変身したのである。

戦後改革において新たな自治制度を形成する際の最大の争点は代表制度のあり方、それも府県知事の公選の問題であった。当時まだ存在していた内務省は戦後の混乱を国主導で乗り切るために府県議会による間接公選を、GHQは官治集権の弊害の除去と民主主義の観点から直接公選を主張して対立した。結局はGHQの強い意向で知事は直接公選になり、市町村長もこれにならった。こうして自治体の政府制度は市民が直接選挙する首長と議会による二元代表民主制となった。

これを軸に戦後自治制度の改革は、当初は市民の権利や議会の権限の拡大と基礎自治体の強化などを主軸に、また講和独立後は集権への逆コースを織り込みながらすすんで、一九五〇年代の後半に一段落する。そして一九六〇年代以降は制度の運用期に入る。この運用期は一九九〇年代に分権改革による新たな自治制度の改革期を迎えるまで続く。戦後自治の制度上の画期は憲法の制定だが、その制度を活用して地方自治の内容が実質的に変化するのは一五年が経た一九六〇年代である。

一九六〇年代以前の地方自治は戦前とあまり変わらない。集権制が温存され、名望家が地域を支配した。最初の統一自治体選挙がおこなわれた一九四七年から首長を務めた人々の記録をたどると（たとえば安藤友哉『村長物語』、鮎川信太郎『村長さん』、新居格『区長日記』など）、地方自治の実態は、憲法の理想とはほど遠く、市町村の役所は国と県の出先機関の様相を呈し、議会は農村も都市も一部の名望家が独善的に影響力を行使して、地域の民主主義は見る影もないと嘆いている。

今日的にいえば開明的な改革派首長による地方自治の実態にたいする批判ということになるが、このような首長は実際には少なく、多くの自治体は保守派の首長と保守派多数の議会という構図で、戦後初期のコメの供出や学制改革などの問題を別とすれば、大きな対立もなく代表制を運営していた。国（省庁）の意思が国→知事→市町村長とタテ系列で降りる下降型の行政の末端を担わされていた首長を、政治的に同系列にある議会の保守多数派がサポートしていたのである。

二元代表制が保・保一体で運用され、機関対立が作動する余地はなかった。私はかつて、内務省が作成した代表制にかんする国会答弁用の想定問答を読んだことがある。そこには、「首長と議会が対立したときはどうなるか」

図　戦後の自治と改革論点の推移

1945年　1960年代　1970年代　1980年代　1990年代　2000年代

〔Ⅰ〕時期の区分

○←農村型社会→　○都市型社会への移行期→　●都市型社会の成立期→

○自治制度の形成期→○自治制度の運用期→　●新自治制度の形成期→

○戦後自治の揺籃期→○革新自治体の展開期→　○地方の時代と自立体制整備期→　●分権改革期→

○下降型（国→自治体）→　●上昇型（自治体→国）→　●競争型（自治体⇔自治体）→自律型（内発型／必然型）→

〔Ⅱ〕課題の提起

◎地域民主主義→　◎補完性原理（松下）→

○自治体改革→　（革新自治体→自治体革新）　◎自治体再構築→

○（政策）量の充足期→　◎（政策）質の整備期→

◎市民参加（条例化は00年代）　◎住民投票条例　◎自治基本条例

◎情報公開（条例化は80年代）　◎オンブズパーソン条例

◎職員参加　◎議会基本条例

◎シビル・ミニマム　◎行政の文化化　◎危機管理

◎自治体計画　◎総合計画条例

○要綱行政　◎政策法務　◎政策評価条例

（放漫財政→）　◎政策財務　◎財務規律条例

◎自治体外交（国際交流）　◎連合自治（自治体間協力）

〔Ⅲ〕主体の変化（市民・首長・議員・職員）

◎市民運動（活動）　（地域市民活動＋全国市民活動＋国際市民活動へと拡大→）

◎長の政策責任　◎職員の政策能力　◎議会の改革

（注）主に松下圭一・鳴海正泰・西尾勝・神原勝の著作をもとに作成（2011年）　●と◎は現在の課題

という想定質問にたいして、「一人の住民が異なる傾向の首長と議員を選ぶのは意識の分裂だからそのようなことは起こらない。したがって首長を支持する議会の勢力は常に多数である」と答えが書いてあった。これは一九六〇年代以前なら実態に即していたといえる。

自治体の力量を高めた一九六〇・七〇年代

けれども一九六〇年代になると急激な変化が起こる。高度経済成長を牽引する工業化がすすんで、日本社会は長い農村型社会から都市型社会に移行しはじめた。「都市型社会」は松下圭一氏の造語で、農村人口が三〇％を切る段階を移行期、一〇％を下回る段階を成立期と定義している。これにしたがえば一九六〇年代以降が移行期、八〇年代が成立期になる。都市型社会とは、都市・農村を問わず、自治体・国の政策・制度のネットワークが市民生活を支える都市的生活様式が全国規模で普遍化する社会をいう。

この都市型社会への移行期の三〇年間は、戦後自治制度の運用期と重なっている。ことに前半は、社会変動にともなって市民と自治体のありようが大きく変化した。都市的生活様式を満たすために必要になった行政需要の増大は、あらためて自治体の存在意義を問うことになった。いわゆる「自治体の発見」と呼ばれる現象が起きて、新しい政策・制度の開発を試みる自治体（先駆自治体）が次々に現れて、自治体は総体として力量を高め、市民自治の可能性を大きく拓いた。

私は自治体の政策的自立という観点から、戦後自治を①下降型②上昇型③競争型④必然型の四段階（四時期）に区分している。①は戦前タイプがまだ支配的な時代（一九四〇・五〇年代）で、自治体は国の指示のみで動いていた。②は上述のように先駆自治体の登場で自治体が新しい政策・制度を試みて力を蓄えた時期（六〇・七〇年代）で、今日の地方自治の政策・制度の課題はほとんどがこの時期に提起されている。その意味でこの時期は重要である。

③は自治体の目線が横向きになって、政策を競い合うようになった時期（八〇・九〇年代）である。けれどもバブル期の国の政策とあいまって、自治体には放漫経営が蔓延し債務が膨らんだ。④は自治体間競争が必然性のない模倣的な政策を乱立させた反省から、地域資源の活用による内発型の地域づくりに政策の力点が移行した次期である。現在はその時期に当たるが、分権改革と行財政縮小の時代の要請とあいまって、内発型による自律自治体の形成が大きな課題となる。

受動的住民像から能動的市民像への転換

時代変化の特徴はこの程度にとどめて、次に一九六〇年代以降において自治体運営の四つの主体がどのよう変化したか、その流れを主体間の関係も考慮しながら、市民、首長、職員の順に概観することにしよう。

一九六〇年代、社会の急激な変貌にたいする都市基盤の整備が決定的に遅れていたため、市民生活は極度の混乱に陥った。そして自治体には、公害・環境・上下水道・福祉・医療・住宅・教育・交通など、市民生活のあらゆる領域にわたって都市的生活様式を可能にするための政策対応が求められた。政党は保革とも「都市」「自治体」の重要性を認識する理論枠組みをもたなかったため、これに応える政策はなく、一九六八年になってようやく自民党が政党で最初の『都市政策大綱』を作成するほど遅れていた。

こうした状況下で市民運動が自治体に政策対応を促した。市民運動は社会福祉・社会保健・社会資本の整備充実を求めて全国的に展開された。高度経済成長は個人所得の向上と個人消費の改善をもたらしたが、そうした方法では解決できない社会的問題が都市問題である。市民運動は、それまでの革新運動に見られた組織型・動員型とは異なって、階層、所属、性別、世代を問わない市民個人の主体的判断にもとづく自主型・参加型の運動で、日本の歴史に初めて登場した。

市民運動は、最初は地域に限定された公共課題の解決をめぐる地域市民運動としてはじまり、後には「市民活動」と称されて、全国市民活動さらには国際市民活動に重層化して今日に至っている。当然、運動のテーマは多様化して生活のひろい範囲にわたり、また活動スタイルも市民事業の色彩を強めるとともに、自治体との関係では初期の抵抗型から提案型に次第に活動内容をシフトさせてきた。

市民運動が矛先を向けたのは自治体とりわけ首長である。首長は戦後も集権体制を背景に自治体の統合者として強力な地位を保持していたから、市民運動にとっては首長との交流は問題解決の早道であった。一方、首長の側にとっても市民運動が牽引する世論を無視することはできない。選挙で選ばれる首長の宿命である。こうして市民と首長の交流がはじまるが、この流れを本格化させたのは革新市長が率いた、いわゆる「革新自治体」で、最盛期の一九七〇年代半ばには多数の大都市をふくめ一四〇市を数えた。

首長と職員はどのような課題に直面したか

革新自治体は、一九六〇年に松下氏らが提起した「地域民主主義」「自治体改革」の認識枠組みをもっていたから、市民参加や情報公開などの新しい政治スタイルを試みるとともに、公害・福祉などの面で斬新な政策を展開した。もちろんこれは首長の自治・政策の理念によるものであるが、政治の力学では議会がその流れを加速させた。すなわち、議会で多数を占める保守派の抵抗に対抗するため、革新の首長は自ら提案する政策・制度の正当性を市民との積極的な交流に求めたのである。

戦後日本の自治体改革は、こうした首長と市民の交流からはじまる。「二元代表制」の言葉もこの時期につくられた。保守議会の抵抗の論拠は、首長と市民の直接交流は議会を迂回・無視するもので「議会制民主主義」に反するというものであった。これにたいして私たち研究者は、直接選挙される首長と議会は政治的正統性の根拠が同じだから両機関は対等であり、したがって対市民責任をもつ首長が市民と独自に交流することは正当である、という意味で「二元代表制」という言葉を用いた。

このように一九六〇年代から七〇年代にかけての革新自治体の時代は、二元代表は議院内閣的な与野党イメージで運用されていたため、革新の首長対保守の議会野党という対立が一般的であった。議会全体が機関として野党機能を担うのではないから、疑似的なかたちではあるが、それなりに機関対立原理が作動して地方自治は活性化したのである。こうして一九六〇・七〇年代における自治体の力量の増大をふまえて、一九七八年には長洲神奈川県知事が「地方の時代」を提唱する。

地方の時代という言葉は一九八〇年代以降一世を風靡した。これは画一から多様へ、集中から分散へ、集権から分権への改革を総称する言葉である。これ以降参加・公開などの自治の理念や分権改革による自治体の自立の必要性は、地方の時代の標語に乗って保革を問わず共有されていく。けれどもそれは理念のレベルにとどまっただけでなく、革新自治体が減少する一九八〇年代以降は、議会が総与党化することによって首長や行政は緊張感を失って自治の活力が低下した。

また一九七〇年代末には、首長にのみ依存した自治体改革の限界が指摘され、「革新自治体から自治体革新へ」と、行政体質の改革が強く要請されるようになった。行政が優れた行政技術や政策技術を保持しないかぎり、健全な自治体運営や質の高い政策は実行できないことが課題になってきた。こうして職員の政策能力の向上があらためて問われることになって、政策研究や政策交流が各地で試みられるようになる。一九八六年、職員を中心にした自治体学会の設立はその象徴である。

旧来の書記型の職員像から市民として考える政策型の職員像への転換が求められ、それをふまえた行政や政策の技術・手法の改革の模索は今日に接続している。「職員の政策能力の向上はよい地域づくりへの最短距離」「首長は消耗品だが職員は備品」などという言葉には、職員機構の質の向上の重要性を再認識する意味が込められている。今日の自治体に不可欠の政策財務や政策法務などの論点や手法は、このような職員の行政・政策研究によって提起されたと考えてよいであろう。

自治体再構築の戦略もった議会改革を

市民、首長、職員の三つの主体が直面してきた改革について概観した。この長い自治体改革のプロセスにおいて自治体が蓄積してきた自治の課題や論点を図に示した。この課題や論点の形成において議会はどのような役割を果たしたか。議会は存在することによって首長や行政に緊張感を与えるという消極的存在論ではなく、自ら制度・政策を提起する積極的存在論の観点からいえば、近年の議会基本条例にもとづく議会改革がはじまるまでは成果に乏しい。

けれども、これからが議会の出番である。図を見ると、今日の自治体に必要な課題や論点はほとんどそろっている。そして首長が主導してこれらを組み込んだ自治基本条例を制定し、それを運営の指針にするところまではきた。けれども多くは理念条例に止まって実効性を欠いているのが実情だ。自治基本条例に根拠を置く関連条例を整備して実効性の高い総合型の自治基本条例の体系を構築すれば、これが基準となって議会の行政監視は格段に前進し、行政の質は向上する。

また関連条例として、実効ある総合計画条例を制定し、計画中心の政策展開をはかる体制を構築すれば、その制定・改定に結びつけて、情報公開、市民参加、政策評価などの仕組みも実効性をもつ。議会もまた、計画事業の継続・修正・廃止・新設をめぐって、手ごたえのある政策活動を積極的に試みることができる。要は、自治体を再構築する全体像ないし戦略をもって議会改革をすすめることである。議会が変わることで自治体が変わる議会改革でなければ意義は小さい。

（日経グローカル二〇一一年七月四日号）

2　議会基本条例はどのように誕生したか

議会基本条例は自治基本条例の基幹的な関連条例である。制定数は二〇〇を超え、自治体議会改革フォーラムの調べでは近々倍増するともいう。こうして急速に普及する形勢にあるが、条例の内容が実行されていないという批判も多い。もちろん制定した条例は誠実に実行すべきだが、議会がようやく自主改革の契機をつかんだ基本条例である。しばらくは試行錯誤の状態が続く。

最初から理想を体現した完璧な議会基本条例はない。条例制定の動機、内容の熟度、運用の熱意は、議会間に大きな開きがあり、また議会基本条例にたいする市民、首長、職員などの認識も総体として高いとはいえない。けれども制定を志す議会が増えれば、相互学習がすすんで条例の内容や議会改革のレベルが高くなると考えるべきだろう。すそ野がひろがれば山を高くすることができる。

最初に議会基本条例を制定した北海道栗山町議会はすでに四回も改正している。要するに、なかなか改正しない「硬い条例」ではなく、改革の進展に応じて適宜改正する「柔らかな条例」であってほしい。今回は、議会基本条例が提唱された理由や背景を跡づけながら、条例を創る精神と条例を活かす精神にもとづいた、「生ける議会基本条例」のための課題を考えたい。

議会の条項をふくまない「自治基本条例」

二〇〇一年にニセコ町が初の「まちづくり基本条例」を施行したとき、一般に「自治基本条例」と称されたが、ここには「議会」にかんする条項はふくんでいなかった。つまり市民参加や情報公開を基軸とした行政運営の基本事項に限定していたので、私はこの条例を高く評価しつつも、正確には「行政基本条例」であり、自治基本条例の本来の姿としては「議会基本条例」の要素をふくむべきであると指摘した（＊拙稿「ニセコ町『基本条例』が開いた扉」世界二〇〇一年四月号＝追記）。

行政基本条例とともに議会基本条例という言葉を用いたのはこれが初めてである。このころは自治基本条例に議会をふくめることやまして単独の議会基本条例を制定するような機運は自治体にはまだ存在しなかった。翌二〇〇二年、北海道は道政改革の成果を風化させないために、これらを総合化し条例化することになったが、これも「行政基本条例」という名称で、議会をふくんでいなかった。

行政基本条例であっても、議会にとっては有益である。ここには行政活動が依拠すべき諸原則が書かれているから、行政がそれを遵守しているか、議会は恰好の行政監視基準を手にすることになるからである。けれども議会はそうした意義を認識しなかった。要するに、「行政」基本条例だから議会には関係がないと。いわば今日、首長が議会基本条例に無関心を装っているのと同じ構図である。これらが「生ける自治・議会基本条例」の実現を妨げていることはいずれ述べたい。

ともかく議会抜きの自治基本条例は考えられないから、いかなる議会条項が必要か検討を急ぐことになった。そこで私は二元代表制における機関対立原理を作動させることを基本に改革の論点を整理し、議会と市民・首長・職員の関係および議員相互の関係の改革を内容とする議会基本条例の考え方を提起した（＊拙稿「二元代表民主制における議会の機能」、本書に［19］として収録）。

二〇〇三年にはさらに一歩すすめて、札幌市が自治基本条例の検討をはじめるに際して、今後の議論に資するため詳細な議会事項をふくむ条例私案を作成・公表した（＊拙著『自治・議会基本条例論』増補版、公人の友社、二〇〇九年に収録）。こうして議会基本条例の輪郭が形成されつつあった二〇〇四年、北海道自治体学会の研究会が、それらを参考に「議会基本条例要綱研究会試案」をまとめた。これがすでに議会改革をすすめていた栗山町議会の目にとまり、初の議会基本条例の制定に接続することになる。

「議員の姿が見えない」との批判が動機に

栗山町議会はなぜ議会基本条例を制定することになったのか。制定は二〇〇六年だが、議会はその四年半前から積極的に議会改革を推進していた。この先行改革を推進した動機は、一般論的には①分権時代における議会の役割の増大、②財政窮迫時代における議会の効率化ということであるが、橋場利勝議長によれば、より直接的で大きな理由は、③選挙のとき以外は議員の姿が見えないという市民の強い批判があったという（橋場・神原『栗山町発・議会基本条例』公人の友社、二〇〇六年）。

この四年半、議会は定数を一八から一三に削減し、報酬の削減や日当の廃止にも取り組んだ。けれども改革がこの程度に終わるなら議会はジリ貧になるだけである。ここから先が問題である。改革の要諦は、まず市民との関係の改革で、議会が主導した情報公開条例の制定、議会のライブ中継、市民への議会報告会の開催、そして市民の議会にたいする批判や意見、町政にたいする提言を聞く企画を毎年続けてきた。こうして議会は市民の「身近な議会」に次第に変身しはじめた。

議員の政策能力を高めるために政務調査費を積極的に活用し、会派は存在しないから政策課題別に班を編成して必要な政策視察をおこなう。もちろん使途は詳細に公開、報告書も作成・公開した。執行機関との関係では、町長による予算の調製過程で議会と町長の意見交換をおこなうほか、質疑も一問一答方式に変えた。これにより町政の課題・争点がいっそう明確になった。ゴミ収集や保育所民営化の問題などでは、議会独自の市民参加を経て、しばしば町長提出の原案を修正議決している。

この先行改革においては橋場議長の卓越したリーダーシップと議会改革にかんする議員間の認識の共有、また、それを効果的にサポートした中尾修議会事務局長の存在が特筆される。くわえて、この栗山町議会の経験から学ぶべきことは、先行改革の積み重ねが、後に制定する議会基本条例を「生ける基本条例」にしたことである。なぜなら、条例ができたとき条例内容の八割はすでに実行済みの状態になっていたからである。条例を制定してから議会改革をはじめるのではない。

先行改革が厚みを増したとき、議員が交代する将来、改革の熱気が冷めてこれまでの成果が風化するかもしれない。そこで議員と市民から、改革の成果を議会運営のルールとして条例化しておくべきではないかという意見が出された。それが議会基本条例の制定につながっていく。

議会は市民など四つの主体の「討論のヒロバ」

こうして二〇〇六年五月、最初の議会基本条例が栗山町議会で成立した。この議会基本条例の内容はシンプルである。まず条例に生命を与える前文では、町長と議会はともに市民から直接選挙されるから、政治的な正統性の根拠という点で対等であること、町長と議会は独任制・合議制というそれぞれの特色を活かして、緊張をもって協力しながら最良の結論を導くこと、議会は政策循環の過程でどこからでも論点・争点を提起できる「討論の広場」であることを謳っている。

この認識に立って条例本体では「討論の広場」を具体的に設計する。この栗山町の条例と後に制定される福島町議会の優れた条例を合わせると、およそ各地の基本条例の九割以上の内容をカバーしている。その内容の骨格となるのは、議会と市民の関係、議会と行政（首長と職員）の関係、議員相互の関係という三つの関係の新ルール化である。すなわち、前回指摘した自治体運営の四つの主体が直接ないし間接に討論のヒロバに登場するシカケをつくるのが議会基本条例である。そこで次回は、この三つの関係の問題を考えることにしたい。

（日経グローカル二〇一一年七月一八日号）

3　議会を公開と討論のヒロバにできるか

議会にはさまざまな機能があるが、次の三つに要約してよいだろう。第一は情報機能。活発な討論によって自治体の政策上あるいは自治体運営上の課題・論点・争点を明らかにする。これには行政監視機能もふくまれる。第二は提案機能。問題が明らかになれば、必要な政策をさまざまな方法で提案できる。第三は決定機能。政策過程（課題発見→政策立案→政策決定→政策執行→政策評価→課題発見）のある段階で自治体としての意思を決済する。

この三つには序列がある。政策上・運営上の問題点が明らかにならなければ、第二の提案活動はおこなえない。また第三の決定機能もそれ自体は形式行為だから、第一と第二の機能が十分に果たされなければ、優れた内容の決定は到底望めない。だから決定の大前提として、討論や提案の機能を重んじなければならない。この連関を理解せずに決定機能のみ誇示する議会は必ず形骸化する。

栗山町議会基本条例は前文に次のように書いている。「議会は、その持てる機能を十分に発揮して、自治体事務の立案、決定、執行、評価における論点、争点を広く町民に明らかにする責務を有している。自由かっ達な討議をとおして、これらの論点、争点を発見、公開することは討論の広場である議会の第一の使命である」。決定することが議会の第一の使命などとはいっていない。ここには議会の今日的な役割が的確に表現されている。

プラスサムになる議会と首長の関係

決定に先立って討論が必要なのは、政策の「不確かさ」や「危うさ」にある。松下圭一氏の『政策型思考と政治』（東大出版会）や、加藤周一氏の『戦争と知識人』（青木書店）にあるように、政策は本質的に個人・集団・党派の価値判断にもとづく主観的な好き・嫌いの問題だから、科学的・客観的に「正しい」政策はありえず、しばしば失敗する。逆にいえば、政策決定は主観的な合意を必要とするから科学たりえないし、また合意手続の確かさが政策に正統性を与えるのである。

そのために「政策過程」が強調される。政策活動を過程ないし循環と考えて、進行局面で確かさを検証しながらすすむ。この過程では、課題の発見や評価は市民を中心にすべての主体が担うし、政策立案は政策資源の事情に通じることを職務とする職員に依存する度合いが高い。政策決定は議会が、また政策執行は首長が責任をもつが、実質的には四つの主体が深くかかわって進行する。

このことは二元代表制のイメージにも影響してくる。従来は「機構分立」（議会と首長）と「機能分立」（決定と執行）を直結させて、「議会＝決定」「首長＝執行」と見立ててきたが、政策の過程が数段階に分立し、また、さまざまな主体がかかわる、いわば「過程分立」をふまえれば、「議会＝決定」「首長＝執行」という、これまでの代表制イメージはあまりにも短絡的にすぎることになる。

過程分立を組み込んで豊かな代表制運営をおこなわなければ、議会は決定、首長は執行という制度上の責任も果たすことができない。政策過程にさまざまな主体が登場して豊かな討議が展開されるなら、議会と首長の関係は、権限配分論が陥りがちなゼロ・サム関係ではなく、プラス・サム関係へと無限に可能性をひろげることができる。

近年はまた「討議デモクラシー」が強調される。いわば一回かぎりのデモクラシーではなく、情報の作成・公開とそれにもとづく討議を繰り返して、参加者が自己の意見を確かなものに修正していく熟議のデモクラシーである（篠原一『市民の政治学―討議デモクラシーとは何か』岩波新書）。「討議デモクラシー」をこのように考えると、議会こそがこれを普遍的・安定的に実践できる格好の舞台ではないか。

政策レベルを引き上げるチェック基準

以上のような前提に立って、議会と市民・首長・職員、それに議員相互のあるべき関係を見ていくことにしよう。

議会は市民の代表機構だから市民の意思を聴くのは当然だし、市民も議会から適切な情報をえて学習しなければ意思形成ができない。したがって両者の間に双方向のコミュニケーションが確立していなければならない。各地の議会基本条例はそのための具体策を規定しており、実践の経験も蓄積されつつある。紙幅の関係からここではそれらに言及できないが、条例に記されている約束ごとは、頻度高く確実に実施することが肝要である。

次は議会と首長の関係である。栗山町議会基本条例は「議会と首長は、ともに町民の信託を受けて活動し、それぞれの異なる特性をいかして、町民の意思を町政に的確に反映させるために競い合い、協力し合いながら、栗山町としての最良の意思決定を導く共通の使命が課せられている」と述べている。「異なる特性」とは、首長は独任制機関で、自治体をまとめる統合機能の発揮が期待され、合議制機関の議会には市民の多様な意思の代表機能が集約される違いをさしている。

この「異なる特性」をふまえて、首長と議会が「機関対立」（機関対抗、機関緊張、機関競争などさまざまに表現される）

の原理のもとに緊張ある代表制の運営をめざすことを建前としている。議会基本条例にはその一環として、首長が議会に政策を提案する際には、政策の発案者、検討した代替案、市民参加の内容、他自治体における類似政策の情報、総合計画上の根拠、関連する法令や条例、政策の要する財源構成、将来にわたる政策コストの計算を開示するよう、厳しい注文をつけている。

このチェックリストは、自治体政策の質の向上のために、行政の政策活動がクリアすべき条件として、かつて私が提案したものだが（拙稿「心の中に議会を持て」北海道町村会報一九九五年六月二五日号）、最初はニセコ町の自治基本条例に行政がおこなう情報公開の一環として採用され、さらには栗山町の議会基本条例に議会の行政チェックの基準として取り入れられ、その後全国普及したものである。

けれども現在の段階で、このチェック基準はあまり効果をあげていない。なぜなら、総合計画や政策を策定・運用する自治体の手法が拙劣なため、このような基準が活用できる水準に達していないからである。だからといって不要ということにはならない。議会は自ら課した基準がクリアされていない政策をいつまでも承認し続けることはできないし、このような基準によって議会が行政の政策活動を厳しく監視すれば、首長と職員の政策力は次第に向上していくだろう。

議会改革は議会の内部改革に止まってはならないと初回に述べたが、その意味はここにある。職員は議会基本条例あるいは議会改革に直接登場することはないが、上記の議会による政策チェック基準は、直ちに職員の政策能力の問題にはね返ってくる。首長もまた基準がクリアできない政策を出し続けていては、職員機構にたいする指導責任が問われる。議会改革は議員のみならず、首長や職員たちの自己改革の問題でもあるのである。

論点・争点をまとめれば議員討議が成立

議員間の自由討議も議会基本条例には書かれているが、実際は進展していない。なぜなら、議案提出者は圧倒的に首長だから、議論の矛先が首長に向くというのである。これはおかしな議論である。提案者が首長であれ誰であれ、提案内容について議員が自由に議論して、議会、委員会として確認すべき、あるいは深めるべき論点・争点を「まとめる」必要がある。それにもとづいてあらためて提案者と議会が向き合えばよいのである。メモ1枚であっても、議会あるいは委員会として「まとめる」という作業が介在すれば、どのような場面でも議員討議は成立する。

（日経グローカル二〇一一年八月一日号）

4　議会は総合計画を主戦場に政策活動を

前回は、首長との関係で緊張を維持した議会活動が自治体政策のレベルを引き上げる効果を生むことと、そのメカニズムについて述べた。今回はそれをさらに突きつめて、議会が総合計画としっかり向き合うことの大切さを解説したい。自治体は、地域社会の公共課題を政策で解決するために設立された政府である。その政策の基本枠組みが総合計画なのだから、これに正面から向き合わずして、真っ当な議会活動はできない。

近年、総合計画を議会の議決に付す自治体が増えていることは歓迎したい。けれども真の問題はもはやそのレベルにはない。総合計画は単なる行政の計画ではなく、自治体の政策公準であるべきだから、議会の議決は当然である。問題はその先にある。首長と議会の協議によって、「総合計画にもとづかない政策はおこなわない」という合意形成とそれに耐えられる計画手法の革新が急務である。

今日の総合計画は、基本構想の策定を義務づけた一九六九年の地方自治法改正に際して、基本構想↓基本計画↓

実施計画という三重層計画の策定を求めた自治省通達がもとになっている。けれども通達は分権改革よって一〇年前に失効し、また今年の地方自治法改正で基本構想の義務づけ自体も廃止になった。これによって総合計画の策定・運用は名実ともに自治体の自由になった。ここからが自治体の知恵と力量のみせどころである。

実効性に乏しかった従来の総合計画

自治体の総合計画は四〇年の歴史をもっており、今日ではほとんどの自治体が策定している。けれども本当に自治体の自律性を高め、地域づくりに貢献しているか、いまその問い直しがはじまっている。従来の総合計画は実効性に乏しかった。私は麻生内閣が緊急経済対策として自治体に交付した金の使途をいくつかの自治体で調べたことがあるが、半分以上が総合計画に根拠をおいていなかった。いまでも思いつき政策がまかり通っている。

今日、多くの自治体の総合計画は、上述したように基本構想、基本計画、実施計画という自治省モデルで構成されている。けれども基本構想は美辞麗句の作文に終始。基本計画は分野別の政策指針だが、これとは別に実施計画をつくるため初年度から空洞化。そして実施計画は時々の思いつき政策や補助金依存などから、定見のない予算の論理に振り回されてきた。要するに、総合計画は存在してもなきが如き状態だったのである。

それでも仕事ができたのは、国からの移転財源を含めて右肩上がりの税収増があったからである。けれども時代は大きく変化した。国と自治体をあわせた累積債務は九〇〇兆円に達する。国の財政は破たん寸前であり、くわえて今後、震災復興・原発事故対策が重くのしかかる。自治体はもはや国に頼れない。自治体の財政も今後半永久的に窮迫状態が続く。これまでの累積債務にくわえて税収増も期待できない。その一方、少子高齢社会などの新たな政策に金が必要になる。徹底した選択と集中以外にこのギャップを埋めることはできない。

地方分権がすすめばさらに厳しさが増す。権限や財源を自治体に移譲すれば、地域づくりは自治体の重い責任になる。自治体が必要な政策をおこなうために自由を獲得するのが地方分権である。けれども上にのべたように、地方分権によって自治体の財政は豊かにはならない。変化する可能性があるのは使途が自由になるということである。とすれば自由を自律する政策ルールが必要になる。もはや放漫財政、放漫政策が許される環境にはない。

新しい計画手法とはどのようなものか

今後の自治体は、このような行財政縮小と地方分権という二つの条件をふまえた自律自治体としての再構築が求められる。すでに動きははじまっている。自治基本条例を制定する自治体の増加がそれを示している。まだ試行錯誤の状態だが、この基本条例は、二元代表制、総合計画、情報公開、市民参加、財務・法務、政策評価など、自治体運営の基幹的なルールを総合化し、それを自治体の基本法（最高規範）として位置づけている。

そして総合計画をこの自治基本条例の中核に位置づけることによって、実効性に富んだ自治基本条例への進化が期待される。すでに多治見市のような先進自治体では、自治基本条例に総合計画にもとづく政策原則と財務原則を明記している。また栗山町議会は、総合計画の多治見市モデルに依拠しながら、総合計画の策定に深くかかわった経験の延長上で、議会自身が「総合計画の策定と運用に関する条例案」を作成・公開している。

では今日要請される総合計画の手法はどのようなものか。まず総合計画の「総合」とは、次の四つの総合を総合したものと考えるべきであろう。①従来の三重層計画の一本化（総合化）を基本として、②政策の前提となる行財政改革をふくめた総合、③実行政策と予測政策の総合、④計画の策定と運用に不可欠な諸制度の総合。この総合が求められるがゆえに、総合計画をみれば、その市民と自治体の文化水準、自治水準がわかるとされる。

そのうえで図示（＊本書［10］一五四頁の図参照）したように、総合計画の期間を八年として、基本計画を前期四年間の「実施計画」（財源の裏づけがあって実行できる政策）と後期四年間の「展望計画」（財源ができればおこなう政策、将来必要になる政策）によって構成する。前期実施計画の四年目に次期実施計画を策定する。総合計画または実施計画の策定は首長の選挙がおこなわれる年に合わせ、首長の選挙マニフェスト、実施済み施策の評価、当初想定した展望計画の内容、新規政策の必要などを総合的に検討して策定する。

実施計画にふくまれる全施策・事業は、政策評価に耐えられる政策情報の内容を備えた個票の作成と公開によって進行管理する。以上の基本構想、基本計画、進行管理計画のうち前二者を議会の議決の対象にする。このような計画の手法は、私も議会の議論をふまえて作成に公的に協力した栗山町議会の「総合計画の策定と運用に関する条例案」に詳しいので、同議会のＨＰを参照してほしい。

＊（追記）同条例案は神原・大矢野編著『総合計画の理論と実務』公人の友社、二〇一五年に収録している。

総合計画に向き合えば力量が高まる

総合計画条例は首長と議会のどちらが提案してもよいが、要は自治体の政策原則を定めることの重要性にある。こうして自治体の政策と予算で総合計画が真に機能するようになれば、計画に記載された施策・事業の継続・修正・廃止・新設をめぐって、議会の議論は具体的になり、行政監視や政策提案の機能も格段に実効性を増すであろう。

さらにはマニフェストによる首長候補者間の政策争点も計画記載事業をめぐって明確になり、ポピュリズムや劇場型政治を抑制する効果も生まれる。またこれなら議員・議会もマニフェストに参加できる。市民をふくめ、総じて選挙の政策的有効感が高まる。議会は行政の周辺の細事ではなく、総合計画という主戦場で政策力量を高めてほしい。

（日経グローカル二〇一一年八月一五日号）

5　府県議会に市町村長・議員の参加を

二〇〇六年に栗山町議会が議会基本条例を制定することを決めたとき、私は全議員の前で次のように話した。「この条例が制定されれば、全国から大勢の関係者が学習に押し寄せます。みなさんは来訪者を泊めるために、町にもう少し宿泊施設があればよかったと思うようになるでしょう」。私はそう確信していたのだが、議員は私のリップサービスとしてしか受け止めなかったようだ。

予測は的中し、多くの自治体議会や議員が栗山町議会と交流を求め、自らも議会基本条例を制定するようになった。けれども当初は、議会基本条例に関心を寄せた議会は、いち早く制定した三重県議会は例外的で、圧倒的に小中規模の市町村議会が多かった。広域自治体や大きな基礎自治体はなぜ動きが鈍いのか、私なりにその理由を探ってみて、わかったこと、確認できたことがあった。

その第一は、議会基本条例は小規模自治体なら可能だが、大規模ないし広域自治体には向かないという規模論からくる消極意見である。第二は、小規模な議会がはじめた議会基本条例を大都市や都道府県の議会が模倣するのは沽券にかかわるという体面論であった。後者は時間がたてば解消する感情論だが、前者は議会基本条例の有用性にかかわる制度論なので無視することはできない。

その後、体面論は消えて大規模議会（厳密な区分ではないが指定都市など大規模市、都道府県の議会を指す）も議会基本条例を制定するようになった。けれどもあまり成果があがっているようには見えない。それは規模の大きさに配慮した制度上の工夫がなされないためではないかと思う。そこで今回は、大規模議会が議会基本条例や議会改革において考慮すべき問題点を考えてみたい。

透明度が高く個人拘束しない会派活動を

最初は会派の問題である。ここ数年の議会基本条例の制定を中心とした議会改革を一瞥して、大規模自治体の議会改革は一部を除いて進展が遅いことに気づく。議会改革をはじめることそれ自体にかんして、会派内や会派間の認識の相違や利害得失をめぐる駆け引きから、合意が形成されず、いつまでたってもコトが前にすすまないのである。

私の住む札幌市議会はその典型である。議会基本条例の制定が話題にはなるらしいが、会派間で入口の合意形成ができず議論が前にすすまないと新聞は報じている。正直いって私は札幌市議会にどんな会派があるのか詳しくは知らないし、一部のローカル政党を除いて会派の政策は見たこともない。このように市民とは直接関係のない会派が議会運営を左右するのは実に奇妙なことである。

会派にもいろいろある。①首長の与野党に分かれて角突き合わせる会派、②議会内の役職配分の打算でつくられた会派、③全国政党地方支部組織の議会代理店のような会派、④単なる仲良しグループの会派、⑤ローカル政党を自認している会派などである。いずれにせよ⑤を除けば、議員の政策集団として当該自治体の政策課題に総合的に向き合う活動実績をもつ会派は例外的である。

小規模な市町村の議会では会派が存在しないところが多いから、議員の各種協議が実質討議となり合意の形成にもつながりやすい。議会基本条例にもとづいて全議員の意思表示の内容を公開する議会も増えている。必要に応じてフレキシブルに政策調査団を編成したり、議会報告会でも各議員が議会を代表して市民と向き合う場面も増えた。こうして議員個人の姿が見えるようになってきた。

これにたいして大規模議会では、重要事項は会派間の交渉で決められるから、議員個人の姿は会派の陰に隠れてほとんど見えない。大規模自治体では、政党活動とあいまって会派には何某かの世論集約機能があり、また議員数も多いから議会運営の効率化の点でも、会派を全否定することはできないだろう。けれども会派の形成あるいは与野党の形成を制度必然としない二元代表制では、過度に会派中心の議会運営をおこなうと、代表制の原理が著しく損なわれる。

会派が議会運営や議案の扱いで大きな影響力をもつと、議会基本条例で市民に開かれた議会運営とか議員間討議の促進、首長との緊張関係の維持などを理念的に述べても実効性はなくなる。会派が政策集団なら、①その成果の公開をふくめて、会派内および会派間の政策活動の透明度を高めること、②議会の表決に際して議員個人を拘束しないことを、最低限、議会基本条例に明記すべきである。

市民参加の代替・補強としての市町村の参加

議会基本条例を制定する府県議会が増えていることは率直に評価するが、その条例を一瞥すると内容が抽象的である。二元代表制の理念、議会の機能、議員・議会の活動原則、県民との関係、知事との関係、議員間討議などは一通り網羅し、基本条例の構成という点では市町村条例と大差はないが、概して内容に具体性がない。せっかくの議会基本条例なのにこれでは実効性が乏しくなる。

私がとくに注視したいのは府県議会と市民の関係である。基礎自治体の議会では、市民と議会の双方向のコミュニケーションを確保する具体的な手立てを議会基本条例に規定するものが多いが、広域自治体の条例には「県民意思の反映」「県民参加」の文言は見られるが、これを具体化する手立てを講じていない。これでは画竜点睛を欠いてしまう。市民との豊かな関係の構築こそ代表機構たる議会の活動の基礎だからである。

府県は人口・面積の規模が大きく、直接の対市民サービスが少ないほか、強烈なタテ割り行政のため、市民が府県の政治・行政に直接参加することは難しい。府県は市民からもっとも遠い政府なのである。その点で市民に身近な市町村は日頃から市民参加を試み、また首長や議員は地域の課題を熟知しているので、府県レベルでは、市民参加を代替ないし補強する仕組みとして、市町村の首長や議員が参加する「市町村参加」を試みる必要がある。

これは古くから指摘されてきた府県の課題だがなかなか実現しない。それゆえこれは行政の今日的課題でもあるが、議会としても市町村議会の議会報告会（議会から市民への説明）や一般会議（市民から議会への参加）のような市民参加を実質化する観点から、府県議会の参加方式として、府県議員が市町村長や市町村議員と地域政策をめぐって意見交換する場を工夫すべきだろう。もちろん、これは市民や団体の参加を否定するものではない。

地域別常任委員会を設けてチェック機能強化を

府県議会において市町村参加を制度化すれば、議会活動にさらなる展望が開ける。広域自治体の行政は極度のタテ割りで、府県内の各地域を総合的な面としてとらえる横の政策機能が著しく弱いから、議会がこの点に着目すれば、行政監視や政策提案を有効にすすめることができる。議会への市町村参加はそれを支える強力な手立てとなる。

府県議会の常任委員会は行政のタテ割りにそって設置される。けれども、これだけではタテ割り行政から生じる政策の不合理をチェックするのは難しい。そこでヨコ割りのチェックをおこなうため、府県内の地域を管轄する複数の「○○地域常任委員会」を設置する。ここを基盤に府県議会への市町村参加をすすめ、それにもとづく面の政策活動をおこなう。

政令指定都市のような大規模自治体も同じ問題を抱えている。行政の効率と市民の利便のために設置される行政区を、参加と政策を重んじた自治型の区に再編する構想をもつ大都市が増えているが、議会もこの流れを確かなものにするために、上述のような地域別の常任委員会を設置して、そこを拠点に議会独自の市民参加と面の政策活動をおこなうべきである。これに前回述べた総合計画の展開を重ねれば、効果はより大きなものとなる。

（日経グローカル二〇一一年九月五日号）

6　現行制度下でも高度な自治体運営はできる

これまで五回にわたって、議会基本条例を中心に議会改革の課題と論点を述べてきた。強調したかったことは、議会改革はその結果が議会の内部にとどまるのではなく、自治体運営の他の主体である市民、首長、職員にもプラスの影響を与え、それによって自治体を再構築する全体像や戦略をもってすすめてほしいということであった。けれども無理難題を押しつけたつもりはない。私の主張や提案には、国の法律を改正しなければ実現できないようなことは一つもない。議会がその気になれば直ちに実現できることばかりである。分権改革の時代だから法律制度の改革は必須であり、代表制度についても例外ではないだろう。けれども私は、現行制度でも運用次第で相当に高度な自治体運営ができると考えている。

地方分権とは自治体の運営と政策の自由度を高めることである。その最良の方法は法律に自治体を縛る余計なことを書かないことである。そうすれば自治体は自分で考えて決める。事実、自治体は自由の領域で、議会運営、市民参加、情報公開、総合計画、政策評価、財務規律など、さまざまな仕組みを自前で開発してきた。そして現在は、それらを総合して、自治体運営の最高規範として自治基本条例を制定するところまで到達している。

現在という同時的な空間においてその状況を概観すれば、自治体間には改革の熱意や熟度に大きな差があることは確かである。けれども時間軸で見れば、最初は少数の自治体からはじまった改革でも、普遍的意義があれば、時間を経ながら全体に普及していく。そのようにして自治体は全体として力をつけてきたのである。

各地にひろがってきた議会基本条例などは、いままさにその渦中にある問題だが、自治体は、こうした戦後自治の経験則を率直に学びとって、矜持をもって今後の課題に立ち向かうべきである。以下に私なりの展望を示して締めくくりとしたい。

自治基本条例は議会活動の最大の武器

現在は分権改革と行財政縮小の時代である。紆余曲折はあるにせよ分権改革は今後もすすめなければならないだろう。これによって自治体の政策の自由度は高まるが、財政が豊かになることはない。自治体が困っても破綻状態にある国には助ける力はない。であれば自治体は組織・人員の適正化による無駄の排除、総合計画にもとづく選択と集中の政策推進、徹底した財務規律の確立、そして市民合意の形成を常に自覚した自治体運営が必須の課題となる。

こうした自治体運営をおこなうための基本枠組みが自治基本条例である。自治基本条例を「生ける基本条例」にするには、これに根拠をおいた関連条例をしっかり整備する必要がある。議会は自治基本条例の意義をもう一度見直してほしい。関連条例をふくめて自治基本条例が具体的な自治体運営のルールになれば、そのことでもっともトクをするのは議会だからである。これにより議会は「監視基準」という最大の武器を手にすることになる。

自治基本条例は首長が提案することが多く、また条例案の作成過程は行政主導の市民参加に委ねられることが多い。そのため議会や議員ははじめから腰が引け、せいぜい条例中の「議会」の章を埋める案文を提示する程度にとどまる。こうした議会の対応は完全に間違っている。むしろ議会が行政を監視したり、自ら政策を提案したりすることのために、最大限役立つ自治基本条例案を自ら提案するくらいの積極性をもつべきである。

そうしなければ行政主導で作成した自治基本条例は抽象的で実効性を欠いた理念条例、お飾り条例の域を出られない。その意味で議会の責任は大きい。議会は制定過程をふくめて自治基本条例にしっかり向きあってほしい。二元代表制の運営基準としての議会基本条例と、自治体政策活動の基本枠組みを定める総合計画条例の二つを核に、これにその他の関連条例（情報公開・市民参加・政策評価・財務規律、市民投票など）がリンクするようになれば、自律自治体の形成は確実性を増す。

首長は議会基本条例を使い職員能力を高めよ

以上、議会がしっかり対応しなければ、自治体の基本法（最高規範）である自治基本条例は成長しないことを述べた。これと逆な関係にあるのが議会基本条例である。議会基本条例は、名称から議会と議員に限定された領域の条例といった印象を与えるが、けっしてそうではない。正確にいえば、首長をふくむ「二元代表制運営条例」なのである。その意味で、議員のみならず首長もその意義を理解しなければ議会基本条例は功を奏しない。

首長は個人の心情として「自分が提案するものは何でもとおしてくれるのが理想の議会」と思うだろう。その意味では議会はこれを阻む厄介な存在である。けれども考えてみよう。首長は、選挙で市民と約束した政策を誠実に実行し、任期がくれば自治体を健全な状態で後任者に引き継がなければならないが、そのための大事な仕事として、政策能力の高い職員を育てなければならない。議会と首長の間に日常的に適度な緊張感がなければ、このような職員の政策能力は育たないだろう。職員は首長の私兵ではないのである。

自治基本条例とその関連条例、とくに議会基本条例には、首長や職員の自由を縛る政策ルールが多々あるが、首長はこれを活用することによって職員の政策能力を高めていくべきである。首長は任期がくれば辞めていく「消耗品」だが、職員は機構として永続する「備品」に例えられる。この備品が優れものでなければ、首長も議会もよい仕事をすることができない。その意味で、議会基本条例は首長の側からも積極的に活用されなければ二元代表制運営条例としての実効はあがらない、ということになる。

自治体の自主改革の先に法律制度の改革を

日本の自治体はたくさん仕事をする「大きな自治体」である。仕事の内容を国際比較したわけではないが、租税総額の六五%を自治体の会計から支出している国はない。経済規模からいって、それがいかに大きなものか類推できよう。二〇〇〇年の分権改革前の地方自治法には、自治体の仕事が例示してあって、自治体が市民生活の森羅万象にわたって活動していることが一目瞭然であった。

総じて日本の自治体は、人口や面積などの規模にかかわりなく、事務量・政策量の多い「大きな自治体」である。近年、現行の二元代表制を改編する構想が論じられているが、代表制度の改変の是非を考える際の私の最大の着眼点は、分権改革の進捗状況と、この「大きな自治体」に適合した代表制度であるか、という二点である。

たとえば、地方分権が中途半端な状態のなかで議院内閣型の代表制度にすると、官治集権と癒着した政党集権政治が跋扈することになるであろう。また日本の自治体が「大きな自治体」であることを無視すると、政府機能として求められる統合機能（自治体を一つの意思にまとめていく機能）と代表機能（市民の多様な利害を表出する機能）がバランスした制度の設計は難しくなるであろう。

また、仕事量の多い「大きな自治体」は、規模の大小にかかわらず、仕組みを整備しなければ的確に運営できない。現在これは「自治基本条例＋関連条例＝総合型自治基本条例」をめざして実践されている。代表制度についても、これまで縷々述べたように、現行の二元代表制の枠組みをふまえて、これを最大限にいかす工夫が議会基本条例の制定を中心に全国規模で試みられている。

課題は尽きないが、自治なのだから、自治体が自己規律の能力を磨きつつある点にこそ最大の注目を払うべきであろう。新たな自治制度を構想するにしても、そうした自治体の自主的な営為と接合していなければ、生きた制度にはならない。

（日経グローカル二〇一一年九月一九日号）

[14] 二元代表制はどう運用されるべきか（二〇一一年）

1　四半世紀遅れの議会改革

二〇〇六年に北海道栗山町議会が全国で最初の議会基本条例を制定したことが大きな契機となって、日本の自治体議会はようやく自己改革に取り組むようになった。この議会基本条例は、すでに二〇〇を超す自治体が制定するまでひろがっており、自治体議会改革フォーラムの調べでは、今年度中にも四〇〇に達するのではないかと推測されている。基本条例の内容や改革の熱意などは、議会間に大きな差があるが、議会が初めて改革に取り組みはじめたことは高く評価したい。

自治体を運営する主体は、政治主体の市民と制度主体の首長、議員、職員の四者である。この四者の歴史を振り返ってみれば、議会以外の三者はそれぞれが一九八〇年代までに最初の自己改革を経験している。ところが議会だけは二〇〇〇年代初頭まで無為に時を過ごしてきた。それにようやく火がついたのだから、遅きに失した感は否めないが、これをテコにして新しい地方自治の可能性を構想し実践するしかないだろう。四者が揃い踏みすればその可能性は大いにある。

議会以外の三者の改革を簡単に振り返っておこう。最初は市民であった。一九六〇年代から七〇年代の高度経済成長の時代には市民運動が登場して、都市問題・公害問題その他生活防衛の諸問題に立ち向かった。それは従来の組織型・動員型の労働運動・革新運動とは違って、さまざまな階層的背景をもつ人々が「市民」としてくわわる自主型・参加型の運動である。その後市民運動は市民活動と名を変えて、地域から全国さらには国際市民活動へと重層化して今日にいたっている。

市民運動の矛先は自治体なかんずく首長に向けられた。課題を解決するためには自治体で一番強い存在と目された首長と交渉するのが手っ取り早いと考えたからである。それに比べて、多数の会派に分かれてタコつぼ化した議会は市民運動からすれば面倒な存在であった。会派の大小にかかわらず公平に接しないとすぐつむじを曲げてあらぬ方向を向いてしまう厄介な存在に思えた。私にかぎらず、この時代に市民運動の経験をもつ人ならみなこうした議会像をもっているだろう。

首長は公選の首長である以上、市民意思は無視できないし、むしろ積極的に対応する方が選挙戦略上も得策である。こうして市民と首長の利害が一致して両者の交流がはじまることになる。ことにこの時代の都市自治体を席巻していた革新首長（革新自治体）は「地域民主主義」や「自治体改革」の理念をもつものが多かったから、市民との交流によって積極的に地方自治を開拓した。後に述べるように議会はこれにたいしてきわめて消極的ないしは否定的な態度に終始していた。

戦後、国民主権の憲法ができ自治体は憲法機構となったが、それが内実をともなうようになってきたのは、この革新自治体の時代以降である。今日の自治体改革の基本テーマの多くは、市民参加・情報公開をはじめとして、この時代の革新首長と市民の交流に淵源をもっている。どこの議会も保守派が多数を占めていたから、自治体が国のような議院内閣制であったなら、このような変革は起きなかったであろう。その意味で自治体改革を促した首長公選の歴史的意義は大きい。

けれども一九七〇年代後半になると首長依存の改革の限界が指摘されるようになる。すなわち、首長が誰であれ行政の体質や手法が革新されなければ政策の質の向上は望めないことがわかってきたのである。こうして「革新自治体から自治体革新へ」が喧伝され、ことに職員については優れた政策を立案・執行するために政策能力の向上が求められるようになった。一九八〇年代の半ばに職員を中心に自治体政策の研究・交流をめざした自治体学会が設立されたのはその象徴的な出来事といってよいであろう。

そして総体として自治体の政治的力量が増した一九七〇年代の末期から八〇年代にかけて「地方の時代」が喧伝されるようになった。「地方の時代」は「集中から分散へ、画一から多様へ、集権から分権へ」の転換を求める標語で、この標語に乗って地方自治の重要性やその理念は保革を問わず共通の認識となり、後の分権改革へと接続していくことになる。このように市民、首長、職員は時代の流れのなかでそれぞれが自己改革を余儀なくされる場面に遭遇してきた。

これにたいして議会・議員は改革の外にあった。その原因は、明治以来の官治集権に組み込まれた首長主導の自治体運営の慣習、国の議院内閣制を模した自治体の二元代表制の運用とくに与野党論の誤謬、それを加速化した政党の地方自治にたいする無理解などをあげることができる。けれども二〇〇〇年代になって、地方分権が現実味を帯び、また今後半永久的に続く行財政縮小時代を迎えて、議会・議員はもはや改革なしではその存在すら否定されかねない状態に追い込まれた。

2　革新首長時代の自治の活性化

ここからようやく議会改革がはじまることになる。その直接のきっかけとなったのは冒頭に記した栗山町議会による議会基本条例制定の衝撃であった。議会基本条例の意義については後ほど触れることにして、議会基本条例や議会改革において、キーワードとして用いられる「二元代表制」の意味するところを言葉の由来を含めて説明しておきたい。議会改革は議員だけの内部改革にとどまってはならず、議会改革をとおして自治体が変わるところに意義があるからである。

周知のとおり、自治体の首長と議員という二種類の代表の直接公選制は、日本国憲法第九三条に規定する、戦後の一貫した憲法原則である。したがって国民の代表として国会議員のみを選挙する国レベルの一元代表制（議院内閣制）との対比において、首長と議員の二種類の直接公選代表をもつ自治体の政府制度を二元代表制と呼んだにすぎないようにもみえる。けれども、実はこの言葉は自治体の代表民主制のあるべき姿をめぐってのさまざまな期待を込めて使われてきたのである。

最初に文語として「二元代表民主制」が登場するのは、西尾勝氏のレポート『都民参加の都政システム』（東京都都民生活局、一九七七年）であり、次いで菅原良長氏（元東京都知事特別秘書）のジュリスト総合特集論文「首長と議会の〈二元代表〉原理」（一九八〇年）であった。けれども口語としてはそれより早く一九七〇年前後から使われていたのである。ではそこにはどのような背景と含意があったのであろうか。

一九六〇年代の後半から七〇年代にかけては、上述したように都市自治体を中心に全国で革新自治体が輩出した時代である。革新自治体は、この時代のパイオニア自治体として「地域民主主義」と「自治体改革」の理念を掲げて、斬新な政策・制度の開発にチャレンジした。ところが、保守派が多数を占める議会は、革新首長が市民参加を推進するために提案したわずかな予算案を否決するなど、革新市長のすすめる自治体改革に否定的ないし消極的な態度をとることが多かった。

このときの保守派の抵抗の論拠は、首長と市民が直接交流することは、市民の代表機関である議会を迂回・軽視するもので「議会制民主主義」に反するというものであった。首長と議会は、市民による直接公選のゆえに政治的正統性が対等である。したがって、市民にたいして直接の責任を有する首長が独自活動をおこなうことは正当な行為なのだが、議会はそのようには認識せず、さながら国会を国権の最高機関とする議院内閣制に模して、自治体議会を最高機関と見立てていたのである。

このような代表制観念は強弱の差はあれ保革を問わず自治体議員一般に共通する心象であったといってよいであろう。これに抗して革新首長たちは市民との交流を積極的にすすめ、市民に依拠することで自ら提案する政策の正統性を主張した。そして、これを基底に自治体改革が進展し自治体は力量を増していくことになる。当時、前出の菅原氏や私たち若手研究者は、こうした首長と市民の交流が自治体代表制の原理からいって正当であることを理論的に説明する必要を強く感じた。

そこで「二元代表制」を使いはじめた。この「二元」の文字は、松下圭一氏が、政治の統合形態を「一元的統合（議院内閣制）」と「二元的統合（大統領制）」にモデル化した『現代政治学』（東京大学出版会、一九六八年）から借用したものである。当時、「首長主義」とか「大統領制」という表現もあったが、自治体の政府制度は、議会による首長の不信任議決・首長による議会解散など、議院内閣制の要素をふくんでいるので、これらの用語法よりも「二元代表制」が適切であると考えたのである。ただし厳格には区分せず、ときには「大統領制」も用いている。

革新自治体の時代は、革新市長対保守多数議会のかたちで、疑似的ではあるが首長と議会の機関対立が作動し、地方自治はそれなりに活性化した。ところが一九七〇年代の末から革新市長が退潮するとともに再び議会の多数派が「与党化」した。これにより議会の争点形成機能は著しく減退し、また首長の対市民緊張が緩んで地方自治は活力をそいだ。議会の多数勢力が「与党」として首長を政治的に擁護する議院内閣的運用の弊害が再び繰り返されるようになったのである。

3　機関対立と論点・争点の開示

歴史を振り返ると、革新自治体輩出以前は、首長も議会も保守勢力が圧倒的な多数を占める、いわば保保一体の政治的関係がかたちづくられていたから、機関対立が作動することはなかった。首長公選制を導入した戦後初期、国は、同じ住民が首長と議員を選挙するのだから、議会の多数派勢力と首長の政治的傾向と異なる議会勢力が多数派になることはないと見立てていた（内務省の想定問答）。「議会与党は常に多数」という、いわば議院内閣的な理解をしていたのである。

こうして一九八〇年代になると、二元代表制の制度原理である機関対立が危機に瀕した。そこで私は、慣行化してきた従来の与野党対抗型の議会運営を批判し、議会が本来担うべき公開・批判・提案の機能は、野党会派のみならず、議会が「機関」として担うべきであると、機関対立の原理の作動を重んじた二元代表制の認識と運用について新たな論点を提起したのである（＊「自治体代表機構の活性化と政党」篠原一編著『ライブリー・ポリティクス』総合労働研究所、一九八五年所収論文。本書［4］八九頁の「附」を参照）。

これによって「二元代表制」という用語の含意が変化したわけではない。二元代表制の制度原理は、首長と議会という、それぞれが独自の対市民責任をもつ対等な機関の緊張ある関係にもとづく制度運用であるから、その前提として両機関の対等性が理論的・制度的に確立していなければならない。その意味で、かつては議会にたいする首長の自立性が、次いで今日、首長にたいする機関としての議会の自立性の確立が求められるようになったということである。これによってようやく本来的な二元代表制の原理に即した代表制の運用が期待できるようになった。

二元代表制は国の議院内閣制とどのように違うか。議院内閣制における国会の機能はまず与野党の形成である。これをめぐって政党政治が必然化する。多数派は首相を擁して党と内閣が一体になって政策を推進し、野党はそれにたいする批判・提案をとおして次期政権の獲得をめざす。それゆえに国会には与党による首班指名と野党による批判という二つの大きな機能がある。

与党が少数になれば政権交代が起きる。けれども自治体の議会には首長指名権はなく、市民が決めるのだから、たとえ議会のある勢力が与党会派と称しても少数の場合も全部の場合もあればゼロの場合もある。会派が存在しない議会もある。要するに自治体の二元代表制では、与野党とはいっても、首長にたいする単なる好き・嫌いによる議員区分けにすぎず、したがって何ら制度必然的なものではない。そうであれば議会の最大の機能は機関として批判的・提案的機能を担うことになる。この機能の発揮がなければ自治体議会の存在意義は著しく乏しくなる。

ではどのように機関対立（「対立」の語感に違和感がることから近年は「機関対抗」「機関競争」「機関緊張」などとも表現される）を作動させるか。たとえば、最初の議会基本条例を制定した北海道栗山町議会の同条例は、「二つの代表機関（首長と議会）は、ともに町民の信託を受けて活動し、それぞれの異なる特性をいかして、町民の意思を町政に的確に反映させるために競い合い、協力し合いながら、栗山町としての最良の意思決定を導く共通の使命が課せられている。」と述べているが、ここには的確に二元代表制の基本原理が表現されている。

首長と議会は広義にはともに市民の代表機関だが、狭義には、首長は自治体全体をまとめる「統合機能」の発揮が期待される独任制の機関であり、一方、議会は市民の多様な意思の「代表機能」に長けた合議制機関である。これが「異なる特性」である。議会はこの特性をふまえて首長との緊張関係を維持しながら、また議員相互間の議論を活性化させながら、政策上あるいは自治体運営上の論点・争点を明らかにする「討論のヒロバ」にならなければならない。

議会の本質は「討論のヒロバ」である。議会には予算や条例の決定権をはじめ自治体における枢要な決定権を多数もっている。議会は決して弱い存在などではない。けれども、決定は決済のための形式的な行為で、決定内容の良し悪しとは別の問題である。議会が良い決定ができなければ、首長は良い執行ができない。だからこそ、良い決定を導き出すためにそれに先立って、議会は首長が不得手な論点・争点をあらいざらい表出する討論が欠かせないのである。

さらには「課題発見→政策立案→政策決定→政策執行→政策評価→課題発見」という、政策過程に着目すれば、議会はどの局面に関しても縦横に問題点を指摘することができる。その意味でいえば、「機構分立」(議会と首長)と「機能分立」(決定と執行)を結合させて、「議会＝決定」「首長＝執行」という、従来型の短絡的な代表制イメージも再考を余儀なくされる。機構分立と機能分立は「過程分立」という発想をふまえてこそ実質的な意味をもつと考えなければならない。

もう一つ論点をくわえておこう。各地の議会基本条例には、首長が議会に政策提案する場合にクリアすべき条件を課している。すなわち、政策のそもそもの発案者、行政が検討した代替案、実施した市民参加の内容、他の自治体における類似施策の内容の検討、総合計画上の根拠、関連する法令や条例、政策に要する財源の構成、将来にわたるコスト計算などの項目の開示を求めている。これも議会が「討論のヒロバ」して政策上の論点・争点を明らかにするためには不可欠の課題である。

この行政チェック機能は、総合計画や政策策定の拙劣な現状から、直ちに実体化するのは難しい面もあるが、議会がこれに執着すれば、行政の緊張度は高まり、結果として首長と職員の政策能力を高めることになる。また、これも各地の議会基本条例が示すように、議会と市民の交流が試みられるようになったが、議会が市民意思を受け止めても、上記のような首長と議会の関係が形成されなければ、その市民意思を自治体政策に反映させることはできないであろう。

＊（追記）二元代表の「異なる特性」の指摘は西尾勝氏の、また「過程分立」は松下圭一氏の着想である。これにかんしては拙著『増補　自治・議会基本条例論』（公人の友社、二〇〇九年）参照。

4　どうすれば議員間討議は可能になるか

自治体を運営する主体は市民・首長・議員・職員の四者である。したがって議会が「討論のヒロバ」であるためには、この四者が直接・間接にこのヒロバに登場しなければならない。議会基本条例はその登場の方法を具体的に制度化することを基本にしている。市民と首長についてはすでに述べたとおりであり、職員についても直接的ではないが、議会と首長との関係から間接的な、しかし大きな影響を受ける。残った課題は議員と議員の関係の問題である。

議会は議員によって構成されているにもかかわらず、議員どうしの議論がほとんどないという、信じがたい状態が続いてきた。議会が審議する議案の提案がほとんどの場合首長がおこなう、提案者である首長にたいする議員の質問が中心になり、議員相互の討論が育たなかったという説明がなされる。けれどもこれは議員間討議をおこなわない理由にはならない。提案者か誰であれ、それを受けて議員の討議によって、提案内容を精査したり、議論すべき論点を整理・公開する作業を介在させれば、どのようなことがらについても議員間討議は必要になる。

それをおこなわずすべて議員の個人技に委ねたために、従来の議会は「機関」としての姿が見えなかったのである。いわば「議員あって議会なし」の状態だったといえる。あるいは議員の「合議機関ではなく集合機関」にすぎなかったということもできよう。審議事項について、議会の政策提案をふくめて、議会としてあるいは委員会として、メモ一枚であっても討議の節目節目で論点・争点を「まとめる」作業を慣習化しないかぎり議員間の自由な討議は成立しない。

もちろん提案者が議員や委員会の場合は議員間討議が不可避となるから、議員・委員会提案を増やすことは大切であるが、首長提案であっても先に触れた行政チェック基準に即して議員間討議により論点を整理する必要がある。そのうえであらためて首長と議会は向き合うべきである。栗山町議会基本条例は「議長は、町長等に対する本会議等への出席要請を必要最小限にとどめ、議員相互間の討議を中心に運営しなければならない」と正当に規定している。逆にいえば、首長など執行部が常時出席しなければ議論が成立しない議会は正常とはいえない。

多くの議会基本条例は議員間討議の推進を謳っている。けれども現実はあまりすすんでいない。首長提案であっても議員間討議によって論点を煮詰めれば、承認、修正、否決、新規提案など、さまざまなかたちの議会の対応が可能になる。質問や追及が新政策を生む場合もある。ひろい意味ではどれも議会の提案であって、自身の手で条例案を作成したりすることだけが議会提案なのではない。その意味では実質的な「議会提案」の内容をもう少し市民に見えるように工夫すべきである。

見えない議会にたいする評価はよくてゼロである。不祥事などが発生して大々的に報じられるとたちまちマイナスに転じる。これまでの議会はマイナスとゼロの間を行き来して、プラス評価されることは少なかったといっても過言ではない。それが議会基本条例を中心にした議会改革で機関としての議会の活動の姿が少しずつ見えはじめた。議会が機関としての力を市民にたいして見せることができるようになったとき、議員個人にたいしても正当な評価がなされるようになる。

5　議会改革と自治体再構築の展望

最後に今後の議会改革に二つほど論点を指摘しておきたい。

第一は自治体の規模の問題である。ここ数年の議会基本条例の制定を中心とした議会改革を一瞥して、小規模な自治体の議会と比較して大規模自治体の議会改革は一部を除いて進展が遅いことに気づく。大規模自治体の議会は会派を形成するが、この会派間の利害得失をめぐる駆け引きから改革の合意が形成できにくいようである。会派は、とくに大規模自治体においては、政党活動とも重なってそれなりに世論の集約機能があり、また議員数の多い大規模自治体の議会では議会運営上の効率性の確保の観点から、これを否定することはできないだろう。けれども、会派の活動は日常的に市民から見えないし、議員選挙に登場するわけでもない。そうした会派が議会運営や議案の扱いにおいて大きな影響力をもってくると、議会基本条例で市民に開かれた議会運営のさまざまなルールを定めても実際には形骸化してしまう。会派が「政策集団」であれば、会派活動の透明度を高めることはもちろん、さらには会派が議会の意思決定において議員個人の意思を拘束しないことを議会基本条例に明記する必要がある。

また政令指定都市のような大規模自治体は、政策領域別のタテ割り行政が支配的で、面（たとえば区）からの政策構想が生まれにくい。この難点を克服して市民とともに政策を構想する区への転換をめざす指定都市が増えている。議会もこの流れを確かなものにするために、従来のタテ割り行政を束ねて所管する常任委員会にくわえて、区選出議員による地域別常任委員会を設置し、面に着目した行政と政策のチェックをおこなうなら、議会への市民参加もより実効性をもつだろう。

第二は自治体再構築の展望である。議会改革は議会内部の改革に止まらず、自治体を再構築する問題意識のもとにすすめなければ意義が乏しくなる。地方分権時代とはいえ、行財政が縮小する時代でもある。このような厳しい環境をふまえて自治体を再構築するために、自治基本条例が各地で制定されている。けれどもこの自治基本条例にもとづいて、その内容を具体的に展開する関連条例が整備されなければ実効はあがらない。議会基本条例はこの基幹的な関連条例である。

自治体は地域の公共課題を政策で解決するために設立される地方政府である。その政策の基本枠組みが総合計画だから、計画手法の革新とあいまって、関連条例として総合計画条例を制定するなら、議会は計画事業の継続・修正・廃止・新設をめぐって、手ごたえのある政策活動を試みることができる。総合計画の議決に止まらず、議会自身の手による「総合計画の策定と運用に関する条例案」が作成されるところまできている。

（市政研究二〇一一年七月号）

［15］　自律自治体の形成と議会改革（二〇一〇年）

はじめに

第一次分権改革の制度設計を担った地方分権推進委員会が、二〇〇一年の最終報告において指摘した、今後の地方分権改革の六つの課題において、税財政の改革や義務づけ・枠づけの緩和、権限の移譲などの政府間関係にまつわる改革課題に比して、「住民自治の拡充」は五番目にあげられ、当面の改革における優先度は低かった。これにはそれなりの理由があったと推測される。

第一は、機関任事務の廃止にともなって自治体の事務概念が変更され、自治体がおこなう事務はすべて「自治体の事務」となったが、法令による義務づけ・枠づけをそのままにし、また財源の保障ともリンクしない自治事務化は、条例制定権の活用をふくめて自治体の裁量の余地をそれほど拡大するものでも、使い勝手がよいものでもないことが当初から予測された。そのため「住民自治」は当面、現行体制で間に合うと考えられた。要するに緊急性が薄かったのである。

第二は、住民自治という事柄の性質に起因する。地方分権の進展にともない自由度を拡大する自治体が、どのように民主的かつ自律的な自治体運営に習熟するかは、現行法制下においても相当程度実現可能である。もちろん地方分権が進展すれば、法制度的な側面からの住民自治の拡充は欠かせないが、それは自治体の主体的な実践経験の成果にたって構想されるものでなければならない。その意味で、住民自治の拡充は自治体の自己改革がまず先行すべき領域と考えられた。

以上は筆者の認識である。それから一〇年を経て第二次分権改革が進行中の現在、地方分権改革推進委員会の第三次勧告が提起した法令による義務づけ・枠づけの見直し作業が継続され、またその一部分については関係法律が改正される段階を迎えている。今後、法令による義務づけ・枠づけが廃止あるいは条例基準へ移行すれば、それにともなって自治体の自主的な法務体制の整備が、自律自治体の形成に向けた「住民自治」の拡充強化の一環として急がれることは論をまたない。

本誌編集部からは、義務づけ枠づけの緩和にともなう自治体議会の課題について論評を求められた。けれども、この要請に直接的に言及することは難しい。なぜなら、義務づけ枠づけの緩和は、法令と条例の関係改革とともに条例をめぐる首長と議会の関係改革という二重の問題が存在するからである。そこで遠回しではあるが、自治基本条例、議会基本条例、総合計画条例を素材にしながら、近年の自治体自身による新たな「住民自治」の試みを取り上げて、議会の可能性を探りたい。

1　自治基本条例の普及

自治体の憲法とも称される自治基本条例が二〇〇一年に北海道のニセコ町で初めて制定されてから一〇年が経過した。現在、正確な制定数はわからないが二〇〇前後には達していると推定される。憲法や地方自治法が規定する自治体運営の大まかな枠組みのなかで、過去四〇年、自治体は独自にさまざまな制度を開発し共有してきた。ある意味でそれらを集大成したものが自治基本条例ということができる。

自治基本条例には、情報公開、市民参加、総合計画、財務会計、政策評価、議会運営、住民投票、オンブズパーソンなどのさまざまな制度が盛り込まれている。これらの制度は、時には国の省庁と緊張をはらみながらも、法律の外で自治体が独自に開発したものである。今日では、たとえ理念のレベルにとどまる自治体があるにせよ、これらの制度を欠いた自治体運営は考えられない。

その意味で、自治基本条例は、これまでの自治体改革の成果の到達点であるとともに、これからの分権時代の自治を構築する出発点をなすといってよい。自治体は自ら築き上げた「住民自治」の成果にもっと誇りをもってよいのである。効用は大きい。自治体運営の主体は政治上の主体である市民と制度の主体である首長・議員・職員の四者だが、すべての主体が自治体運営の基軸となるあるべき制度の全体像を共有し、また自己に課せられた役割を見通すことができる。

自治基本条例はまだ進化の途上にある。筆者は当初から「総合型自治基本条例」をめざすべきことを推奨してきた。すなわち、理念的な自治基本条例（個別型自治基本条例）の制定にのみ止まることなく、自治基本条例＋関連条例＝総合型自治基本条例をめざし、ことに自治基本条例において重要な関連条例の制定を義務化することによって、自治基本条例の実効性を高める工夫の重要性を指摘している。

現在、この総合型自治基本条例にもっとも近くまで到達しているのは多治見市であろう。同市は、情報公開条例、パブリック・コメント条例、行政手続条例、個人情報保護条例、市民投票条例、オンブズパーソン条例、公益通報条例、財政健全化条例などを次々と制定化し、また他の自治基本条例にも見られるように、総合計画を議会の議決事件に追加している。このような自治体運営の新たな体制構築によって財政危機も克服した。まさに自律自治体形成の先端を拓く営為である。

こうして自治基本条例は、質的にはいまや第二ステージに進化している。現在の多治見市の総合型自治基本条例の体系には、議会基本条例と総合計画条例はふくまれていないが、これについては後述するように他の自治体が先行している。けれども自治基本条例の関連条例としてこの二条例がくわわれば、総合型自治基本条例はほぼ完成の域に達すると考えたい。あえてくわえるなら、関連条例として、官製ワーキングプアを予防する公契約条例や企業などの地域貢献を評価する政策入札条例も考慮に値しよう。

今後における自治基本条例の重要な論点を一つくわえれば、大規模自治体における自治の稀薄性をいかに克服するかが問題となる。政令指定都市のような大規模自治体はタテ割り行政が支配的である。その弊害を防止するためには、域内分権とともに、総合計画で地域政策を明確にする計画手法とそれらの地域政策を議会がチェックするシステム（区選出議員による○○区常任委員会の設置など）が欠かせない。大規模自治体では、この種の基本システムがなければ政策・公開・参加は実効性をもちえない。これらについては川崎市の先端的な試みが注目される。

2　議会基本条例の効用

議会基本条例は、自治基本条例の基幹的な関連条例である。どちらかが先に制定されるにせよ、やがて両者は総合型自治基本条例の体系として整備されるべきである。議会基本条例は、二〇〇六年に北海道の栗山町議会が制定してから四年が経過した。すでに一〇〇をこえる議会が制定している。一九七〇年代以降、自治体運営の主体である市民、首長、職員は時代の流れのなかで自己変革を余儀なくされてきたが、最後に残った主体が議員・議会である。その議員・議会が議会基本条例の制定をとおして、ようやく自己改革の契機をつかんだのである。

議会の本質は「討論のヒロバ」である。議会には予算や条例の決定権をはじめ自治体における枢要な決定権を多数もっている。けれども、それは決済のための形式的な行為で、決定内容の善し悪しとは別の問題である。議会が誤った決定をすれば首長はよい執行はできない。だからこそ、よい決定を導き出すためには、それに先立って、論点・争点を多様に表出する討論が不可欠である。

そのため栗山町議会基本条例は「議会は、その持てる機能を十分に駆使して、自治体事務の立案、決定、執行、評価における論点、争点を広く町民に明らかにする責務を有している。自由かっ達な討議をとおして、これらの論点、争点を発見、公開することは討論の広場である議会の第一の使命である」と述べている。そしてこの認識は多くの議会基本条例に共通している。

議会は「決定」することにのみ満足するのではなく、課題発見→政策立案→政策決定→政策実行→政策評価→課題発見という政策循環あるいは政策過程に着目すれば、どの局面においても縦横に論点・争点を提起することができる。したがって、自治体運営の主体である市民、首長、議員、職員との関係において、どのように討論の場と方法を設計するかが、議会改革の中心的な課題となる。議会基本条例が討論のヒロバを形成することに力点を置いているのはそのためである。

市民と議会の関係では、双方向性の確立が重んじられる。議会から市民への情報公開としては、各地に多様な試みがあるが、議会の徹底公開、議員の質問内容の事前周知、議会主催の地域別議会報告会などが、また市民から議会への参加は、市民と議会が意見交換する一般会議の設置、議会の委員会における陳情・請願の代表者の意見表明と議員との意見交換などが、どこの基本条例にも書かれている。

従来の一般的な理解では、議会が議論する議案は「首長提案」と「議員提案」（後に「委員会提案」がくわわる）の二種類と観念されていたが、議会はいとも自然に市民の陳情・請願を「市民提案」と位置づけるようになった。市民との関係で個性を加味した議会基本条例もある。「陳情・請願」という、市民性を無視した表現自体を使わない議会もあり、また栗山町の議会基本条例では、議会の議決にかかわる町政の重要事項にかんして、議会が町民投票を実施できる規定を設けている。

首長と議会の関係にも転換が見えはじめた。議会が市民意思を受け止めても、首長の追認機関に止まる従来型の首長・議会関係のままでは、その市民意思は自治体政策には反映しない。この点でも再び栗山町の議会基本条例を引き合いに出せば、前文は「二つの代表機関（首長と議会）は、ともに町民の信託を受けて活動し、それぞれ異なる特性をいかして、町民の意思を町政に的確に反映させるために競い合い、協力し合いながら、栗山町としての最良の意思決定を導く共通の使命が課せられている」と述べている。

これは、町政全体をまとめる統合機能の発揮が期待される独任制の首長と、町民の多様な意思の代表機能に長けた合議制の議会を「異なる特性」をもった二種類の代表と見立てたうえで、二元代表間の持続的な緊張と協調のあり方を表現したものである。二元代表制は戦後自治制度の形成時から一貫して変わることのない自治体の政府構造だが、この制度の基軸となる機関対立原理が正常に作動することはなかった。その理由を述べるいとまはないが、その原理の作動が、議会基本条例の登場を中心にした議会改革によってようやく可能になったのである。

議会基本条例はこの原理にもとづいて、町長が議会に政策などを提案する際には、政策の発案者、行政が検討した代替案、市民参加の内容、他の自治体における類似政策の情報、総合計画上の根拠、関連する法令や条例、政策に要する財源構成、将来にわたるコスト計算などの項目を開示するよう規定している。また、総合計画などの諸計画を議決事件の対象としている。これらにより行政にたいする議会のチェック機能は実効性を高めるとともに、結果として行政の政策活動の質を上昇させる。

ここに記した議会のチェック項目は、どこの議会基本条例にもほぼ共通する規定であるが、概括質疑から一問一答方式への質疑方式の転換や首長など行政関係者への反問権の付与などとあいまって、議会における討議を活性化させ、論点、争点の形成に寄与しているといってよいだろう。また、これまで議会が首長の提案を否決することは不信任するに等しいという思いが首長にも議会の側にもあったが、議会基本条例の制定後は、各地で否決や修正が日常化しつつある。首長提案の否決や修正が議会の正常な働きと認識されるようになったことは意義ある変化である。

多くの議会基本条例には、議員相互の自由討議が規定されている。これは従来の議会がもっとも苦手としてきた問題である。議員の自由討議は、議論の結果を何らかの文章にまとめる前提がないかぎりなかなか成立しない。たとえば、議員提案・委員会提案の条例案や総合計画の執行部案にたいする議会の修正案を自由討議でまとめるなどである。通常の常任委員会でも、執行部の説明を受けた後、議会としての論点を文章で整理するために、議員の自由討議に切り替えたり、また、特定の課題については、公開で制約のない一般会議を活用することも可能だが、まだこのような方法に習熟するためには時間がかかると思われる。

ともあれ自治体議会は、試行錯誤を続けながらも、着実にその力量を向上させていると評してよいであろう。筆者は、自治基本条例の内容には、自治基本条例＝行政基本条例＋議会基本条例という二つの要素からなることを強調してきた。これにもとづいて、行政活動の原則や基準が整備されれば、議会基本条例における行政関連諸基準とあいまって、議会の行政監視機能はそれら基準の履行をめぐって具体的になるから、実効性も高まっていく。自治基本条例と議会基本条例の両方を制定する自治体が増加するにつれて、相乗効果も期待できるようになった。

3　総合計画条例の構想

筆者の管見のかぎりでは、総合計画の策定にかんして、計画案を諮問する策定審議会を設置する条例は多くの自治体が制定しているが、総合計画の策定と運用を全般的にコントロールする計画規範条例を制定した自治体はまだないようである。けれども、この条例も近日中に陽の目を見ようとしている。総合計画条例は議会基本条例と同様に、総合型自治基本条例における基幹的な関連条例になることはいうまでもない。初発の総合計画条例は、栗山町議会が自ら案を作成中であり、本年の六月の定例議会で制定される見通しである（＊同条例は二〇一三年四月に施行された。本書の［10］参照＝追記）。

自治体は、地域社会の公共課題を政策で解決するために設立された政府であり、その政策の基本枠組みが総合計画である。したがって、総合計画をないがしろにする自治体は、市民と地域をないがしろにするに等しい。自治体の総合計画は四〇年ほどの歴史をもち、今日では総合計画を策定していない自治体はない。けれども、その総合計画がほんとうに地域づくりに貢献しているか。その問い直しがいま各地ではじまっている。それには二つの理由がある。

第一は財政の問題である。国と自治体をあわせたわが国の累積債務は九〇〇兆円に達しようとしている。実にGDPの一九〇％に相当し、日本はギリシャに次いで先進国では最悪の借金大国である。国の財政は破たん寸前であり、自治体の財政も今後長期間、窮迫した状態が続く。経済成長はよくても二％前後だから税収の増加は期待できない。その一方、少子高齢社会における新政策や都市施設の更新などのために財源が必要になる。行財政の縮小と新たな政策需要への対応という二律背反をどう調整するかが自治体運営の最大の課題となっている。

第二は地方分権の問題である。わが国は官治集権型から自治分権型の政治行政への転換の最中にある。権限や財源を自治体に移す地方分権がすすんで、国の自治体にたいする統制が緩めば、地域づくりは自治体の責任でおこなわなければならなくなることはいうまでもない。自治体が自らの政策のために自由を獲得するのが地方分権である。けれども、第一で述べた理由から、それに要する自治体の財源は基本的に豊かにはならない。変化するのは使途が自治体の自由になる点である。

これからの自治体は、このような行財政縮小と地方分権という二つの条件のもとで自律的な運営をしなくてはならない。すでにみた自治基本条例や議会基本条例の試みの普及は、そうした自治体運営への転換を象徴する自治体の自主的な営為であるが、総合計画を自治基本条例の中核に位置づけ、「総合計画に記載のない政策は予算化しない」と計画と予算の原則を明記する自治体も登場し、また総合計画を議会基本条例で議決事件にし、策定に議会が深くかかわるところもある。

これまでの総合計画は実効性に乏しかった。多くの場合、基本構想、基本計画、実施計画という三重の計画で構成しているが、基本構想は美辞麗句の作文、基本計画は分野別の概略的な政策指針だが、別に実施計画をつくるため最初から空洞化、そして実施計画は時々の思いつき政策や補助金などから、定見のない予算の論理に振り回されてきた。要するに総合計画は「あってもなきが如し」だったのである。それでも自治体は、右肩上がりの経済と財政に支えられて仕事ができた。

けれども、上述のように時代は大きく変化した。少ない財源を「選択と集中」によって、厳選された地域づくり政策に効果的に投入するためには、総合計画を自治体運営の中心にすえることを基本に、策定における徹底した情報公開と市民・首長・議員・職員の合意形成、運用における財務・法務・評価などの原則をしっかりルール化する必要がある。こうした総合計画の先端を走るのは、一九七〇年代から現在に至る「武蔵野市モデル」とそれをさらに進化させた「多治見市モデル」だが、栗山町議会はこれらに学んで上記の総合計画条例を制定することにしたという。

これらの先進自治体の計画手法に共通するのは、三重層計画の一本化、実施計画と展望計画の構成、首長の選挙公約との接合、計画の議会審議と議決、計画の柔軟な修正、個別施策・事業の進行管理、計画関連制度の整備などである。このうち関連制度の整備にかんして付言すれば、計画関連制度とは、公開、参加、財務、法務、評価などであり、総合計画のシステムをふくめて、これらのシステムは自治基本条例の主要なアイテムでもあるところから、すぐれた総合計画条例の制定は「生ける自治基本条例」を実現する最短距離であることが理解できよう。

栗山町議会では、総合計画の「総合」の意味を再考している。総合とは、実施または展望する政策の総合化のみならず、重層計画を一つの計画に総合化すること、政策の前提となる行政適正化と財政健全化のプログラムを組み込むこと、計画の実効性を高めるため関連制度を整備することを意味すると強調する。いわば総合計画の総合とは、四つの総合化の総合である。それだけに総合計画を見れば当該自治体の自治水準がわかる時代に入りつつあることを指摘しておきたい。

現在開催中の通常国会で、法令による義務づけ・枠づけ緩和の一環として地方自治法の改正がおこなわれ、基本構想の策定を義務化した条項が削除される。基本構想が、地域における総合的かつ計画的な行政の運営を図る目的のために法定化されたのは一九六九年であった。今日の一般的な総合計画のスタイルすなわち三重層計画は、基本構想の法定化にともなう自治省通達、さらにはこの二つが拠りどころとした市町村計画策定手法研究会報告の三つを指針にして形成されたものである。

報告書と通達をあらためて読めば、国や県の上位計画に配慮して策定すべきこと、原案は執行部が作成するのが望ましいことなどと、古き時代の古き自治観を彷彿とさせる表現がある。三重層計画は計画の理念の普及には貢献したが、その手法の拙劣さもあって実効性には乏しかった。したがって、基本構想が法律上では廃止になっても実害が生じるわけではない。むしろ、自治基本条例に策定の根拠を置く総合計画として、また、総合計画条例を制定して策定と運用をコントロールする自前のシステムとして再構築するよい機会と見るべきであろう。

おわりに

自治基本条例、議会基本条例、総合計画条例をめぐる動向を取り上げて、その意義を概説してきた。ここで述べたかったことは、それらの営為をとおして自治体は、自律自治体の形成に向けて成果を積み重ねているということである。自治体は市民参加、総合計画、財務・法務、政策評価、住民投票などのそれぞれの歴史を見てわかるように、最初は少数の試みであっても、普遍的な意義を有するものは時間をかけて自治体一般に波及していく。これは戦後自治の経験則である。

上述した三つの条例についても同様である。問題はむしろ、自律自治体の形成に向けて自治体自身が築きつつある「流れ」と、国レベルで構想される分権改革の「手法」がはたしてマッチングしているかどうかが問われているのではないか。たとえば、自治体の施設・公物にかんする国の設置基準、自治体の事務にかんする国の関与、計画の策定や手続にかんする自治体への義務づけなどが廃止や条例基準に移行しても、それだけで自治体の政策展開が自由になるわけではないだろう。

条例基準への移行は好ましいことではあるが、政策形成・実行の全体においては一つのツールの変更にすぎない。

どの程度の基準を設けるかはまさに自治体の政策判断だが、その判断は財源の見通しや政策の優先度の如何によっても左右される。要するに、権限と財源の変更がパッケージで示されなければ、自治体における政策論議にはなりにくい。残念ながら現在のところ、法令による義務づけ・枠づけの変更が、補助金の一括交付金化や地方交付税の見直しと連動しているとは思えない。

効果が読めない改革は分権改革の最大の敵ではないか。その点で筆者は第一次分権改革の議論の初期のころ、「パッケージ分権」を提唱したことがある。さまざまな政策領域をグルーピングして、そこに関係する法令や各種基準、補助金・負担金、あるいは地方交付税の測定単位と単位費用で計算した金額などの政策資源をすべて統合し、そのパッケージごとに国と自治体の役割分担、それにともなう権限と財源の配分を総合的に検討し、まとまったところから順次実行に移す方式である。

そのプロセスにおいては、当面、パッケージごとの包括補助金（一括交付金）と地方交付税の二本立てになるが、改革が進めば包括補助金のウェートが増していく。最終局面では、積み上げた包括補助金のパッケージをはずして、配分基準を単純化・自動化した新しい地方交付税制度に改編するという構想であった。この構想の是非はともかく、国と自治体の役割分担と権限・財源配分がどう変わるのか、政策分野ごとの総合的かつ具体的な改革の姿を国民に示せないかぎり、国レベルの分権改革が自律自治体の形成に向けた自治体の営為と接合することは難しい。

（都市問題二〇一〇年六月号）

［16］ 大都市自治の再構築──区制から区政への転換　（二〇〇九年）

大都市自治体の増大

五大市と府県の妥協の産物として、特別市に代わって誕生したのが現行の政令指定都市（以下「政令市」という）である。一九五六年の発足からすでに半世紀の時が流れ、その数は発足時の五市から増え続け、とくに平成の大合併を機に急増して現在は一八市におよんでいる。また、一九九五年には政令市に準じる中核市が、二〇〇〇年には中核市に準じる特例市が創設されて、これらを合わせたものが「大都市制度」とされている。

いうまでもなく大都市は人口基準で指定されるが、全国人口比で、一八の政令市は二〇％、四一の中核市は一四％、同じく四一の特例市は九％を占める。全国一八〇〇市町村の五・六％にすぎないこれら一〇〇市で全国人口の四二％を占めているのである。府県人口比では、神奈川県のように三種の大都市が八三％を占めるところもあり、また、宮城県、神奈川県、静岡県、京都府、大阪府、広島県、福岡県では、政令市だけで四〇％から五七％にも達している。全国、府県レベルともに人口の大都市集中の凄まじさをうかがわせる。

人口が集積して大都市地域を形成するのは社会経済の実態だが、政令市などは地方自治の制度としてつくられる。制度が実態に相応しているか、あるいは相応させるべきなのか、また、その制度は基礎自治・市民自治を体現しているかと問えば、そこには悩ましい問題が数多く伏在している。大都市の社会的経済的な実態を想定すれば、政令市内の周辺地域とその外周に位置する市町村を制度的に区別する必然性はうすくなる。逆に政令市の市域をむやみに拡大すれば、併合される地域をふくめての市民自治は危うくなる。

大都市の行政区は市にして、その市と、市が授権する限定された共通政策をおこなう連合自治体から成る制度に改編するというのが私の持論である。区が市となることによって自立性と自律性を回復するとともに、周辺市町村も自主性を損ねることなく連合自治体にくわわることができる。特別区も市になって連合自治で上下水道・消防などの事務をおこなえば、多摩の市とも連携がしやすくなる。けれども本稿では大都市制度論には言及しない。

さて、合併して政令市が続々と誕生するのは、基礎自治体として最大限の権限と財源が約束されるからであろう。基礎自治体の権限配分は、政令市・中核市・特例市・一般市・町村と五つにランクづけられている。このような基礎自治体のランクづけは日本の地方自治の特色の一つだが、平成の合併によって市町村は一ランク上がるよう指導されてきた。町村は一般市に、一般市は特例市に、特例市は中核市に、中核市は政令市に「昇格」すれば、権限面における分権効果が享受できるというわけである。

政令市は都道府県事務の約八割を所掌するといわれている。このようなハイレベルの権限状況から、政令市は「実質的には県と同格」とか「県のなかの県」とかいわれることもある。税制面を別にすれば、今日の政令市は幻に終わった特別市の再来を思わせないでもない。団体自治の観点から政令市は強力な基礎自治体ということになる。私は政令市の市民だが、日常生活で道政との直接的な接点を意識することはない。道道でさえ市が所掌するから、日常、道を意識するのはせいぜい道庁の建物と道立高等学校くらいであろうか。

その一方、住民自治の観点からいえば、政令市はさまざまな問題をかかえている。私たちは日常生活で市から多様にサービスを受け、またルールの遵守を求められるが、ほとんど市民自治を実感することがない。そこには基本的に二つの問題がある。第一は大規模な人口と行財政の問題であり、その規模と規模に起因する複雑性に対応しうる市政運営の手法が未熟なこと、第二は、とくに市政は都道府県以上の強固なタテ割り行政に支配され、市政が生活実感としてだれにも見えやすくなるはずのヨコ割り行政が不全なことである。

大都市自治の病理現象

札幌市民の私にしても、「市政は何を基本として運営されているか」と問われても正鵠を射た回答をすることはむずかしい。憲法や地方自治法にもとづいて市民が直接選挙した市長と議員という「代表」がおり、その代表を補佐し市民を「代行」して仕事をするために税金で雇われた職員がいる。せいぜい、こうした代表と代行が市政を運営しているのだろうと答えるしかない。市民は選挙のとき以外は市政とあまり関係がなく、まさに代表と代行まかせの「お任せ民主主義」あるいは「観客民主主義」が偽らざる実態である。

自治体を運営する主体は四者である。まず主権者すなわち「政治主体」である市民（場合によっては法人市民をくわえてよい）、そして制度上特別な役割を担う「制度主体」としての市長・議員・職員。この四つの主体が市政運営を担うのだが、それぞれにとって市政はどのように認識されているであろうか。あるいは誰が全体を把握しているのだろうか。このように考えると、結論は「だれにも見えない市政」ということになる。

たとえば札幌市長は、一般会計・特別会計・企業会計をあわせて一兆四千億円が投入される千数百種の事業の詳細を知る由もない。また、一万五千人の市職員のうち氏名まで覚えられるのはせいぜい三百人前後であろう。これは市長の能力の問題ではない。全体を掌握することは行財政規模の大きさから物理的に不可能なのである。それでも選挙で選ばれる市長には対市民責任がある。ではどうすれば市政全体をコントロールできるか。市長はこの問題と正面から向き合わなければ自治体の民主主義は虚構になる。

議員はどうか。一〇の行政区を選挙区として六八人の議員が選出される。この選挙構造から議員は選挙区市民の利害を代表する側面が強くなる。けれども議会にはそうした議員の特性をいかす区ごとのヨコ割り活動の装置がない。その一方で、議員は全市の代表として行動することが求められるが、議会活動の中心となる常任委員会（総務・財政・文教・厚生・建設・経済）は行政の部門別のタテ割りに即して設置される。結局、議員も市政全体（局のタテ割りの総合と区のヨコ割りの総合）を十分に認識できない状態におかれている。

職員は、完全にタテ割り組織のなかで仕事をする。札幌市は、市長部局の局・区だけでも五〇〇前後の課（長）が存在する。そこに配属され大多数の職員は、細分化された組織に埋没してひろい視野から市政の課題を認識できない。長年の私の観測では、人口一五万人の規模を超えると一般の職員は市政の課題をトータルに説明できなくなるようである。この点は、中・小規模自治体の一般職員とは明白な対比をなす。とくに政令市の職員は、区役所に配属されたとしても、所管区域内の政策課題がわからない。

制度主体がそのようであるから、まして市民一般が市政をほどよく認識することは困難である。くわえて上述のように政令市には面を総合するヨコ割りの政策機能が未発達だから、市民は自分の住む区についてさえ、なにが課題となっているか理解することは難しい。市民の市政情報の多くはマスコミに依存している。そのマスコミ情報は不正などの事件的記事が多いから、勢い市民の市政イメージは暗いものになる。市の文書には「市民参加」「情報共有」「協働」などの文言があふれているが、市民の実感とはかけはなれている。

では、大都市はどのようにして市民合意を調達してきたか。もちろん最終的には議会という市民代表による制度的決済機構があるが、市長提案の正当性確保の第一は、タテ割り行政における分野別政策領域に即して設置する各種審議会の提言などであり、次いで、地域政策課題については連合町内会など地縁団体の役員の同意に依拠してきた。けれどもこのような方法に依存した行政運営は、しだいに限界を迎えることになった。

見える自治への挑戦

だれの目にも全体が見えない大都市自治について述べてきたが、これは主体個人の能力や資質に帰せられる問題ではない。私は、政令市のような大規模自治体をジャンボ・ジェット機にたとえる。大型機は小型機のような有視界飛行は無理で、多数の計器を見て安全確認する計器飛行となる。これと同じように大規模自治体は、計器に相当するさまざまな運営の仕組みを巧みに開発・整備しなければ健全な運営ができない。上に述べたように大都市では仕組みをとおさなければだれの目にもその全体像が見えてこない。

必要な仕組みを整備し、その正常な作動を確認することで各主体が認識を共有し、自治体を統合する。この課題にたいする今日的な到達点は、自治基本条例の制定である。総合計画、市民参加、市民投票、情報公開、政策評価などの文言が地方自治法には存在しないように、法律だけで自治体は運営できない。やはり自前の運営ルールが必要である。すでに一二〇余りの自治体が制定しているが、見えない大都市ではとくに制定の緊急性が高い。

私自身も二〇〇三年に札幌市を想定して自治基本条例私案の作成を試み、理念条例ではなく、基本条例＋関連条例というかたちの総合型自治基本条例をめざすべきこと、また、総合計画と議会改革を軸に関連制度を整備することによって「生ける基本条例」になりうることを示した（拙著『増補　自治・議会基本条例論』公人の友社、二〇〇九年参照）。現在のところ政令市では川崎市、静岡市、札幌市、新潟市が制定している。なかでも川崎市はこの条例にもとづいてチャレンジングな市政改革をすすめており、学ぶべきことが多い。

私案作成の際とくに着目したのは次の点である。

市は地域の公共政策を実現するために市民がつくる政府であり、その政策の基本枠組みが総合計画である。総合計画の策定・運用には、参加・公開・財務・法務・評価などの諸制度の整備が不可欠である。議会もまた計画を議決事項にして、策定と運用に参画する。総合計画には分野別政策と行政区別計画をふくむ。これに対応して行政組織は分野別政策を所掌する本庁組織、行政区別政策を所掌する区役所組織、計画・財務・人事など行政全体かんする政策を所掌する全庁組織の三部門に大別し、相互間の均衡と抑制がはたらく組織体制を築く。このような体制を構築するうえで、とくに行政区別の地域政策機能の確立が重要な課題となる。

自治型区政への転換

政令市の自治基本条例をみると、静岡県を除いていずれも行政区を重く位置づけている。共通する内容は、区における効率的なサービスの提供、政策課題の把握、市民参加の場の形成などである。札幌市は区役所と八七か所に設置した「まちづくりセンター」を拠点に市民のまちづくり活動を支援、川崎市は区ごとに市民による「区民会議」を、新潟市も区ごとに区自治協議会（地方自治法）を設置して、区における政策課題を協議する。

これらの条文からは、区を重視する方向は明瞭に読み取れる。なかでも、もっとも意欲的な取り組みを見せているのは川崎市で、「総合型」「自律型」の区行政の展開をめざす同市は、総合計画に関連づけた行政区別計画の策定をはじめ、民間人区長の選任、「区民会議条例」の制定による区民会議の展開、行政が区民会議の提起する課題の解決に対応するために区と局の調整方法などを定めた「区総合行政推進規則」を制定している。

区民会議は、一九七〇年代半ばにいくつかの政令市で試みたが、市民活動が未成熟であったことや参加の受け皿となる地域行政の体制が整備なされなかったことから継続的な発展をみることができなかった。いま川崎市が試みていることは、市民活動の成熟とあいまって、行政の側からもそれを克服しようとする今日的な先端の努力ということができる。自治基本条例の制定がない他の政令市でも類似の試みが模索されつつある。

区が本庁の単なる出先機関でなく、市民とともに政策を構想する区への転換をめざすなら、議会もこの流れを確かなものにするために、区選出議員による「〇〇区常任委員会」を設けて、市民と行政の政策活動に対応すべきであろう。区は自治体ではない。だから市民は行政が「〇〇区民」と呼ぶことに違和感をおぼえてきたが、区が市民・行政・議会による政策の場への転換、すなわち自治型の「区政」に変化するなら、そうした違和感は払拭される。これは大都市自治の進歩を示すひとつのバロメーターといえるかもしれない。

（ガバナンス二〇〇九年五月号）

［17］住民に信頼される議会・議員とは？（二〇〇八年）

議会の可能性と過程分立

北海道の栗山町が全国初の議会基本条例を制定した二〇〇六年、私はこの年を「議会改革元年」と銘じた。これが契機となって本格的な議会改革が全国の自治体にひろがっていくと予測したからである（拙著『自治・議会基本条例論』公人の友社、二〇〇八年参照）。それから一年半、視察のため栗山町を訪れる議会関係者は二〇〇〇人（二三〇自治体）をこえる一方、すでに数議会が議会基本条例を制定し、また多数の議会が制定を検討しはじめている。

戦後日本の地方自治は、中央集権の体制下においても、政策・制度の開発にいどむ先駆自治体が次々に登場し、その牽引によって、全体としての自治体の力量を向上させてきた。これは戦後自治の歴史から読み取れる発展の経験則である。市民参加（横浜市）、情報公開（山形県金山町）、総合計画（武蔵野市）、政策評価（北海道）、オンブズマン（川崎市）などの初発の歴史を紐解くまでもなく、最初は一自治体の試みにすぎなくても、それが普遍的な意義をもつものなら、時間の経過とともに他自治体に普及していく。栗山町の議会基本条例もこの例にもれない。議会基本条例は今後確実に各地にひろがるだろう。

それでは栗山町議会基本条例における普遍性とは何か。それは議会が変わることによって自治体が変わる確かな道筋を示したことである。自治体の運営にかかわる主体は、政治主体としての市民と、自身市民ではあるが制度主体として市民信託の下で特別な役割を担う首長・議員・職員の四者である。議会改革をすすめて、議会を舞台に四者が緊張ある豊かな相互関係を築くとき、自治体が市民の自治機構として再構築される展望が開ける。

議会は予算や条例を議決する。自治体における枢要な「決定」の権限を数多くもっている。けれども決定は形式的な行為で、コトを前にすすめるために決済する手続の問題だから、決定内容の善し悪しとは別問題である。だから決定にはよい決定もあれば失敗を招来する決定もある。議会が誤った決定をすれば当然のことながら首長はよい執行ができない。だからこそ、決定という形式行為よりもよい決定を導くための過程が実質的かつ重要な意味をもつことになるのである。この点への着目が議会改革の第一の要諦となる。

そのことを栗山町議会基本条例は次のように述べている。

「議会は、その持てる機能を十分に駆使して、自治体事務の立案、決定、執行、評価における論点、争点を広く町民に明らかにする責務を有している。自由かっ達な討議をとおして、これらの論点、争点を発見、公開することは討論の広場である議会の第一の使命である」。

ここでは決定が議会の第一の使命とはいっていない。栗山町議会は、いみじくも議会は論点・争点を発見・公開する「討論のヒロバ」であり、それゆえに真の「情報のヒロバ」であると自己認識する。

これに関連して論点を付加しておこう。自治体の政府構成における「機構分立」（議会と首長）と「機能分立」（決定と執行）を結びつけて、議会＝決定、首長＝執行と短絡的に理解する硬直的な代表制イメージが一般化してきたが、このような論理の組み立てでは上に見たような議会の再構築はなかなかかなわない。そこで「機構分立」と「機能分立」を媒介する概念として「過程分立」が重要な意味をもつことをふまえる必要が生じる。

立案・決定・執行・評価という政策過程ないしは政策循環に着目すれば、議会はどの局面にかんしても縦横に論点・争点を提起することができる。否、議会にかぎらず市民・職員も論点・争点提起に参加することができる。このような過程に着目して首長と議会がそれぞれ批判と責任をめぐって応答する「過程分立」を媒介にしてはじめて、「機構分立」と「機能分立」は実質的な意味をもって復活することができる、と考えるべきである。

討論と情報のヒロバの設計

過程分立に着目して議会を「討論のヒロバ」「情報のヒロバ」と考えれば、次なる課題は「ヒロバの設計」である。上述のように自治体運営の主体は市民・首長・議員・職員の四者なのだから、この四者に着目して具体的に討論のヒロバを設計すればよい。栗山町の基本条例は、第三章・町民と議会の関係、第四章・町長（職員）と議会の関係、第五章・自由討議の拡大において議会と四者の関係を規定している。ここが議会基本条例の核心部分である。

もっとも重んじられるのは町民と議会の双方向性の確立である。議会主導で制定した情報公開条例はもとより、議員自身による町内各施設やコンビニにおける質問者の氏名と質問内容の掲示、議会のライブ中継、町民にたいする議会主催の議会報告会などは「議会から町民への情報公開」としての性格をもつ。一方、町民が議会と意見交換する一般会議の開催、町民の陳情や請願を「町民提案」として、その代表者が議会で意見を述べ議員と議論する機会の保障などは「町民から議会への参加」を制度化したもの、といえるだろう。

従来の一般的な理解でいえば、議会が審議する議案は首長提案か議員提案の二種類とされていたが、栗山町議会は、それらと対等に「町民提案」を位置づけている。また基本条例には公聴会や参考人制度の積極的な活用も規定している。議会が基本条例の制定に先立って、四年半にわたる議会改革を推進した動機は、「選挙のとき以外は見えない議員・議会」という町民の批判であったが、基本条例はこの批判に真摯にかつ具体的に応えている。

町長や職員との関係の改革も画期的である。議会基本条例は「二つの代表機関（議会と町長）は、ともに町民の信託を受けて活動し、それぞれの異なる特性をいかして、町民の意思を町政に的確に反映させるために競い合い、協力し合いながら、栗山町としての最良の意思決定を導く共通の使命が課せられている」と書いている。町政全体をまとめる統合機能の発揮が期待される首長と、町民の多様な意思の代表機能に長けた議会という、異なる機能をもつ二元代表間の持続的な緊張の確保と協調のあり方を見事に表現している。

この理念を具体化して、たとえば、町長が議会に政策案などを提案する際には、政策の最初の発案者、行政が検討した代替案、他の自治体における類似政策の情報、総合計画上の根拠、関連する法令や条例、政策に要する財源の構成、将来にわたるコスト計算の七項目を開示するよう求めている。また総合計画などの諸計画を議決事件の対象にしている。これらにより行政にたいする議会のチェック機能は格段に実効性を高め、また概括質疑から一問一答への質疑方式の転換や町長・職員への反問権の付与は、議会における討議をいっそう活性化させ、議会をとおした町政上の論点・争点を豊かに形成する。

基本条例にもとづく最新の議会活動としては総合計画の策定がある。議会は、財政健全化のため行政減量化や債務償還の明確化を主軸とした内部改革の数値化、総合計画にない施策は予算化しない原則の確立、財源構成をふくめた個別事業の実行を管理する進行管理シートの作成と公開、時代遅れの「発展」計画から洗練された「成熟」計画への転換をめざした計画名称の変更などを提案し、実現した。議会はこの提案をもって、町長が設けた計画策定審議会の委員と議場で意見交換（一般会議）をおこなったが、委員の大勢は議会提案の内容を支持した。ここまで議会が主導して総合計画を策定した例はほかにあるであろうか。

議員相互の関係を変える自由討議の制度化も重要である。基本条例は、議員相互間の自由討議をつくして合意形成に努めるとともに、町民にたいする説明責任を果たすとしている。そのために議長は、町長などにたいする「議会出席の要請を最小限に」とどめるとしている。本会議をふくめて一挙の実現は難しいにしても、執行機関の出席なしに成立しえなかった議会慣習からの転換は徐々にすすんでいる。前記の総合計画の策定における議会案の作成は、専門的知見の活用をふくめて、議員間の熱心な自由討議によってまとまったものである。

何が変わろうとしているか

これまで議会基本条例を中心に栗山町の議会活動を概観してきたが、とにかく第一にいえることは、見えない議会が見える議会に変身したことである。今日の議会は市民の目に見えない。見えないから市民から評価されない。見えないということは、よくてもゼロ評価である。そこに不祥事や内部のモメゴトなどが報道されるようなことになれば、たちまち深いマイナス評価に転じる。議会はゼロ評価とマイナスの評価の間を行き来するだけだった。

栗山町議会はそうした議会と議員のイメージを一変させた。四者関係のあり方を具体的に変えることで自らのあり方を変えたのである。議会が斬新な議会運営の手法をとおして、町民・町長・議員・職員の出会う討論と情報のヒロバに変わっていけば、議会と議員にたいする町民の評価が高まらないはずはない。栗山町では、議会にたいする町民の有効感・信頼感・期待感が増し、それとともに議会は町民の自治機構として再生された。

この変化を可能にしたのは、自己に厳しい責務を課す覚悟を議員が共有したからである。たとえば、町民にたいする議会報告会は議員個人の後援会とは違うから、いいことづくしのお得意先まわりではない。農業出身議員でも商工業者の集まりで報告しなければならない。だから町政の全般に通じる勉強をしていなければ、報告もできない。一問一答も事案について深い洞察力がなければ反問されたとき後が続かない。

このように絶えざる資質の向上がなければ議員の職は勤まらなくなるのが栗山方式である。けれども、資質の向上を個人努力に委ねるだけでは直ちに限界に突き当たる。そこで栗山町議会は、議会として議員の資質を磨く工夫を重んじる。たとえば、中長期的視点に立った財務や事務の調査・分析などは、町政全体の課題や論点を理解するうえでも、また議員が的確な公共判断をおこなうためにも欠かせない。専門的知見の活用も同様な意味をもつ。

議員は普通の人が選ばれるのだから出発点はアマチュアである。けれども、市民感覚をもって社会や自治体の先端的な知恵や技術を取り込まなければ、知識が劣化し知恵が枯渇してよい政策決定ができないから、議員になったあとも絶えざる学習が必要である。栗山町議会はそのような議員の資質向上の仕組みを周到に制度化している。議員相互は競争関係にあっても共通の学びの場をシステム化している議会は成長する。

次に、議員や議会の行動スタイルが変わることによって、首長と職員も変化を余儀なくされる。上述したように町長が議会に政策提案する際の七条件などはその最たるものである。条件を満たさない提案は議会が承認しないという予測が立てば、首長や職員はこれらの条件を満たすための政策活動をおこなうようになるのは当然の流れだろう。それが首長や職員の政策能力を高め、政策の質を高めることにつながることは多くの説明を要しない。

最初に栗山町の基本条例の普遍的な意義は、議会が変われば自治体が変わる道筋を示したことだと述べた。それは議会が討論と情報のヒロバに変わることで、議員はもちろん、市民・首長・職員が変わることを意味している。これはけっして難しいことではない。当たり前のことをやるだけのことである。当たり前とは普通の市民感覚に即した改革をおこなうということであり、これは議員が虚構の権威の重荷から自らを解放したときに可能になる。

栗山町議会が実践している内容は、難しい法律の解釈を必要としたり法律改正を求めたりするものではない。

議会にかんする法は憲法と地方自治法しか存在しないとしよう。そうしたら議会はどうするのか。これだけでは議会運営はできないから自ら運営のルールをつくるだろう。ところがこれまで、この自由の領域を法でもない画一的な考えに支配されてきた。議会は原点にもどって、自由の領域を取り戻し、個性的なルールを創設してほしい。

（ガバナンス二〇〇八年四月号）

［18］栗山町発・議会基本条例の意義（二〇〇七年）

はじめに

北海道の栗山町議会が二〇〇六年に全国初の議会基本条例を可決してから一年半がたとうとしている。これ以降の基本条例の制定は、湯河原町議会、今金町議会、伊賀市議会、三重県議会など数議会にとどまるが、制定予備軍は多い。栗山町議会事務局によれば今年中に視察者は一五〇〇人、一五〇団体をこえる予定という。ここから察しても、二〇〇一年にニセコ町から発した自治基本条例がそうであったように、議会基本条例を制定する議会は増えていくと思われる。

議会基本条例の意義については、本誌でも、制定の当事者である栗山町議会議長の橋場利勝氏をはじめ多くの論者（江藤俊昭・大森彌・松本克夫など各氏）が論評している。これらの論者は、栗山町の議会基本条例にたいして、①全国で最初の営為であること、②内容が優れかつ具体的であること、③今後の議会改革に大きなプラスの影響を与えるであろうこと、などと異口同音に高い評価を与えている。これらの評価には私もまったく異論はない。

私自身の議会基本条例の考察については、くわしくは橋場議長との共著『栗山町発・議会基本条例』（公人の友社、二〇〇六年）を参照いただきたいが、本稿では、紙幅の制約から、栗山町議会基本条例の内容と制定過程を概観したうえで、議会基本条例によって議会と議員がどう変わるかという議会自体の課題にとどまらず、議会が変わることによって市民、首長、職員をふくめて自治体がどう変わるか、という視点に重きをおいて議会改革の意義を考えてみることにしたい。

個別改革が先行した基本条例

栗山町議会は、議会基本条例の制定に先立って、四年半にわたり議会改革をすすめた。そこには次のような背景や動機があった。

第一は、分権時代への対応である。機関委任事務制度が廃止され、自治体がおこなう事務はすべて「自治体の事務」になり、議会の審議権と条例制定権がこれに及ぶようになった。二〇〇〇年分権改革では、二元代表民主制の枠組みに変化はなかったが、事務の性格変更によって、首長にたいする議会の地位は相対的に上昇することになった。このような分権改革にともなって、議員は自治体の自立と自律の責任に対応できる議会への改革を強く意識するようになったのである。

第二は、財政事情に起因する議会改革の要請である。議会は、定数を削減し、報酬の削減や日当の廃止などに積極的にも取り組んできた。けれども、改革がこの程度に終わるなら議会はジリ貧になる。問題はここからである。議会資源が縮小することと議会責任が増大することのギャップをどう埋めて、議会を再構築するか。議員は危機意識を共有して果敢に改革に挑んだ。

議会改革の要諦は、まず議会と町民との関係の改革で、議会から町民への情報公開と議会への町民参加がその基本になる。議会主導の情報公開条例の制定をはじめ、町内の三四施設でインターネットによる議会のライブ中継、議会から町民への議会報告、町民からも議会への批判や意見、町政にたいする提言などを聴く企画を毎年続けてきた。

陳情や請願の提出代表者を議会に招いて意見交換する。定例会前には、一般質問の発言者と発言内容をひろく町民に予告する「一般質問ポスター」を、インターネットによる公表のほか、議員自らコンビニ、町の施設など町内二〇ヵ所に貼り出している。これらの議会の努力が町民から好評をえたことはいうまでもない。議会は次第に町民の「身近な議会」に変身しはじめた。

議員の政策能力を開発するために政務調査費も積極的に活用している。会派は存在しないから政策課題別に班を編成して政策視察などをおこなう。もちろん使途は詳細に公開する。また、執行機関による予算案の調製過程で、議会と町長が意見を交換するほか、定例会における質疑も「一問一答」の方式に変えた。これにより町政の課題・論点・争点がいっそう明確になった。ごみ収集や保育所民営化問題など、町民参加を経て、しばしば町長原案を修正議決している。

以上は議会改革の一端だが、改革を三年継続したころ、議会内外で基本条例制定の話が浮上しはじめた。橋場議長によれば「これまで積み重ねてきた改革の内容を風化させることなく今後も安定的に持続させ、さらに必要な改革を継続するために、議会基本条例という法形式によって改革の理念と成果を制度化しておくのがよいと考えるようになった」というのである。

これは基本条例制定の正道である。一定の理念のもとに個別の改革を着実に試みて定着させ、その優れた議会慣習を成文法化するのが基本条例制定のあるべき姿である。でなければ「生ける基本条例」にはならない。自治基本条例も同じだが、「生ける基本条例」であるためには、各論や関連制度の整備が不可欠である。内容が具体的であることが基本条例の生命なのである。

議会基本条例の論理と構成

栗山町の議会基本条例は、全文と九章（第一章　目的、第二章　議会・議員の活動原則、第三章　町民と議会の関係、第四章　町長と議会の関係、第五章　自由討議の拡大、第六章　政務調査費、第七章　議会・議会事務局の体制整備、第八章　議員の身分・待遇・政治倫理、第九章　最高規範性及び見直し手続）から成っており、そこに二一か条の条文を配している。

この全体を概観したときの特徴を指摘したいが、まず前文に代表機関の役割を的確かつ簡潔に書いている。その一節を引用しよう。「二つの代表機関（議会と町長）は、ともに町民の信託を受けて活動し、議会は多人数による合議制の機関として、また町長は独任制の機関として、それぞれの異なる特性をいかして、町民の意思を町政に的確に反映させるために競い合い、協力し合いながら、栗山町としての最良の意思決定を導く共通の使命が課せられている。」

この「異なる特性」がカギとなる。独任制の町長は政策的なリーダーシップ（統合機能）を発揮しやすい反面、町政上の争点を形成したり、町民の多様な利害を反映（代表機能）したりすることは得手としない。多人数からなる合議制の議会には逆の得手・不得手がある。町長と議会は直接公選ゆえに政治的には対等な代表機関だがこうした異なる特性をもつ。この違いを活かして町民意思の的確な反映をめぐって競い合い、協力し合えば、最良の意思決定に到達できる。

このような認識に立てば、「最良の意思決定」を導く「討論」の場と方法の設計が最大の課題となる。議会の本質は「討論のヒロバ」であり、討論による論点・争点の形成によって「情報のヒロバ」となってこそ最良の意思決定を導き出すことができる。そこで栗山町の基本条例は、この議会の本質を実体化するために、町民（政治主体）と議員・町長・職員（制度主体）という四者の相互性を重視して討議の活性化の方策を講じている。これが議会基本条例の論理構成である。

議会と町民との関係では、すでに述べたこともふくめて列挙すれば、議会主導の「情報公開条例」の制定、議会の「ライブ中継」のほか、町民にたいする「議会報告会」の開催や、議会と町民が意見交換する「一般会議」の設置、また、町民の陳情や請願を「町民提案」として、その代表者が議会で意見を述べる機会を保障している。「公聴会・参考人」制度の積極的な活用も規定している。

町長や職員との関係では、町長が議会に政策案等を提案する際には、政策の発生源、検討した代替案、他の自治体の類似政策情報、総合計画上の根拠、関連法令・条例、政策の財源構成、将来にわたるコスト計算の七項目を示すよう求めている。また、総合計画などの諸計画を「議決事件」とした。これらにより行政にたいする議会のチェック機能は格段に実効性を高める。概括質疑から「一問一答」への転換、町長や職員への「反問権の付与」も討議をいっそう活性化させる。

議員相互の関係を根本から変える「自由討議」の推進も画期的である。本会議、常任委員会、特別委員会において、議員提案、町長提案、町民提案を審議する場合、議員相互間の自由討議による議論をつくして合意形成に努めるとともに、町民にたいする議会の説明責任を果たすとしている。そのために議長は、町長などにたいする「議会出席の要請を最小限に」とどめる。一挙の実現は難しいにしても、執行機関への質問に偏した議会慣習からの転換は徐々にすすむであろう。

基本条例で何が変わるか

自治体改革の歴史のなかで、議会の改革はもっとも遅れてきた。それを市民、首長、職員との対比で考えてみよう。一九七〇年代から多様な市民活動が登場し、受動的な住民像が次第に能動的な市民象に変化しはじめた。市民の変化は公選首長に対する政策責任の追及を呼び起こし、首長のありように変化をもたらした。そして一九八〇年代、首長が市民の声を受容しても、政策の道具立てを担うのは職員だから、職員の政策能力が高くならなければ自治体の政策水準は高まらないことが強く認識されるようになり、そのための政策研究ネットワークが無数に形成されるようになった。

こうして時代状況の変化のなかで市民、首長、職員はそれぞれが自己革新せざるをえない局面を経験してきた。これにたいして議会の改革は遅れをとってきた。それだけに、栗山町議会が本格的な議会基本条例を制定した意義はきわめて大きい。これにより栗山町政がいっそう活性化することはもとより、触発された各地の議会が改革を加速させる期待がもてるからである。

栗山町のような議会基本条例の制定によって起こる変化のいくつかを、上述の四者（市民・議員・首長・職員）の関係に着目して予測してみよう。

第一に、基本条例は議員に厳しい責務を課している。資質の向上なくして議員の職はまっとうできなくなる。たとえば町民への「議会報告会」は議員のお得意先まわりではない。農業出身の議員は商工関係者へ、商業出身の議員は農業関係者に議会報告をしなければならないかもしれない。したがって議会と町政の全般に通じる努力が不可欠となる。「一問一答」も事案について深い洞察がなければ反問されても答えられない。それでは自己の主張の説得性が著しく損なわれてしまう。

けれども町議会は、個人に厳しい責務を課すだけでなく、議会として議員の資質を磨く工夫を怠らない。常任委員会における積極的な事務調査の実施や特別委員会の設置による財政研究はその一例である。事務や財政の分析は、議員が的確な公共判断をおこなうために欠かせない。また基本条例によって議決事件とした総合計画の策定に議会が主体的にかかわるために、全国で最初と思われる「専門的知見の活用」（地方自治法）をおこなって、「一般会議」で議員と専門家がハイレベルの協議を重ねている。

第二に、議会基本条例によって首長と職員も変化を余儀なくされる。基本条例の第六条（町長による政策等の形成過程の説明）は、上述のように町長が議会に計画・政策等を提案する際に七項目の説明を求めたものだが、行政がこの七項目を満たす政策活動をおこなうようになれば、職員の政策能力、したがって町の政策水準は格段に上昇する。第七条（予算・決算における政策説明資料の作成）とあいまって、きわめて実効性に富んだ有意義な行政チェックの基準である。

自治体の「機構分立」（議会と首長）と「機能分立」（決定と行政）を直結させて、議会＝決定、首長＝行政と理解する短絡的な代表観からは活力ある二元代表民主制の運用は導けない。「過程分立」に着目して上述のような基準による議会の役割の再構築こそが重要になる。そうすれば、立案・決定・執行・評価という政策過程のどの局面においても、議会は「討論」をとおして無限に論点・争点提起の可能性をひろげることができる。首長と議会の関係は決してゼロ・サムではない。

第三に、議会と議員にたいする町民の信頼感が高まる。議会が町民との交流を深めることを基本に、第一、第二に述べたような斬新な議会運営の手法を駆使して、町民・議員・首長・職員の出会う討論と情報のヒロバになれば、何よりもまず議会はすべての人々にとって面白い存在となる。次いで町民の議会にたいする有効感が増し、さらには期待感、信頼感へと高まっていくことは疑いを入れない。その過程で議会のみならず自治体が変わるという町民の実感も培われるであろう。

おわりに

私は、議会基本条例が増えることによって、「自治体の憲法」と称される自治基本条例にも質的な変化が起こると考えている。この五年間に各地で自治基本条例が制定され、議会関連の事項も挿入されるようになった。けれども、全体としては抽象的な条文に終始し、不可欠な関連条例の整備もあまりすすんでいない。議会をふくむ自治基本条例が制定されても、関連条例としての議会基本条例が制定されないため、それが自治基本条例の水準を低位にとどめる原因にもなっている。

栗山町のような高度な議会基本条例が出現することによって、この流れが大きく変化する可能性が高まった。自治基本条例に先行して議会基本条例を制定したり、また自治基本条例の基幹的な関連条例として優れた議会基本条例が制定されるようになれば、それとのバランスにおいても行政活動の水準を引き上げずにはおけない。そのような状況を迎えたとき、自治基本条例は、文字通り「自治体の憲法」としての実を獲得することになると思う。

栗山町はこのあと総合計画の策定を経て自治基本条例の制定を予定している。優れた総合計画とは、行政の減量化と減債計画の実行を前提に政策を厳選し、計画にない事業は実施しない原則を貫く計画である。そうした計画は情報公開、町民参加、政策財務、政策法務、政策評価などの諸制度の開発・整備との連動なしには推進できない。

これらの諸制度は自治基本条例の主要な構成要素でもある。したがって議会基本条例に加えて優れた総合計画を策定すれば、生ける自治基本条例の制定にいき着くことができる。私はこの点からも今後の栗山町に期待を寄せている。

（地方議会人二〇〇七年一〇号）

＊（追記）栗山町は二〇一三年に自治基本条例と総合計画条例を同時に施行した。なお、本稿の原題は「議会が変われば自治体が変わる」であるが、目次の重複を避けるため変更した。

［19］　二元代表民主制における議会の機能　（二〇〇二年）

1　議会改革の視点

議会や議員について語られるときは、彼らが期待される役割を果たしていないと、昔も今も批判的なトーンで語られることが多いようです。そうした論調がもう相当長期間続いてきましたが、私は、とくに議員の能力に還元するタイプの議論は感心しません。仮にそうした批判が正しいとすれば、議員はこれまでずっと怠けてきたことになります。けれどもそんなはずはありません。最近は党派をこえて、個人的な資質に優れた議員がたくさん登場しています。それにもかかわらず少しも議会は変わらない。そこが問題なのです。

ではどこに原因があるか。私は、自治体の政治制度、すなわち「議会」のみならず「首長」というもう一つの代表をふくんだ二元代表民主制の原理とその機能を正しく理解しないことが最大の問題であると思っています。議会だけが正当な市民の代表、あるいは最高の意思決定機関であるかのように考える、「議会制民主主義」などというあやしげな観念は脇において、私の言葉でいえば「首長制民主主義」ということですが、これをきちんと理解し実践することが、議会と議員の可能性をひろげる最良の道だと思うのです。

首長制民主主義については後ほど述べますが、こうした観点から議会のあり方を考えるとき、次の三つの問題をおさえておく必要があります。

第一は議会と市民の関係です。地方自治法上は選挙後のお任せ民主主義とリコールの首切り民主主義しかありませんが、やはり市民が代表制の運営、したがって議会の運営にも日常的に参加する参加民主主義をきちんと制度化することが大切です。

第二は首長と議会の関係の問題です。強力な権力をもつ首長と首長が統括する行政をいかにコントロールするか、いわば、議会が首長と行政にたいして、政策の水準を高めるための、厳しく効果的なチェック基準、チェック方式を定めることが重要です。

第三は議員の相互関係の問題です。いまは議員相互の討論はゼロに等しいのですが、これを抜本的にあらため、議会を議員同士が議論する「討論のヒロバ」に変えることです。

以上、三つの問題をあげましたが、議員や議会はようやく第一の問題には気づきはじめて、各地で夜間議会、サンデー議会、出前トークなどをおこなっています。けれども、第二と第三の問題にかんする改革実績はゼロといってよいでしょう。議会の改革はすべてこれからというのが偽らざる現状です。

それから、これから議会改革をすすめるにあたって、肝に銘じてほしいのは、上に述べた三つの改革は個別にすすめても効果は小さいということです。主軸になるのは第二の課題です。これに第一と第三の課題を結びつけてこそ、それぞれの改革はいきてきます。いわば議会改革は三つの改革の相乗効果を考えなければ実効性が期待できないということです。なぜ第二の課題が主軸にならなければならないかといえば、理由はきわめて単純です。自治体の実質的な権力、自治体の政策活動の中枢が首長とその行政にあるからです。

議会改革がすすまない理由はたくさんあります。多人数からなる議会は激烈な競争社会だから、競争のルールを変えることが容易ではない。変えればただちに会派とか議員個人の利害得失の問題が生じてきます。そこで「標準会議規則」という、法律でもない、したがってしたがう義務もない古びた手本（昔内務省が作成したものに端を発している）に呪縛されて、五〇年が過ぎてきたのです。さわらぬ神に祟りなしということでしょうか。

けれども、さわらなかった祟りがいま現れているわけです。地方自治法の議会関連条項は法律ですから無視することはできませんが、標準会議規則はそうではありません。これに代わって、上に述べた三課題を中心に新しく「議会基本条例」を制定すべきでしょう。行政も「行政基本条例」を制定するようになったのですから、議会も議会基本条例を制定すべきです。

私はよく「議員あって議会なし」といいます。議会は単なる議員や会派の集合体ではなく、また単なる議案の表決機構でもないはずです。議会が機関全体で担わなければならない本当の機能とは何か。今日はこのことを中心に以下の話をすすめたいと考えています。基礎年金と職域年金のように、議会が機関全体で果たすべき共通の仕事をまず確立し、そのうえに会派や議員個人の特色ある個性的な活動を積み上げるべきだと思うのです。議員にとっての共通の「家」である議会をいかにリニューアルするか、これが本日のテーマです。

2　制度と運用の乖離

最初に、二元代表民主制の制度をどのように理解するかという問題を考えてみます。首長と議会の議員を市民の直接選挙によって選出する自治体の代表制度は、二元代表民主制とか大統領制と称されます（以下、とくに区別しない）。まずここで指摘したいのは、自治体では首長と議会の議員はともに市民の直接選挙で選出されますから、両者の政治的な正統性の根拠はまったく対等だということです。

国の議院内閣制のように議会（国会）が行政（内閣）に優越する議会制民主主義の制度ではないということです。憲法では国の国会は「国権の最高機関」ですが、自治体の議会は「議事機関」となっています。議会が首長に優越するとは書いていません。ところが現実は、自治体の場合も国と同様に議会制民主主義と称することが多いし、議員も議会が最高機関だと思っています。これが自治体代表制の理解を誤らせる決定的な問題です。

もっとも近いところで考えてみましょう。昨年、長野県議会は「脱ダム宣言」に端を発する田中知事との対立の末、知事を不信任議決しました。このとき総務省や旧自治省出身の知事たちは、新聞紙上で一様に対抗措置として議会解散権を行使することが知事としての採るべき道だと主張したことはみなさんもご存じだろうと思います。このような理解の仕方はきわめて常識的で、どの地方自治法コンメンタールにも書いてあります。

私はこの意見には賛成できませんでした。まもなく田中知事は議会を解散せずに知事選挙に再出馬しました。知事がその道を選択した理由は私は知りませんが、またその理由の如何を問わず、私は知事の選んだ道は正しい選択だと思いました。なぜなら、以前から自治体の不信任・解散の制度は憲法違反の疑いが濃厚だと思ってきたからです。このようなことをいう憲法学者はいませんが、私はそのように考えています。

自治体の首長は市民が直接選挙します。したがって民主主義の原理からいえば、この首長を解任できるのは首長を選んだ市民以外にありえません。市民が選んだ首長や議員の地位を第三者が奪うようでは、直接公選の民主主義は著しく脅かされます。問題が生じた場合には、その地位はそれを付与した市民の判断に戻さなければならないわけです。その意味で、田中知事が自己の地位の当否を、知事選挙に出馬してあらためて市民に問うたのは、実に大統領型民主主義（首長制民主主義）の理にかなった選択だったといえます。

ちなみに、一九九一年まで内閣総理大臣にたいして首長の罷免を認めた制度が存在していました。これは機関委任事務（いまはこの制度は廃止されている）にかかわる職務執行命令訴訟制度に付随して、国の命令に従わない首長を総理大臣が罷免できる制度でした。罷免権が実際に発動された例はありませんが、この制度も同じ論理で憲法違反の疑いが濃かった。だから国は地方自治法を改正してこの罷免の制度を廃止したわけです。

ところで、いうまでもないことですが、不信任・解散は議院内閣制の枢要な制度原理です。国会は首相を指名するから不信任もできるのです。それがなぜ大統領制の自治体に組み込まれたのでしょうか。戦前は、議会が知事や市町村長を不信任議決しても、それには法的拘束力はなく、また、首長にも議会解散権が与えられていませんでした。内務大臣がそれらの権限を有していたのです。いうなれば首長の解職をふくめ、代表制にかんするモメゴトはすべて内務省を頂点とした官治集権の仕組みのなかで処理していたのです。

戦後は首長と議員は直接公選ですから、内務省が解決するわけにはいかなくなったのですが、かといって政府は両者の対立の解消を市民の判断にもゆだねなかったのです。現行のリコール制度の導入過程がいみじくも示すように、当初の政府案は、市民には申し立て権だけ与えて、最終判断は内務大臣（当時はまだ内務省は存在していた）にゆだねるというものでした。この原案をＧＨＱが批判して現在の一般投票制度に変更されたわけです。このことから推測されるように、政府はもはや戦前のように内務省には傾れず、さりとて市民も信頼しなかった。そうして結局は、市民ぬきの、首長と議会の横の関係で問題の解決を図ろうとしたのが不信任議決・解散の制度だと思うのです。

首長の直接公選制でさえ、当時の政府は議会による間接公選を考えていました。それらを重ね合わせると、大統領制を採用しながら、市民にたいする不信から議院内閣制の要素を加味させ、それが市民、首長、議会の三者のあるべき関係をゆがめた、というのが私の読みです。代表制イメージの不透明性、いねば大統領型制度の議院内閣型運用という二律背反によって議会は機能不全に陥っているのではないでしょうか。

自治体政治の現場では、今日なお議会制民主主義論が横行していますし、また国政さながらの与野党論がまかり通っています。ほかにも議員相互の討論を閉ざす行政職員の委員会出席、住民投票制度にたいする議会の心理的反発など、自治体代表制の運用にまつわる負の現象は枚挙に暇がありませんが、これらの多くは議院内閣型の運用ないしイメージに根をもっています。

自治体の代表制度は折衷の制度ですが、だからといって議院内閣型を主軸に考えることはできません。首長は直接信託のゆえに市民にたいして直接責任を負っています。それにくわえて、首長が政策の立案・執行に多大な権力を行使する現実を直視すれば、市民による首長権力（強首長）のコントロールなくして自治体の民主主義がないことは容易に理解されるのではないでしょうか。これは議会の機能を考えるときの最大のポイントです。

議会が最高権力機関であるかのような幻想のうえに、ないものねだりをして落胆を繰り返すより、もっと現実的に強首長とその行政をコントロールする手法を確立して、首長の対市民責任をまっとうさせる。この「首長制民主主義」を市民とともに実現するのが議会の最も大きな使命であり、それを正しく認識すれば議会の可能性は無限にひろがるでしょう。議会のあるべき姿を追求するとき、法制度の改正が必要な問題も多々ありますが、それがなくても独自の改革は、その気にさえなればいくらでもできます。

3　首長と議会の機能

それから私は二元代表民主制それ自体についても高く評価しています。日本の戦後の地方自治の発展は、二元代表民主制なかんずく首長の直接公選制に負うところがきわめて大きいと考えるからです。

日本の自治体は世界でも非常に大きな自治体です。市民生活と密接した広範な領域で多様な公共政策をつかさどり、また膨大な財政を駆使しています。また、その行政活動は、さまざまな政策資源を駆使した高度な専門性・技術性が要求されるため、組織・職員・情報・技術などの大規模な組織化を必要としています。したがって、政策活動の中心が行政におかれるのは、ある意味では必然的な流れであると考えておかなければなりません。

そうした図体が大きくてひろい活動範囲をもつ自治体の政治的統合は、市民の多様な利害を背負った多数の議員、互いに競争関係にある議員からなる合議制機関の議会に果たしてできるでしょうか。私はできないと思います。本日ご出席の議員のみなさんはどうお考えでしょうか。やはり独任制機関としての首長でなければ無理なのではないでしょうか。いや首長でも難しい。だから議会の効果的なチェックが必要なのです。

直接公選の首長制が地方自治を発展させた典型的な事例が二つあります。一つは一九六〇年代から七〇年代にかけての「革新首長」の登場です。革新首長下の議会はほとんどが保守多数でしたから、これは直接公選の制度がもたらした必然的な政治現象ということができます。自治体が議院内閣制だったとすれば、起こりえなかった現象です。

そして自治体はこの革新首長の登場を起点にして、今日に至るまで力量を蓄積してきたわけですが、いまから振り返れば、情報公開と市民参加をはじめとして、今日の自治体が一般的に受容している政治や政策のスタイルのほとんどが、当時の革新自治体に出発点をもっていることがわかります。(『資料・革新自治体』正編・続編、日本評論社参照)

二元代表民主制のよいところは、議会の勢力分野とは無関係に、市民自身の直接の選択で優れた首長を登場させることができることです。そして首長は、市民の直接信託という強い権力基盤によって自治体を統合することができるし、また解明的な首長は事実そうして自治体改革を牽引してきたわけです。それによって日本の自治体は力量を培ったわけですから、戦後自治の発展と首長公選制は不即不離の関係にあります。

逆の観点から首長公選制の意義を示すのが東京都の特別区です。かつて特別区では区議会が都知事の同意をえて区長を選任していました。区議会は知事の同意をえるべき区長候補者の決定に際して、多数派形成（与党形成）をめぐる党派間の対立で、一年以上も区長が決まらない区さえ出現する混乱ぶりでした。

そこで市民が、住民投票を実施して区長候補者を決定する方式（準公選方式）を提案し、それが品川・太田・練馬の三区で実現しました。流れに抗しえなくなった政府は地方自治法を改正し、その結果、特別区の区長公選制は一九七四年に復活し現在に至っているわけです。それ以降、公選区長時代に移行した特別区は、一般の市となんら遜色なく運営されていますし、さらなる自治権の拡充を求めています。

話をもとに戻します。大きな自治体の統合という問題に着目して代表制のあり方を考えるとき、首長と議会という二種類の代表に期待される機能の違いをふまえておく必要があります。その違いとは何か。首長は独任制機関ですから、自ら争点を開示すること（争点機能）は不得手です。けれども、一貫したリーダーシップによって自治体を政策的に方向づけること（統合機能）では優れています。これにたいして多数の議員からなる議会は、争点機能の発揮においては優れていますが、統合機能では劣ります。

二元代表民主制を「機関対立主義」とも称しますが、これはまさにいま述べた対照的なメリットとデメリットを有する両代表が、どちらが市民の意思を的確に反映しているかをめぐって競い合う関係を意味しています。いい換えるなら、首長には統合機能が、議会には争点機能の発揮が期待されるわけです。

国会の場合、与党には首班指名機能、野党には争点形成機能が求められますが、自治体議会にはもちろん首班指名機能は存在しません。あるのは議会がもっとも得手とする争点形成機能で、いい換えれば、議会という機関が全体として争点形成という野党機能を担わなければならないということです。この意味で、二元代表民主制のもとでは、議院内閣制における意味での与野党は存在しません。この認識を誤ると議会ひいては二元代表民主制は機能不全に陥ります。「与党」が多数の首長翼賛議会はその悪しき典型例です。

機関対立を歴史的に検証してみましょう。農村型社会が支配的であった一九六〇年代以前の首長は保守系がほとんどで、議会も圧倒的に保守系が多数でした。首長と議会は政治的に一体で機関対立は作動しませんでした。一九六〇年代から七〇年代、都市型社会への移行期で輩出した革新首長の議会は保守派が多数だったため、革新首長と保守議会の間には擬似的な機関対立の関係が生じました。一九八〇年代以降は、議会の総与党化が一般的な現象となり、それとともに擬似的な機関対立さえ影をひそめるようになりました。

このように歴史を振り返れば、「議会が全体として野党機能を発揮する」という、いねば正常な二元代表民主制の運用は、一般的な現象としてはいまだ経験していません。けれども、擬似的な機関対立の経験から、重要な教訓を引き出すことができます。つまり首長は議会の多数派の批判に対抗して、市民との直接交流（対話とか参加）をすすめ、それによって自己の主張の正当性を立証しようとしたのです。そしてそこから自治体改革がはじまったのですが、それこそが公選首長本来のあるべき姿というべきでしょう。

首長は強大な権力をもって自治体を統合する責任を負っている。議会がこれに変わることはできない。とすれば、議会が果たすべき役割は、このような首長を市民に向き合わせることではないか。けれども、一九八〇年代以降の議会は、首長の翼賛議会と化してその機能を喪失したまま今日に至っています。議会には、かつては首長と政治的傾向を異にする議会の多数派が擬似的に果たした野党機能ないし争点形成機能を、今後は会派党派を問わず機関全体としてその機能を果たすような自己改革が求められます。

4 議会の「野党」機能

その自己改革の課題が冒頭に述べた三つの問題です。繰り返せば、第一は対市民関係の改革で、日常的な「参加民主主義」を議会運営のルールとして制度化すること、第二は対首長関係の改革で、政策の水準を高める観点から行政の活動を効果的にチェックするための基準を確立すること、第三は対内関係で、行政に過度に依存した議会活動をあらため、議員同士の議論を主軸にした真の討論のヒロバに議会を変えることです。そして第二の改革を軸にした三つの相乗効果を考えて改革をすすめるということでした。

主軸となる第二の問題について具体例を示しましょう。たとえば、議会が、行政の提案する個々の政策すべてにかんして、政策の発生源、検討した代替案の内容、他自治体の類似政策との比較検討、市民参加の実施とその内容、使用した情報と公開の有無、総合計画上の根拠、関係機関との協議、財源措置の詳細、将来にわたるコスト計算などについて、文書による明快な説明を求め、それを審議や採否の実質的な基準にしたらどうなるか。行政はいつまでも曖昧な答弁に終始してその場を逃れることはできなくなるでしょう。

議会がこのような基準を首長や行政の政策活動を律するルールとして確立すれば、行政もこれらの基準を満たす努力を強いられることになります。そのことによって当該自治体の政策水準が高まるのは必定です。私は、このような政策情報を文書化したものを「事業別政策調書」と呼んでいますが、議会が首長や行政との関係においてこのようなルールを確立すれば、政策上の争点が明確になり、それによって市民参加はもとより会派や議員個人の個性を反映した討論も活性化するでしょう。

ところで、このように考えると、議会と議員の活動の水準は、首長と行政の活動の水準そのものを表しているということになります。つまり、上述のような行政の政策活動がクリアすべき基準ないしシステムづくりは、首長にとっても、職員の政策活動の水準を高めるためにも、また、首長制民主主義を実現するためにも必要なことなのです。それがきちっとできていれば議会はそれが実行されているかどうかをチェックすればよいわけですから、議会による行政チェックはきわめて効果的にすすめられます。その意味では、議会の水準が高いが行政のそれは低いとか、あるいはその逆のようなことは原則としてありえません。議会と行政はお互いの姿を写し出す鏡だと考えなければなりません。

そうだとすれば、議会と行政をふくめた自治体全体の運営のシステムが問われることになります。いま各地で動きはじ始めた自治基本条例の制定などは、そうした課題を担う先端的な試みです。自治基本条例は、自治体の運営に欠かせない理念・制度・原則、たとえば、情報公開、市民参加、自治体計画、政策評価、財務会計、政策法務・自治体間協力、オンブズマン、行政手続、審議会、関与団体などの自治体独自の制度を当該自治体の最高条例として体系化し、その遵守によって自治体運営を健全化しようというものです。

先に述べた事業別政策調書なども、自治基本条例に規定される情報公開、政策評価などの条項に根拠を置いておこなわれることが望ましい。けれども、全国的に見て、自治基本条例が制定できる自治体はまだ少ない。それは議会改革が決定的に遅れているからです。たとえば、全国初の「ニセコ町まちづくり基本条例」も、都道府県初の「北海道行政基本条例」も、行政領域のシステムに限定されています。自治基本条例はある意味で、行政基本条例と議会基本条例を統合したものですが、さしあたっては行政基本条例から出発せざるを得ないのが現状です。

行政基本条例によって行政運営の制度や原則が体系化されれば、市民、首長、職員のみならず、議会にとっても非常に大きな意義をもちます。基本条例に規定される制度や原則は、それが具体的であればあるほど、議会が行政監視機能とか争点形成機能を発揮するうえで格好の基準となるからです。いまはまだそうした意義を理解できずに、行政基本条例の制定に消極的な態度を示す議会あるいは会派党派が見受けられますが、これから各地で基本条例が増えてくれば、このような遅れた意識は徐々に変わっていくでしょう。

まちづくり基本条例や行政基本条例の制定に触発され、最近は議会基本条例の制定をめざす動きも出はじめました。要するに、憲法と地方自治法の議会関連条項しか存在しないとまず考えます。そうするとこれだけでは議会運営はできませんから、議会は法律の枠内で独自の細かな運営のルールをつくらざるをえない。これが議会基本条例です。法律でもなく、法的拘束力もない「標準会議規則」などは一度頭のなかから捨て去ってみる。そうすると市民や首長との新しい関係、議員相互の討論方式などについても独自のルールを自由に発想することができます。

上に述べたような行政にたいする議会のチェック基準を確立し、議会がそれにもとづいて行政が説明する政策目的、政策過程、将来予測などを点検すれば、無数の政策争点が明らかにされるはずです。これが議会による情報公開です。政策争点の明確化という情報公開がすすみ、政策の論点が整理されてはじめて、それに即した実効ある市民参加、議員討論をおこなうことができます。議会に論点整理能力がつかなければ、参加も討論も質を上げることはできません。

市民参加や議員討論の促進に向けた新しいルールづくりは、基本的にはそうした文脈で考えなければ実効性が高まりません。市民参加について例をあげれば、参考人制度はさまざまな場面で活用すべきですし、政策上の論点に即して関係市民、市民グループ、専門家市民と連携した議会独自の政策活動をおこなうべきです。政策分野別、地域別に分けて市民参加を制度化することも大事です。

現在は意見書とか決議文の採択のとき以外に、議員が相互に議論をする場面がほとんどありません。実に奇妙ですが、議院内閣制の討論様式を模倣しているからです。できるだけ行政側の委員会出席を抑制すべきです。行政が議案を提出するときの説明は、全議員にたいしておこない、あとは議員だけで議論して論点を整理する。この過程で必要なら市民参加もおこなう。そのうえであらためて行政側との協議をおこなうべきなのです。

議員だけで議論などできるはずがないと、行政側は高を括っています。けれども、もし本気で議会がそうしようと決断したら、行政は大慌てするでしょう。議案がどのように審議されどんな結末を迎えるか予測がつかず、ハラハラドキドキの日々を送ることになるからです。そうなると行政は自らの提案を議会に理解してもらうために、政策の条件をクリアすることはもちろん、それらを文書で詳細に説明するようになります。行政職員の議会出席を抑制することは、このように情報公開を促進させ、政策の質を変えていきます。

議会改革の課題はたくさんありますが、議会基本条例という目標をもてば改革の検討はより効果的、効率的にすすむのではないでしょうか。まだこのような条例は全国にありません。北海道は、市町村初のまちづくり基本条例を、また都道府県初の行政基本条例を制定した先駆自治体で、一部の人々がいうような遅れた自治体ではありません。議会基本条例もぜひ北海道の自治体から発進してほしいものです。そうなると確信しています。

5　市民型政治への転換

最近、わずかですが議員提案の条例が増えてきたと新聞が報じています。そのこと自体は喜ばしいことですが、私は、今日の議会の本質的な役割がそこにあるとは思いません。立法活動において重要なことは、いまはまだ「自治体の」立法活動です。しかも自治体の政策活動が、法律の選択・解釈をふくめて政策資源の大がかりな動員を必要とする今日、条例案の作成をふくめて自治体の立法活動の本質的部分を議会が担うことには相当な限界があります。

分権改革がはじまったとはいえ日本の現状はまだ厳然たる集権国家です。自治体の立法活動は、機関委任事務の廃止によって建前上は自主的になりつつありますが、依然としてたくさんの官治的制約を残しています。このような立法活動における「官治対自治」という対抗軸のなかで、自治体は行政の政策活動をふくめて「自治体」としての総合力を発揮しなければならないわけで、それを担うのは首長か議会かという問題は、次元の異なる問題といわなければなりません。

もうひとつはその「議会対首長」の対抗軸の問題です。自治体では議会も首長も条例の提案権をもっています。国の内閣と国会も形式は同じです。けれども意味は異なります。内閣は国民を直接代表しませんから、同じ行政でも内閣が提出する法律案と市民を直接代表する首長が提出する条例案は政治的に大きな違いがあるのは当然ではないでしょうか。したがって、国レベルの議員立法と同列で自治体レベルの議員立法を論じるのは正しくありません。首長提案の条例案であっても十分に市民的根拠を有しています。

少し硬い話になってしまいましたが、要するに、議会が「政治」で首長が「行政」なのではありません。現状では実質的な政策の・立案・決定は行政がおこなっています。したがって、さまざまなシステムとか手法を駆使して、その「行政のなかにある政治」を見定め、市民意思をふまえてそれをコントロールすることが議会の中心的な仕事だといいたいわけです。議会が機関全体としてそうした仕事を果たすなかで議員立法活動を推進するなら大いに賛成です。

だんだんそう変化していくでしょう。自治体政治のここ四〇年ほどの歴史では、保革対立型から保革相乗型に変わり、その総与党型の政治が二〇年も続いてきました。いまそれが崩れて脱政党型の政治が趨勢になろうとしています。もともと大統領制では市民が直接首長を選ぶのですから政党はなくても首長はつくれます。それに輪をかけて政党の劣化がすすんでいるのですから、無党派市民参加が増大して当然です。

ただし私は政党否定論者ではありません。自治体政治における対抗軸が、かつての政党対抗軸から官治（国）対自治（自治体）という対抗軸に移行して久しいわけですから、政党は自治の論理をふまえて地域で再生してほしいものです。いずれにしても、これからの自治体政治は紆余曲折を経ながら脱政党型に傾斜していきますが、私は従来の与野党論を乗り越えるチャンスだと見ています。首長との関係で議会の「与党」の意識が希簿化すれば、本日しつこく述べたような、議会が担うべき課題が鮮明になると考えるからです。

私が一九八五年に、自治体の与野党論は二元代表民主制に適合しない認識であると評してから一八年が経ちます。近年、そうした認識はようやく研究者レベルでは受け入れられるようになってきました。また最近は政党の劣化が一段とすすんで、首長をめぐる市民・団体・政党などの支持パターンは多様になりました。そうした自治体政治がこれからの趨勢になるでしょう。

これは新しい市民型政治のはじまりを意味します。自治体の政治が政党の磁場から自由になったとき、首長のみならず有能な市民型議員が出やすくなるでしょう。歴史のなかで市民、職員、首長はそれぞれ自己改革を遂げてきました。それらはけっして十分とはいえませんが、議会改革だけが極端に遅れています。そろそろ本格的に追求すべきときが到来したようです。これでひとまず本日の問題提起に代えさせていただきます。

＊（追記）本稿は、二〇〇二年八月三〇日、北海道風連町（現名寄市）で開催された北海道自治体学会フォーラム「自治体議会を語ろう」における基調講演「議会と議員の何か問題なのか」の記録である。拙著『神原勝の首長鼎談—小さな町村の大きな挑戦』北海道町村会、二〇〇三年への収録にあたりタイトルを「二元代表民主制における議会の機能」に変更している。

［20］ 代表民主制――二元代表民主制のイメージと機能（一九九五年）

1 二元代表民主制の制度原理

第二講（自治の発展―戦後自治の発展と自治体の成熟）では、戦後自治の発展を促した四要素のなかで、市民運動、公選首長、自治体職員について話しましたが、自治体議会のことはあえて触れませんでした。というのは市民、首長、職員は大きな変化に見舞われたのに、議会だけは自己変革をとげることなく現在に至っているからです。公選首長制は地方自治と民主主義のもっとも重要な制度基盤であり、また実際に制度が作動して自治体の自立に大きな役割を果たしてきましたが、今日では選挙のたびに総与党化が批判の対象になっているのも事実ですし、一方の議会も依然として機能の低下が指摘され、厳しい批判にさらされています。

こうした自治体の代表制の諸問題をどのように考えればよいのか、首長と議会を個別に論じるのではなく、両機関の関係に注目しながら代表民主制の制度と動態を点検してみたいと思います。最初は、自治体の二元代表民主制がどのような制度イメージで理解されているか、この問題から入ってみることにしましょう。

昨夜テレビを見ていましたら、いま青島知事の誕生と世界都市博の中止問題で大揺れの東京都で、ある都議会議員が青島知事にたいして「都知事が世界都市博を中止するのは議会制民主主義にたいする挑戦である」と演説していました。ところで、ただ知事はケシカランというのではなく、「議会制民主主義への挑戦である」というとき、一体どのような含意が、あるいは自治体の代表制についてどのようなイメージが根底に流れているのでしょうか。自治体の代表制度は、ほんとうに議会制民主主義なのでしょうか。

結論を先にいえば、自治体の代表制度は議会制民主主義ではありません。国の代表制度は議会制民主主義に則っています。日本国憲法の第四一条には「国会は国権の最高機関」と書いてあります。選挙手続きをとおすことによって、唯一の代表機関としての地位を獲得する国会が、それなるがゆえに行政権にたいして優越する。これが憲法にいう「国権の最高機関」の意味するところです。

この原理のうえに、国会が、行政府を統括する最高責任者たる内閣総理大臣を指名する、という議院内閣制が組み立てられているのですから、国の政府構造、政治行政制度は、まさに議会を最高機関とする議会制民主主義の原理に基礎をおいているわけです。そして国民の選挙に依拠する代表機関は唯一国会だけですから、この代表制度は一元代表民主制であるわけです。つまり国の代表民主制は、一元代表民主制、議会制民主主義、議院内閣制によって特徴づけられます。

自治体の代表制度はこれとは異なります。

憲法第八章には自治体の議会は「議事機関」としか書いておりません。地方自治法にも議会が自治体の最高機関であるとは書いていない。それに首長は市民の直接公選によると規定しているわけですから、自治体の議会は国会のように、行政府を統括する首長を指名するといった機能を有していないわけです。ですから自治体の代表制度は、首長と議員が別々に選挙されるという意味では二元代表民主制、選挙された首長が市民にたいして直接責任を負う政治体制であるという意味では首長制民主主義、アメリカの代表制度に類似しているという点では大統領制、として特徴づけることができます。

制度の細かい点でいえば、日本の自治体の大統領制は、議会は首長にたいして不信任案を提出する権利をもつとか、これにたいして首長は議会解散権をもつといったように、議院内閣制にある要素を加味させています。けれども、首長と議会の両代表機関が正統性の根拠を市民の選挙においている、という二元代表民主制の基本的な原理がこれによって変更されるわけではありません。

けれども、このような制度理解はともかくとして、現に自治体の代表制度について議会制民主主義という言葉が使われるわけですから、どうも二元代表制といい、大統領制といってもイメージがはっきりしていないことだけは間違いなさそうです。だから逆に、自治体の代表制は議会制民主主義だといった考え方もまかりとおることになるのでしょう。

そこで、もう少し制度の原理の問題について考えてみたいと思います。

自治体の代表制は大統領制だといいました。そして議会と首長はともに市民の選挙によって別々に直接信託されるから、両機関の政治的正統性の根拠は同じだといったわけです。つまり正統性の根拠が同じということは、首長と議会は政治原理としては対等な関係に立っているということです。したがって、この対等原則にしたがって、二つの機関が、それぞれ代表機能の違いを前提に、お互いに競い合い、よりよい政策決定を導いていくのが機関対立主義といわれるものです。この機関対立主義の原理のうえに現在の自治体の代表制はあるのです。ですから、首長と議会というのは常に対抗的な緊張関係を形成していなければ、この大統領型の政治は十分に機能しないということになります。

ではなぜそのようなイメージや行動が定着しないのでしょうか。選挙で与党になった政党の議員が、首長の側に大きな政策上の落ち度があっても議会ではひたすら沈黙して質問ひとつしないとか、議会の与党会派がその立場に安住してまったく独自の政策活動をしないとか、みなさんのなかにも経験者がいると思いますが、行政の職員が議員の議会質問をつくるとか、どうしてこのようなことがまかりとおるのでしょうか。議会の委員会で、ある議員が他の議員に質問したら「議員に質問するとは失礼な」と烈火のごとく怒ったという話を聞いたことがありますが、議会には議員相互間で討論するなどいうことは、ありえないことになっている。

議会が自前の討論を積みあげて首長と対峙するといったような機関対立主義は、この大統領制を採用した当初からまったく想定されていなかったことの結果なのです。

戦前の府県知事は官選知事、つまり国の役人でしたから、知事の仕事は「部内の行政事務」といって、別にいまのように法律で機関委任する必要がなかった。だから機関委任という関係は国と府県の間にはなかった。市町村は一応自治体でしたから、機関委任は府県と市町村の間には存在しました。それが戦後府県が自治体に昇格することによって、国と府県の間にもひろく適用されるようになった。これにともなって自治体の地位を守るために職務執行命令訴訟なども制度化されました。いわば府県知事を直接公選にすることとの妥協の産物として、機関委任事務の方式が制度化されたわけです。

戦後制度を改革するとき、内務省は知事の直接公選には抵抗して、議会が知事を選出する間接公選を強硬に主張していました。これは議院内閣制のようなタイプでしょうか。これにたいして、日本を占領統治していた連合国総司令部、つまりGHQの強い要請で、とにかく府県知事は直接公選になったわけです。市町村についてはどんな議論があったのかあまり資料は残されていませんが、当時GHQに日本の地方制度について助言していた行政法学者の田中二郎教授によれば、大して議論もなく府県知事の直接公選に右へ倣えということで決まったとされています。

そのような事情で知事、市町村長は直接公選制になったのですが、この制度の原理や運用について、どのような具体的イメージが想定されていたかということになると、当時の関係資料を丹念に調べてもほとんど出てきません。公開されているGHQの資料にも日本側の資料にも記録されていない。ということは、この種の議論はほとんどおこわれなかったのでしょう。戦後直後の制度解説書にも、この二元代表制の制度イメージがわかるようなものは見あたりません。私は一つだけ見つけました。当時、首長公選制を盛り込んだ法律案が帝国議会で審議されたとき、その当時はまだ存在していた内務省が「想定問答」をつくっています。そこにわずかに出てきます。

何と書いてあるかといいますと、まず質問の方ですが、知事、市町村長は住民の直接選挙で選ばれる。一方、議会の議員も住民の直接選挙だから、仮に知事、市町村長と政治的な系統の違う議員が議会の多数派になったとき、両者の関係はうまくいくのか、という質問の想定です。これにたいしてどんな答弁を考えていたか。同じ一人の住民が首長と政治的傾向の違う人を選ぶはずがないから、そのような事態は発生しない、と書いています。つまり首長の批判派が議会の多数を占めるのは住民の自己分裂であり、したがって、そのようなことは起こりにくいから議会の与党はいつも多数を占める、という論理構成です。

これは、まさに議院内閣制の制度イメージに近い。つまり議院内閣制の場合は、まず国民が国会議員を選挙で選ぶ。次いで国会の多数派が内閣の首班、総理大臣を指名する。こういう関係になりますから、通常の場合は与党を構成するのは国会の多数派です。与党が少数派になれば政権交代がおこなわれるわけです。けれども、大統領制では、首長、議員は別々に選挙されますから、与党が議会の少数派になることは制度があらかじめ予定している必然であるわけです。そういうことはこれまでも頻繁に起こったし、今度の統一選挙でも当選した青島東京都知事や横山大坂府知事の政治体制では、与党議員が圧倒的少数です。

大統領型の代表制度とはそういうもので、少数与党、あるいは全野党という現象も当然起こりえるわけです。ですから、これを前提に市民意思の反映をめぐって、議会は議会としての独自の論理にもとづいて、首長との間に対抗的な関係を築いていかなければならないわけです。これが二元代表民主制本来の課題です。与野党の形成は、議院内閣制では不可欠の要件ですが、大統領制の自治体ではさほど大きな意味はもちません。

国の議院内閣制では、与党は、内閣を創出し、その内閣をとおして政策を実行する役割を担います。一方で野党は、対案を提示しながら内閣を批判する役割を担います。けれども、議会が内閣の創出機能をもたない自治体の大統領制のもとでは、議会の役割はもっぱら野党としての批判機能に集中しなければなりません。与野党というよりも、議会自体が機関として野党機能を担うのでなければ、この制度の意義は半減してしまうわけです。総与党体制のもとで首長と議会がもたれあい、その結果、代表機能全体が不全に陥るといった事態は、自治体の代表制が大統領制を原理としているにもかかわらず、その実態は議院内閣制の与野党イメージで運用されているところに最大の問題があるといえるのではないか。

話を戻せば、自治体は議会制民主主義ではない。国の場合、内閣総理大臣は国民にたいしては「直接の」政治責任を負っていません。憲法には、内閣は国会にたいして連帯して責任を負うと書いてあります。国会にたいして責任を負い、国会に指名されるというかたちをとおして間接的に国民にたいする責任を負っているわけです。けれども、自治体の首長は市民にたいして直接責任を負います。議会にたいして責任を負っているのではありません。なぜなら、選ばれた代表者が選んでくれた選挙民（国の場合は国会）にたいして直接の責任を負うのが民主主義の原則だからです。この原則を確認しないかぎり、自治体の民主主義は空洞化してしまいます。

議会こそが自治体の最高機関といった、誤った制度認識に捕らわれていては、本当の権力をコントロールする視点を見失ってしまいます。今日の首長は強大な権力をもっています。その首長を統括者とする行政の政策過程を市民がコントロールすることなくして、どうして自治体の民主主義が可能になるのでしょうか。この市民による行政の政策過程のコントロールの基本が情報公開であり市民参加であるわけです。市民参加は基本であって議会の補助機能ではありません。
このように市民による首長のコントロール、すなわち首長制民主主義の確立を自治体における民主主義の基本課題にすえ、そのうえで市民参加を基本とする議会のあり方を追求するのでなければ、現行の二元代表民主制のもとにおける議会は自己の役割を発見することができません。議会制民主主義ということより首長制民主主義のあり方を問う。これがここで一番いいたいことです。

2　機関対立主義の歴史過程

それでは戦後の歴史を振り返って、二元代表民主制は一体どのような道を歩んできたのか、もっと端的にいえば、首長と議会の機関対立の原理はどのように作動し、また作動しなかったのか。戦後を四つくらいに時期区分してこの問題を考えてみることにします。

一九六〇年以前は、まだ日本の社会は農村型社会が支配的で、自治体議会の議員は保守系無所属が圧倒的多数を占めていました。そして首長もほとんどは保守系で占めていました。農村型社会ですからまだ政党化はすすんでいませんでしたが、先ほどの想定問答の認識はこの時代についてはは実態を反映していたわけです。議会と首長は「保保一体」ですから、政治的傾向としては同一の系列にあり、このパターンで自治体政治が運用されていました。これが第一期。ところが、六〇年代の高度成長期に入ると、一九七〇年代にかけて、大都市自治体を中心に革新系の首長がたくさん出てきます。ここで首長は革新、議会は保守多数といった「保革対立」の現象が出てきた。これは七〇年代の末くらいまで続きます。これが第二期です。

一九八〇年代に入るとまた変わってきて、今度は保守と革新の「保革一体」がはじまります。つまりこれが総与党化といわれている現象で、一九七九年の第九回統一自治体選挙で一挙に増え、以後拡大しながら今日に至っています。これが第三期です。

これから先どうなるか予断を許しません。いまでは保守と革新なんていう言葉自体が死語になっていますし、政党再編の行方も定かではありません。それに小選挙区制が実施されれば、いろいろな意味で首長選挙の状態が変化することが十分に考えられます。政党政治が流動化すれば、市民にたいする既成政党の心理的拘束力はどんどん減退していきます。そうなれば、今度の自治体統一選挙では、東京都や大阪府のように「無党派層の反乱」で、これまでは絶対に負けないと思われてきた既成政党の連合候補が敗れましたが、こうした事態は今後は増えていくのではないでしょうか。

まだ明瞭なかたちにはなっていませんが、希望的観測としては機関対立が作動する、新しい状況が生まれるかもしれません。今度の選挙では総与党体制による自治体政治の停滞にたいして有権者の批判がはじめてかたちになって現れ、それが東京都と大阪府で実現したという点で、衝撃も大きかったのですが、再編に向かう政党もけっしてこれを無視することはできないはずです。その意味では政党のあり方の見直しをとおして、議会改革がすすむ可能性もあります。もしそうした状況が到来するとすれば、一九九五年の選挙は、第四期すなわち「機関対立」への幕開けの年といわれるようになるかもしれません。

確信のもてない予測はさておき、話を歴史に戻しましょう。

この時期区分のなかで、まがりなりにも機関対立の原理が作動したのは第二期です。革新の首長と議会の保守派との対立関係ですから、正確には「擬似的機関対立」といった方がよいかもしれません。こういう現象が大量に現れたのは一九六三年の第五回統一自治体選挙です。この選挙は環境問題、都市問題が激化するなか、その解決の方途を「中央直結の地方政治」に求めるか、それとも「地域民主主義による都市政策の確立」に求めるか、前者を唱える保守系候補と後者を主張する革新系候補が激しく争ったわけです。そして横浜市をはじめ革新首長が大量に当選し、以後の選挙でも革新首長は増大していきます。

先ほど首長と議会の両代表の機能の違いにもとづく機関対立といいましたが、この問題を考えるヒントになりますので、なぜ市民は革新の首長と保守の議会という、一見して異なる選択を同時におこなったのか、これを考えてみるとおもしろいですね。両代表にたいしては、やはりそれぞれ異なった市民の期待があるようです。首長は一人ですから独任制機関。一人ということは、自分から政策の争点とか政策上の細かな利害を積極的に示すことはやりにくい立場におかれます。その点からすれば議会は合議制機関で多数の議員からなっていますから、市民の意思を細かく代表することができます。

けれども、反面で議会は多数の議員、多数の会派に分かれていますから、細かな利害の対立を調整したり、自治体全体の意思をまとめることはなかなか難しい。その点、独任制の首長は、自治体のすすむべき大綱的な政策方針を示したり、自治体全体の意思を統合したりするうえでリーダーシップを発揮しやすい。このように首長の機能と議会の機能には、それぞれ一長一短がある。市民意思の代表機能としては議会が、市民意思の統合機能としては首長が、それぞれ優れている。こうした機能の差は、代表機関が独任制か合議制かといった違い、あるいは、その機関の職につく代表が全体の代表として一人選ばれるのか、部分の代表として多数選ばれるのかといった、選挙構造上の相違によっても生じるわけです。

このような両機関のメリットを生かして、どちらが、その時々の市民の意思を的確に反映しているか、ということをめぐって対立・競争するのが二元代表制の原理、機関対立の原理ということになります。一九六三年の第五回統一自治体選挙で革新系の首長が多数選ばれたのは、まさにドブ板的な些細な問題解決よりも、大局的な都市政策そのもののあり方が争点になったからだと思います。都市政策を確立しなければ問題の本質的な解決にはならない。そういう意味では首長による統合機能、したがって「地域民主主義による都市政策」を強く打ち出した革新首長に軍配が上がった。

それにたいして、ドブ板問題は保守系議員に託するという構造は変わらなかった。町内会などの保守的ネットワークに支えられた市民と議員の接点の多様さは、保守系議員の方が革新系議員をはるかにしのいでいたわけです。いずれにしても、革新の首長と保守の議会という対立の構図がはじめて出現し、この対立をバネに地方自治は新しい発展の道を歩み出すことになります。その発展のメカニズムを次に説明しましょう。

当選した革新首長は市民の期待を担ってさまざまな政策を実行しなければなりません。そこで首長は政策案を議会に提案するわけですが、議会は首長の批判勢力が多数を占めていますから、簡単にはとおしてくれません。たとえば、一九六三年に飛鳥田一雄さんが横浜市長に就任したとき、彼は選挙公約だった市民参加を推進しようと、「一万人市民集会」の実施のための経費六〇〇万円を予算案に計上しました。すると議会多数派の保守系野党は「市長が市民に直結するのは議会制民主主義の軽視である」と予算の議決を拒否するわけです。一万人集まってどうやって市民参加をやるのか、などという技術問題はここでは考えないで下さい。なにしろ日本における市民参加の最初の問題提起だったのですから。

このように各地の革新首長が保守議会の抵抗にあったのですが、これを打開する道はただひとつ。首長は市民の選挙で選ばれているのだから議会とは対等であるということです。ここしかない。そこで、首長は自分の政策の正当性を主張するために、対話集会を開いたりして市民との交流につとめます。議会からいじめられればいじめられるほど市民に接近するわけです。一方、市民の方も深刻な問題を抱えて市民活動をやっているわけで、その過程で、それこそ党派や会派に分かれてバラバラの議会よりも、政策の統合力をもった首長に結びついた方が問題解決の早道であることを学習していたわけです。こうして首長と市民の利害が一致して両者の相互交流が深まり、ここから先駆政策や市民参加・情報公開・計画行政といった新しい行政スタイルが登場します。

首長にとっては実に厳しい政治環境であったに違いありませんが、首長と議会の対立は首長と市民の交流を促すことによって、市民と自治体の心理的距離を次第に短縮し、自治体の自立を推しすすめる基盤となっていったわけです。

その後、革新首長は一九七〇年代の終わりころ減少します。その理由の第一は、革新自治体の提起した諸問題が保守もふくめて自治体一般の理念として定着したことです。かつての争点はもはや今日の争点たりえなくなったのです。たとえば、首長の試みる市民参加を否定する議会などはほとんど存在しなくなりました。それだけ自治体全体のレベルが向上したということです。

第二は、一九七〇年代の末期は、六〇年代に登場した革新首長たちの交代期に当たっていたことでしょう。そしてこの交代を契機に再び多数与党化の流れが形成されていきます。最初に自民と公明が連合し、次に社会党がくわわって、八〇年代以降は総与党体制が一般化し、革新首長時代に作動した機関対立主義は影をひそめることになります。

第三の理由は、革新側が新しい政策の課題を提起できなかったということでしょう。八〇年代になると、かつてのようなナイナイづくし、施設・サービス量の絶対的不足も次第に解消され、徐々にまちづくりの質を求める時代に移行していきますが、革新陣営はその課題を提起できず、その意味では保革が同レベルになりました。したがって政党レベルでは、まちづくりをめぐる政策争点が形成されず、争点が隠蔽されれば総与党化がますますすすむ、といった悪循環に陥ってきたわけですね。大きな都市ほどこの傾向が強く、極端に低い首長選挙の投票率は、この政治的閉塞状況にたいする市民の意思表示となっています。

3　行政のなかの政治と議会の役割

そろそろ本講の締めくくりに入りたいと思います。先ほど「首長制民主主義」などと、みなさんには耳慣れない言葉を使いましたが、申し上げたいことは、自治体の政策過程を実質的に掌握している首長の行政過程を、市民がコントロールする方法をもたなければ、民主主義などといってみても、念仏に終わってしまうのではないか、ということでした。市民が選んだ首長の対市民責任を日常的に問う手だてをきちんとシステム化する、これが首長制民主主義の要諦です。もっと別な言葉でいえば「行政のなかの政治を発見しよう」ということでもあります。

政治と行政の区分に関する従来の通念にしたがえば、政策を決定する政治の場は議会にあって、決定された政策を執行するのが首長を統括責任者とする行政だということになりますが、このような古い政治・行政の二分法は、今日の自治体にかんしては、もはや役に立ちそうにもありません。政策の企画・立案・決定・執行という一連の流れで考えると、たしかに決定については議会がかかわる場面が多いのですが、これは実態として非常に形式的な通過手続（決済手続）となっており、政策の実質的な決定を意味する企画・立案段階のほとんどは、首長が統括する行政過程がこれを掌握しています。つまり行政のなかにこそ政策を決定する実質的な政治があるわけです。

議会が怠慢で機能しないから行政のなかに政治が移動したのではありません。今日の自治体は市民生活にかかわる広範な領域で公共政策をつかさどり、またその行政活動においてはさまざまな政策資源を駆使した高度な専門性・技術性が要求されるため、機構・職員・情報・技術などの大規模な組織化を必要としています。したがって、政策活動の中心が行政に移動するのは、現代の政治行政の必然的な流れでもあるわけです。それを率直に認めたうえで、この行政過程をいかにして市民によるコントロールに道を開いていくか。これが今日の自治体における民主主義の基本テーマだといえます。

次回の第四講（自治の課題―自治の原則による政策とシステム）では、今後の自治の課題として、自治体計画、市民参加、情報公開、行政手続などの問題を取り上げる予定ですが、これらはすべて首長制民主主義の確立、したがって自治体における民主主義の確立に深くかかわっています。それでは市民が行政過程に参加していく手だてが講じられれば、そしてそれがうまく運べば議会は不要になるのか、といった声が聞こえてきそうです。いつでもそうした短絡した議論がありますが、そうではありません。

議会の効用についてはさまざまな意見があります。つい最近も友人たちとの酒の席でいろいろな話が出たところです。一方では、「議会は存在すること自体に意義がある」という意見。議会が存在するからこそ首長も職員も緊張して仕事をする。だから、それだけでも大きな意味があるので他にはあまり大きな期待はしないというわけです。他の極には、「議会こそが市民意思を代表して自治体の政策活動の中枢を担うべきだ」という意見。この両極がありました。幸いなことに議会は不要という人は一人もいませんでした。けれども、議会をめぐる議論の雰囲気は伝わってきますが、どうするかという点ではあまり生産的な議論とはいえません。

議会には一体どんな機能が期待されるのでしょうか。法律上の議会の権限にもとづいたさまざまな機能の列挙、類型もありますが、私は次の三つの大分類でいいと思います。一つは「公開機能」、もう一つは「提案機能」、三つ目は「決定機能」です。

順序を変えて説明しますが、まず提案機能というのは、単なる要望ではなく具体的な政策を議会として提案審議することですが、先ほどいろいろ述べましたように、構造的な制約もあり、いますぐこれを求めても難しい問題がある。次に決定機能は、いまでもたしかに予算や条例の決定はしますけれども、非常に形式化しています。それに提案機能がある程度向上しないと、決定機能だけ独立して充実するといったことは起こらない。とすれば、私はやはり議会の機能のうちもっとも根幹的な、しかももっとも可能性がある機能は公開機能ではないかと思います。つまり議会審議をとおして、首長の指導下にある行政の政策過程を全面的に情報公開することです。

これは議会の活動をとおしておこなう市民への最大の情報公開となるのではないでしょうか。市民運動の経験者なら、説明ぬきで誰でもわかることですが、行政の政策情報がえられれば、市民の対行政活動は大きく変化してきます。今日の市民運動はネットワーク化していますから、非常に幅広い情報や専門知識を有しています。各地の問題事例なども豊かに集積しています。そうした市民運動は「質」をめぐる運動ですから、このような情報に依拠しなければ、運動自体が成り立たなくなっているわけです。したがって、行政の政策情報が公開されれば、たちどころに市民によって行政の政策水準が判定されてしまいます。議会による情報公開は市民による行政コントロールの質を高め、同時に、市民にとって頼りになる存在に議会の地位を引き上げていきます。

さらに詳細な政策情報の公開は、議会自身の政策活動の質を高めることにもなります。先日、議員の集まりで、ある議員が、情報公開といっても議員から提案するものがなければ聞くだけでは意味がないといっていましたが、これは間違いです。職人芸で個人的に情報を集め政策技術を磨くことも大事ですが、議会全体から見たときは、共有される政策情報が基礎になければ、やはり提案能力も高まっていきません。議会としての情報の共有があってこそ、政策提案にも会派、党派の特色を打ち出すことができるようになります。いうまでもないことですが、こうした情報公開は、野党が首長を攻めるといった、かつての擬似的機関対立のかたちでおこなわれるのではなく、首長と議会の関係にかかわ代表制の基本的な運用ルールとして定式化されなければなりません。

このような意味で、情報公開こそ議会の最大の機能であると考えます。

最後に、今日は議員の方も受講されているようですから、この情報公開のために、さしあたってこんな議会質問をしていただきたい、その質問事項を申し上げて終わりにしたいと思います。

Aという政策案が首長から議会に提案されたという想定です。議員は市民の代表ですから、徹底したアマチュアの態度を貫いて質問してほしいと思います。議員のなかには初歩的な質問をすることを恥ずかしがる方が多いのですが、それはとんでもない誤りです。アマチュア精神を貫くからこそ市民にとって生きた情報を引き出すことができるのです。以下、六つの質問項目を申し上げます。

一番目。A案は、そもそもこれの実施を希望したり、提案した人は一体だれなのでしょうか。首長なのか、議員なのか、職員なのか、市民なのか、企業なのか、道や国なのか、あるいはその他の団体なのか、政策には必ず発生源があるはずですが、このA案を最初に考えたのはだれでしょうか。

二番目。A案は、結論に至るまでには行政の内部で、さまざまなオルタナティブが検討されたと思います。それはどのような案だったのでしょうか。A、B、Cと、いろいろ検討した結果、この案に落ち着いたものと考えますが、行政のなかで検討されたオルタナティブ並びにそれらの優劣の判断についてもお示しいただきたい。

三番目。政策は失敗しないにこしたことはありませんが、だからといって実験することはできません。したがって、おそらくこの政策立案に携わった方は、先行しているほかの自治体の類似政策を十分調査検討されたと思いますが、どこの自治体のどういう政策を検討し、またどのように評価をされたか、その結果を比較情報としてお示しいただきたい。

四番目。A案をまとめる過程で、どのような人たちとどのような機会を設けて意見交換をおこなったか。つまり関係市民を対象とした市民参加をいつどのような形で実施したか、その内容と市民参加において市民に提示した関係資料をあわせてお示しいただきたい。

五番目。A案を企画・立案するにあたって用いた基礎資料、専門資料にはどのようなものがあるか。これらの用いた政策情報を提供していただきたい。物理的に提出が困難なものについては理由を付してそれら情報の名称と所在を示していただきたい。

六番目。政策は思いつきでおこなわれてはならず、根拠をもって推進されなければなりません。A案の根拠はどこにあるのでしょうか。総合計画か、個別計画か、条例か、法律か、要綱か、あるいはその他か。いずれにしても、この政策の根拠を説明していただきたい。

以上は、情報公開を求めたのであって政策をめぐる論戦ではありません。議員がこのような質問をとおして首長の政策過程にかかる情報公開を求めたら、果たして首長と行政はどのていど実質的な裏づけのある答弁ができるでしょうか。おそらく最初のうちは説明に窮するのではないかと思います。けれども、このような質問を発せられるのに、いつも、政策の発生源は不明、代替案の検討はなし、比較情報もなし、市民参加も不在、政策根拠も不明確、といった答弁ばかり繰り返すわけにはいきません。やはり、行政はできるかぎり合理的な説明をしようと心がけざるをえません。はじめは形式合理性ですり抜けても、実体がともなわなければ、やがては説明に限界がやってきます。

いま申し上げた六つの質問事項は、政策づくりにおけるもっとも初歩的で、かつもっとも基礎的な要素です。これをきちんとクリアすれば、相当に水準の高い政策がおこなえます。代表制や議会をめぐる議論は複雑になりがちですが、意外に簡単なところに解決の糸口があるのかもしれません。例示したような質問は、専門知識はなくても、また極端にいえば、何も知らなくてもおこなえます。議員のみなさんには、市民に代わって、あるいは市民の一人として、あるいは市民の目線で、ぜひこれを実践してほしい。

くわえて、職員のみなさんにもお願いしたい。議会や議員にたいする批判は、自治体の政策水準を高めるにはどうすればよいか、そこから出発した批判の一つですから、議会の現状がどうであっても、職員のみなさんには、いつも、このような嫌な質問を発する「理想の議会」を心に描いて、それに堪えられる政策づくりに邁進していただきたい。

第一講（分権と自治—地方分権推進法の成立と自治の展望）でも申し上げたように、これから地方分権がすすめば、ますます自治体の自己決定責任が大きく問われるようになります。それにともなって現行の二元代表民主制についても、制度そのものの存続の是非をふくめて、いろいろな議論がおこなわれるに違いありません。代表制には大統領制の他にもさまざまな形態のものがありますし、全国画一の制度がいいのか選択的な制度がいいのか、といった問題、さらに選挙制度のあり方や直接立法の導入をめぐる議論もあります。

けれども、どのような制度を構想するにしても、新しい制度は、前制度の欠陥の是正という側面と、前制度で芽生えたよき慣習の制度化という側面、この二つの側面から吟味されなければなりません。率直に申し上げれば、いまはまだ現行の二元代表民主制を疲労した制度として捨て去るには惜しい感じがいたします。「制度を活かす精神」を育てながら、いまの制度の運用に可能なかぎりの知恵を注ぐことが「制度を創る精神」を準備することになるのではないでしょうか。

以上をもって第三講を終えることにします。

＊（追記）一九九五年六月三日開講の地方自治土曜講座において担当した初回から四回の連続講義の内容は、『現代自治の条件と課題』（ブックレット№1、北海道町村会、一九九五年）として刊行されている。このうちの第三講を本書に再録した。なお、土曜講座にかんしては次の「附」を参照されたい。

附・成果あげ土曜講座が幕

ひろく知られている「北海道地方自治土曜講座」が、八月末の講座を最後に一六年の幕を閉じた。北海学園大学で開かれた最終回の講座は約二〇〇人が受講した。ふり返ってみれば、こうも長く続いたのは、講座の企画と運営に尽力した歴代の実行委員とボランティアで事務局を担った自治体職員の熱意、全道各地から参加された大勢の受講者の学習意欲、それに北海道内外の多彩で優れた講師陣の惜しみない協力があったからにほかならない。

土曜講座がはじまった一九九五年は、地方分権推進法が成立した年であった。自治・分権時代が到来する気配が濃厚になって、自治体改革を志す市民、職員、首長、議員、研究者などの期待が膨らんだ。そうした時代の状況を反映して、初年度の初回の講座では、三〇〇人は収容できる北海道大学の文系講堂に、立席をふくめて立錐の余地がないほど受講者が押しかけた。森啓実行委員長は、開講の挨拶で「これは事件ではないか」と述べたほどである。

受講者が八〇〇人をこえたため、会場を二つに分けたこともある。春から秋にかけて、月一回の土曜日に開かれ、うち一回は札幌以外の地域でも開催された。延べ五〇〇〇人をこす受講者の参加のもとで、約二二〇回の講義や報告、約四〇回の討論がおこなわれた。テーマも多彩で、市民自治の自治体理論、地域民主主義・自治体改革の構想や手法、先駆的な政策・制度の実践、行政・政策技術の革新、分権改革や市町村合併の問題などが取り上げられた。

一九九五年には約三〇〇名の自治体職員を中心に北海道自治体学会も結成された。土曜講座は自治体学会とあいまって、自治の先端的な理論や実践を学び考える場をひろげた。自治基本条例や議会基本条例のように、自治の先端を拓く北海道発の自治の営為がテーマにされ、それが講演録（ブックレット）を介して全国に波及していったケースもある。土曜講座は単なる学習の場ではなく、市民自治と自治体改革の実践そのものだったのである。

北海道の各地を旅すると、しばしば「〇〇年の土曜講座にいきました」という言葉が挨拶がわりに交わされる。受講者のなかから首長や議員が誕生し、NPO法人を立ち上げて市民活動に取り組む人たちも多数あらわれた。そして土曜講座での出会いが契機となって、とくに自治体職員の間ではコミュニケーション・ネットワークがつくられていった。「継続は力なり」というが、これらはやはり一六年という歳月あっての成果といえるだろう。

土曜講座を最初に考えたのは、当時北海道町村会常務理事であった川村喜芳氏である。こうした発足の事情から、土曜講座が自立の体制を築くまでは同町村会の手厚い支援を受けた。また、成果をひろく共有し、後々も活用できるようにと、ブックレットの発行に力を入れたが、これには公人の友社の武内英晴社長の力添えがあって、約百種類のブックレットが刊行された。北海道町村会と公人の友社は土曜講座を陰で支えた大きな力であったことを銘記したい。

本州方面からも多数の自治体職員、首長、学者・研究者、ジャーナリストなどが講師として協力した。なかでももっとも多く登壇したのは松下圭一・法政大学名誉教授である。自治体理論の最高峰による度重なる講義は、気さくな交流会とあいまって受講者に深い感銘を与え、土曜講座を盛り上げた。最終回も演壇に立った教授は「東北六県と新潟県をあわせた面積をもつひろい北海道を考えれば、全道規模の土曜講座の閉幕は、今後、道内各地で開かれるであろう地域版土曜講座への出発点と考えたい」と、エールを送った。

同感である。教わる者と教える者がいつでも立場を入れ替える相互学習の手法は、土曜講座の特色であった。これをふくめて土曜講座は自治学習のノウハウを蓄積している。また土曜講座の経験者は、受講者、講師とも全道に散在しているので、地域の独自課題をめぐって各地で開くことはさして難しくはない。全道版土曜講座は積年の疲れから一旦幕を閉じたが、今度は次なる世代を中心に、第二期土曜講座が各地で花開くことを期待したい。

（自治日報二〇一〇年九月二四日号）

［附］議会改革の折々に着眼したこと（二〇〇六年～二〇一八年）

議会基本条例時代到来に期待

北海道の栗山町は、二〇〇六年五月一八日、全国初の議会基本条例を可決した。同町は人口一万四千人の農業の町。一九八〇年代から福祉の先駆自治体として注目され、二〇〇〇年以降は地域通貨の流通実験でも知られている。古くから何かにつけ進取の気風に富んだ町である。

町議会は、議会基本条例に先行して、四年半にわたって議会改革をすすめてきた。財政の窮状が続くなかで議員定数の削減など議会資源が縮小する。その一方で、分権改革は議会責任を増大させた。このギャップを埋めて、いかに議会を再構築するか。町議会は果敢に改革に挑んだ。

制定した議会基本条例の内容の八割は改革済みの事項である。橋場利勝議長によれば、改革を三年継続したころから、これを風化させないで、今後も安定的に持続させるためには、議会基本条例によって改革の理念と成果を法制化しておくのがよい、と考えるようになったという。

これは基本条例制定の正道である。しっかりした理念のもとに個別の改革を積み重ね、そうして定着した議会慣習を成文法化するのが議会基本条例制定のあるべき道である。この道理は自治基本条例の制定においても同じなのだが、そうでなければ「生ける基本条例」にはならない。

議会基本条例の前文には、議会と町長には「議会は合議制の機関として、町長は独任制の機関として、それぞれの異なる特性をいかして、町民の意思を町政に的確に反映させるために競い合いながら、町としての最良の意思決定を導く共通の使命が課せられている」と記している。

異なる特性とは何か。町長は独任制だから一貫した政策的なリーダーシップが発揮しやすい反面、自ら争点を形成することは得手としない。けれども多人数の議会には逆の得手・不得手がある。だからこそ二つの代表機関が競い合えば最良の意思決定に到達できる、というのである。

そこで「討議」が重要な意味をもつ。討議は議会の本質である。討議によって町政や政策の論点・争点が豊かにならなければ最良の意思決定は望めない。議会基本条例は、この本質を実体化するために、町民、町長との関係と議員相互の関係において討議の活性化の方策を講じた。

議会と町民との関係では、「議会情報公開条例」の制定、「議会のライブ中継」の実施、町民への「議会報告会」や町民と意見交換する「一般会議」の設置、「町民提案」（陳情や請願）の代表者が議会で意見を述べる機会の保障、「公聴会・参考人」制度の積極的な活用などを規定する。

町長や職員との関係では、議会に政策を提案する際には、「政策の発生源、検討した代替案、他の自治体の類似政策情報、総合計画上の根拠、政策の財源構成、将来にわたる政策のコスト計算」を示すよう求めている。また、総合計画などの諸計画を「議決事件」の対象にした。

こうした基準をもつことによって、行政にたいする議会のチェック機能は実効性を高め、行政における政策活動と政策の質を格段に上昇させることになる。概括質疑から「一問一答方式」への転換、町長や職員などへの「反問権の付与」も討議をいっそう活性化させる効果をもたらす。

基本条例は議員間の「自由討議」の拡大も重んじる。本会議、常任委員会などの審議では、議員間の自由討議をつくして合意形成に努める。そのために議長は、町長などへの議会出席の要請を最小限に止めると規定。これらによって自立的な議会運営への転換の道が大きく開かれた。

ここまで自己改革を突き詰めた栗山町議会の営為を称えたい。視察希望者は六〇〇人をこえるという。具体性、実効性に富んだ議会基本条例だけに、栗山町政の活性化はもとより、これに触発されて各地の議会改革にも弾みがつく。進化途上の自治基本条例にも好影響を与えるであろう。

今後の議会改革は法律面からもすすむと思われる。けれども、ことの本質は自治体の自律責任の確立の問題だから、議会自らが率先して改革の流れを先導すべきだ。栗山町が範を示した二〇〇六年が議会改革元年となって、地方自治に議会基本条例時代が到来することを期待する。

（自治日報二〇〇六年年九月二九日）

議員歳費の福島町方式

北海道の福島町議会はすぐれた議会基本条例の制定で知られている。その基本条例にもとづいて議会が設置した議会改革諮問会議（以下「会議」）が二〇一〇年一二月、議員歳費のあり方について答申書をまとめた。私はこれまで、自身の自治原則から、居住地以外の自治体の審議会に参加したことはないが、今回はじめて研究者参加という観点から、アドバイザー的な役割に自己限定したうえで委員にくわわった。

この答申では「福島町方式」と銘打った斬新な方式を提起したので、その概要を述べて議会一般の参考に供したいと思う。議員歳費の算定には全国的にも定見があるわけではなく、類似自治体や周辺自治体の動き、それに時々の財政状況や住民感情を忖度して決めるのが一般的な慣行となっている。そこで会議は独自に客観的・自動的に算定可能な持続性ある算出方法の開発を検討した。

会議は次の五つの視点を重視した。①議員の活動日数をできるだけ算定に反映させる、②極端に歳費が高くなる算定基準の採用は避ける、③算定基準を客観化して持続的に活用できる方式をめざす、④町の厳しい財政状況に配慮する、⑤議会活動のさらなる活性化を促す。このうち③は中立だが、①と⑤は歳費を引き上げる方向に、②と④は引き下げる方向に作用する視点である。

これらの視点のうち、基本となるのは議員活動日数の算定である。これについては公的な議員活動を「表に現れる活動」（本会議・委員会・各種行事など）と「表に現れない活動」（本会議・委員会に付随する活動、政務調査活動、住民との交流など）に区分するとともに、内容を精査し標準とすべき活動日数を年一六三日と計算した。これには議会基本条例にもとづく諸活動も当然にふくまれる。

次いで考えられるさまざまな算定方式を検討した。①全国町村議会議長会方式、②類似団体比較方式、③①に全議員と三役人件費の比較比率を加味する方式、④①に全道ないし全国平均の首長給料を充てる方式、⑤現行方式（一二人の歳費を一〇人分の歳費で賄う）など。ちなみに①は、議員と同じ公選職である町長の職務日数と議員の活動日数の比率を町長の給料月額に乗じて算定する方式である。

会議はこれらの方式を五つの視点から評価をおこない、比較的適合度の高かった①③に絞ってさらに検討をくわえた。紙幅の関係から細かな説明は省くが、①の方式は、高い歳費月額になる、町長の給料の変動に大きく左右される、町長と議員の責任度合いを同等に考えることは妥当か、③の方式には、副町長を置かない場合の議員歳費は極端に低くなる、などの問題が残った。

そこで会議は、全国町村議会議長会方式をベースとしつつ、問題を克服するために次の三点を独自に考案した。①「表に現れない活動日数」は非拘束的かつ不定形であることから二分の一に減じる。②基準とする給料月額には三役（町長・副町長・教育長）の平均を用いる。③議長、委員長などの役職加算は北海道町村議会議長会の調査にもとづく比率を用いる、こととした。以下はその結論である。
①標準率は、議員の活動日数（一一六日）と町長の職務遂行日数（三〇一日）の対比から当面は後者の三〇%とする。
②基準とする給料月額は、三役平均給料月額の五八〇、〇〇〇円とする。
③役職加算は、議員を「一」とし、委員長一・〇八、副議長一・一九、議長一・四九の率を議員の月額に乗じてえた額に調整する。
会議は予定の倍の六回の会議を開いて熱心に議論した。その結果、五つの視点をクリアした「福島町方式」が提案できた。議会事務局もまた情報作成に高い能力を発揮して議論を効果的に促進させた。議会はこの答申をもとに住民への説明と討論を終えており、今後は上記の算定方式とともに議会独自の判断で標準額の〇・九を実行額とすることを歳費条例に明記する予定である。

福島町方式は、①議員の活動日数を正確に把握したこと、②二元代表の相手方である町長の給与と連動させたこと、③計算の自動化により客観性・持続性ある方式を確立したことに特色がある。①と②は自治体によって数値が異なって当然だが、方式そのものには普遍性がある。小さな議会が発した一つの問題提起である。各地の議会の試みでよりよい方式に改善されていくことを期待したい。

（自治日報二〇一一年六月一〇日）

議会と首長に注文する

最近、議会基本条例を制定する自治体議会が増加するにともない、自治基本条例と併存する状況が各地で見られるようになった。こうした事態の出現は議会基本条例が制定されはじめた当初から想定されていたことで、それ自体としては自然の成り行きだが、二つの基本条例の関係をどのように理解すればよいかについては、基本条例の制定に携わる人々の間に多少の混乱が見られるようである。

これについては拙著『自治・議会基本条例論』（公人の友社、二〇〇八年）でも述べたが、最近の状況も勘案して、再度整理してみたい。基本となる考え方は「総合型自治基本条例＝自治基本条例＋関連条例」である。自治基本条例が生ける基本条例であるためには内容が具体的でなければならない。けれども、具体的な内容は基本条例には書ききれないから、関連条例を整備する必要が生じる。このことを示したのが上記の図式である。

関連条例が十分に整備されない単独型の自治基本条例は役に立たない。この関連条例には情報公開、市民参加、総合計画、財務規律、政策評価、住民投票などに関する多数の条例がふくまれる。関連条例のなかでも、とくに議会基本条例は二元代表制を健全に運営する条例であるから、当該自治体における政策の基本枠組みとなる総合計画条例とともに基幹的関連条例ということになる。

自治基本条例と議会基本条例にはともに「基本」の文字がついている。並立するときの議会基本条例は「議会運営条例」とか「議会条例」にした方がすっきりするが、「議会に関する基本条例」と理解すれば、そのままの名称でもよい。ただ最高規範の規定は自治基本条例だけにし、そこにいくつかの議会原則を書いて「これらの原則にもとづき、別に議会にかんする基本条例を制定する。」とすればよいだろう。

そして総合計画条例だが、自治基本条例に根拠をおいて制定し、かつ総合計画に記載なき政策はおこなわない原則をもって、公開・参加・財務・法務・評価などの諸制度と深く関連づけて運用するなら、自治基本条例は生ける自治基本条例となり、自律自治体の形成にとって最短の距離となる。基本条例を制定する関係者とくに議会と首長には、まずこうしたあるべき構図をぜひ理解してほしい。

けれどもこのような全体像の理解が乏しいため、せっかく自治基本条例と議会基本条例の両方ができても効果があがらない。議会は自治基本条例をもっぱら行政活動にかかわる行政基本条例だと錯覚し、はじめから積極的にかかわろうとしない。首長はまた議会基本条例は議会プロパーの条例だと対岸視する。二元代表制の両翼を担う首長と議会がこれでは、両基本条例の成果は望むべくもない。

私は自治基本条例の制定でもっとも得をするのは議会だと主張してきた。自治基本条例には行政（首長や職員）活動を律するルールを多々ふくんでいる。議会はこのルールの履行状況をチェックできるのだから、政策提案とともに議会の重要な役割である行政監視の有効な武器を手にすることになる。自治基本条例に根拠をもつ関連条例が整備されれば効果はいっそう増すことは論をまたない。

自治基本条例は選挙公約などで首長が制定を提案することが多い。また条例案の作成過程は行政主導の市民参加に委ねられる。そのため議会や議員は、せいぜい条例中の「議会」の章を埋める条文を提示する程度の、腰の引けた対応にとどまっている。このような議会の姿勢はなんとも情けない。むしろ議会にとって最大限役立つ自治基本条例案を自ら提案するくらいの積極性が必要である。

首長はどうか。選挙で市民に約束した政策を総合計画の手続をふまえて実行し、任期がくれば自治体を健全な状態で後任者に引き継ぐのが首長の役目である。いずれも政策能力の高い職員機構の構築なくして達成できない。首長は議会基本条例でルール化された議会の厳しい監視の目があってこそ職員を督励し、職員の政策能力を高めることができるのだから、自らの問題として真剣に議会基本条例と向き合うべきである。

自治基本条例の登場から一二年、議会基本条例は六年が過ぎ、総合計画条例も制定が見通せるところまできた。自律自治体の形成に向けて、国の法制度改革にばかり頼らなくても、自治体はいつでも使える自前の道具立てをすでに用意している。議会も首長もそれをしっかり見すえて、市民・職員とともに手づくりの自治を構築してほしい。

（自治日報二〇一二年二月一七日）

大阪都法案は合憲か？

大都市地域における特別区の設置に関する法律案が衆議院で可決され、今国会の会期中に成立することが確実視されている。この法案は政令指定都市と隣接自治体の人口が合計二〇〇万以上の地域に、市町村を廃止して東京二三区のような特別区を設けるための手続法で、昨年の大阪市長選挙で当選した橋下氏が公約した大阪都構想に端を発する法案だから、「大阪都法案」などともいわれる。

一九四三年に東京都制が敷かれて以来の東京の歴史や区民と特別区の長い自治権拡充運動がたどった苦難の道を考えれば、なぜ大阪にとって都区制度が理想に映るのか、また橋下市長が強調する府市二重行政の解消にしても、なぜこのように大仰な制度改正が必要なのか理解に苦しむ。それでも当初は、大阪市民が選択する道ならそれはそれとして部外者としては許容するしかないと思っていた。

ところが法案は、大阪にかぎって都区制度を敷く特別法（憲法九五条の規定により住民投票による承認を要する）ではなく、他の大都市にも適用される一般法になっている。また、法案のいう特別区の法的理解の如何によっては東京特別区にたいしても大きな影響を与える。それだけに次の一点だけははっきりさせてほしいと思うようになった。すなわち、大阪都法案の特別区は憲法上の自治体か。

東京特別区は、一九七四年に区長公選制が復活し、事務をふくめて「市並み」の自治体になった。また一九九八年には、市町村と同様に「基礎的な地方公共団体」（地方自治法第二八一条の二）と位置づけられた。こうした一連の改正で、特別区は、県と市の権能をも併せもった都の内部構成団体という、従来の地位から抜け出たかにみえるが、「憲法上の自治体」になったかどうかはいまだに定かではない。

一九六三年、最高裁は渋谷区長選任事件で、特別区は市の性格を併せもった大都市東京都の一部を形成しているにすぎず、自治体としての実態がない、だから区長を公選にするかどうかは立法政策の問題で、選任制度にしたからといって違憲ではない、という趣旨の判決を下した。以来、立法政策つまり憲法規定による自治権の保障が及ばず、法律で内容を自在に変更できる団体と解されている。

私自身は往時と違って、現在の東京特別区は憲法上の自治体たる実力を備えていると考えるが、有力な地方自治法の解説書をみても「そのような考えもある」という程度のあつかいである。では、大阪都法案によって創設される特別区はどうなのか。「憲法上の自治体」すなわち、憲法第九三条第二項の規定によって、区長の直接公選権を市民に保障する基礎自治体として考えられているのであろうか。

大阪都法案は与野党七党の共同提案（議員提案）だが、法案の立案過程でこのような問題が検討されたフシはない。衆議院総務委員会でも議論されていないようだ。大阪の特別区が憲法上の自治体か、立法政策上の自治体か、この確認を不問に付して法案がとおるとするならば、これは大阪のみならず、東京特別区や大都市の自治の今後に非常に大きな禍根を残すことになるのではないか。

仮に大阪の特別区が憲法上の自治体ではないとすれば、当面は区長公選でも立法政策としてそうしているだけだから、将来法律改正によって廃止することも可能である。市であるかぎり憲法上奪われることのない首長の直接公選権が、立法政策で市を特別区に変えることによって奪うことが可能になるとすれば、まさしく本末転倒、大阪都法案は違憲性を内包した法案といえるのではないか。

逆に、大阪都法案の特別区が憲法上の自治体なら、東京特別区についても同じように考えるべきだろう。地方自治法に規定する同じ特別区なのに、東京は「立法政策上の自治体」、大阪は「憲法上の自治体」という理解はできないからである。参議院の審議では、これらの点についてぜひ提案者、総務省、法制局の見解を問うてほしい。さらには大阪特別区設置の当事者になる大阪市・府議会にも議論の深化を期待したい。

上述したように大阪にとどまる制度改革ならともかく、東京都区制度や政令指定都市にも累を及ぼし、それゆえに自治制度の根幹にふれる大きな法案が、大都市のあり方を検討中の地方制度調査会さえ素通りして、政局優先の談合政治によって安直に成立するのは黙認し難い。法案は他にも自治・分権に逆行し、また議員立法でありながら官僚内閣制を助長する、憂うべき問題をふくんでいる。これが今日の議員立法の水準なのだろう。

（自治日報二〇一二年年八月二四日）

政策活動の基本に総合計画を

復活した自公政権が新年度予算案で、自治体の負担をともなう公共事業費を大幅に増やしたことにたいして、自治体の警戒感がひろがっている。景気対策を兼ねた公共事業費の増加が、自治体財政の悪化を招き、ひいては市民サービスの低下をもたらす恐れがあるからだ。一九九〇年代に国が主導した公共事業費の増大にともなう借金が、いまも財政運営に大きな負の影を落としている自治体が多い。

人口減や景気低迷で新年度も自治体の税収増は期待できないので、安易に国に付きあえばさらなる財政悪化を招く。そのうえ自治体政策の自由度を高める財政分権は一向にすすまない。民主党政権が試みたものの、使い勝手の悪い一括交付金は、自公政権で改善するのかと思えば、元の省庁補助金に戻されそうだし、地方交付税も自治体職員の給与削減に向けた政策誘導に利用されようとしている。

自治体は、そうした国政に安易に追随すべきではない。いまこそ近年の「自律自治体の形成」に向けた営為をしっかり検証しながら向き合うべきだ。その基本になる考え方は、総合計画による財務規律をふまえた政策の実施である。自治体は地域の公共課題を政策で解決するための政府であり、その政策の基本枠組みが総合計画だから、策定の手法や運用の質が問われるのは当然であろう。

市民を代表して自治体政府の一翼を担う議会は、政策を実行する行政を監視するとともに必要な政策を提案する機能を有する。この二大機能は、約三〇〇に達した全国どこの議会基本条例にも書いている。とすれば、行政監視と政策提案において、それらの判断基準となる内容を具備した総合計画を策定し運用する能力を自治体がもたなければ、まっとうな議会活動はできないことになる。

総合計画の世界には、近年大きな変化が起きている。まず第一に、自治基本条例をもつ約三〇〇の自治体の多くが、ここに総合計画の規定を設け、なかには実施する政策はすべて総合計画に根拠をもつべきことを明定しているものもある。第二は、自治基本条例あるいは議会基本条例において、基本構想のみならず、それをふくむ総合計画を議決事項に規定する議会が増えていることである。

ここまでは、従前の総合計画のままでもやれるが、従来の、いわゆる三重層計画（基本構想・基本計画・実施計画）が、財務規律と政策の質の確保をふまえた今日的な政策活動の要請にたいして実効性に乏しいことや、首長の選挙公約が総合計画に反映されないなどの問題を解決するために、総合計画の手法を革新する自治体が出はじめた。これを第三の変化とすれば、その手法を総合計画条例に高めた自治体の出現は第四の変化といえる。

二〇一一年の地方自治法改正によって「基本構想」の策定の義務づけが解除されて以降、総合計画条例を制定する自治体が各地に散見されるようになった。けれども、今日求められる総合計画手法の元祖といえる武蔵野市が同年一二月に制定した「長期計画条例」のような、優れた条例の普及は今後にまたれる。条例化は計画の規範性と実効性を高める手法の革新がともなわなければならないからである。

実効性ある総合計画の要諦は、誰にもわかる具体的な政策の明示だ。多治見市がモデルを示してくれるように、財源の裏づけある政策を記載した実施計画と、将来必要となる、あるいは財源をふくむ政策手段が整えば実施する政策からなる展望計画を基本に、事業実施は個別にシート（実行計画あるいは進行管理計画）によって管理し、それを政策情報として公表する。もちろん策定と運用のプロセスには、情報の公開と市民・職員の各種参加が組み込まれる。

総合計画がこのようであれば、自治体の政策はきわめて具体的で一覧性に富んだものになるので、議会はその執行をめぐって行政監視が容易になる。また政策の議論も計画記載事業の継続・修正・廃止・新設をめぐって具体的になるので、議員ないし議会の政策提案もおこないやすくなる。常任委員会の所管事務調査なども、計画記載事業を中心におこなえば、議会の政策提案はより効果的になろう。

見方を変えれば、総合計画の手法を上述のように改革すれば、議会は予算編成権がなくても、実質的に政策と予算をコントロールできるし、冒頭に述べたような、その時々の国による思いつき政策やご都合主義の弊害も極力避けることができる。議会は、総合計画と正面から向き合うことを政策活動の基本にしてほしい。この四月には北海道のある町が、議会が先導した「総合計画の策定と運用に関する条例」を施行する。（自治日報二〇一三年二月八日）

五十嵐広三元官房長官の遺訓

二〇一三年五月七日、元旭川市長で村山富市・自さ社政権の内閣官房長官を務めた五十嵐広三さんが八七歳で逝去された。五十嵐さんを偲んでメディアは引きも切らず、「貫いた市民派の良心」「貫き通した平和の理念」「戦後処理に使命感」「市民、地方、少数者の声を政治に反映」「自治のあり方を率先して追求した先駆性」などの言葉を冠して、市長と国会議員時代の数々の業績を讃えている。

ここでは少し趣を変えて、五十嵐さんの遺訓をひとつ紹介したいと思う。五十嵐市政が誕生した一九六三年から一〇年を経て発行された『まちづくり—旭川革新市政の一〇年』という小冊子がある。その巻頭言で五十嵐さんは、自分は二つの「幸運」に恵まれたと書いている。ひとつは、自分は行政に素人だったという幸運のゆえに、「役人の代表」ではなく「市民の代表」として仕事ができたという。

もう一つは、私がここで紹介したかったことなのだが、五十嵐市政の議会は少数与党だった。五十嵐さんはこれも「幸運」だったといっている。議会が少数与党（多数野党）であれば、市長は多大な緊張と苦労を強いられるが、それを「最良の研修の場」と受け止めて、議会に提案する政策が大多数の市民の意思であることを実証するために、市民との交流に精力を注いだ、というのである。

全国初の恒久的な歩行者天国を実現した平和通買物公園のオープン、旭山動物園の開設、あるいは医科大学の誘致、学童保育の全国初の試みをはじめとして、五十嵐市政の市民的・先駆的業績の多くは、このような市長と議会（というより多数野党）との緊張関係を背景にした市長と市民の交流のなかから育まれたのである。五十嵐さんは率直にいう。「もし与党が多数で、市長はのんきに仕事ができたとすれば、私たちはこれほどの激しい情熱をもち得なかったに違いない」と。

戦後社会党員であり続けた五十嵐さんは、「与党の社会党にはもうしわけないが」といいつつ、「少数与党、多数野党型議会は、市民直結型市政の生みの親となり、反面教師の役割をも果たしてくれるものであって、少数与党のために仕事ができないというのは泣きごとにすぎず、旭川革新市政がその初期において、少数与党タイプであったことは、むしろ幸いなことであった」と、本心を吐露する。

議会による行政監視にせよ独自の政策提案にせよ、野党ばかりでなく、議会が機関として首長にたいして厳しく批判的存在であることが、首長に対市民責任をまっとうさせる道を開く。二元代表制の制度原理として今日では当たり前のこのことは、五十嵐市長の時代は、首長が議会における多数野党の存在を正当に受け止めた場合にのみ、疑似的に首長と議会の間に建設的な対抗関係が成立しえたのである。

五十嵐さんは、当時としては、議会の意義を与野党関係でなく、首長との機関対抗関係で理解していた数少ない市長であった。そうした二元代表制の認識があったからこそ、五十嵐市政では政策の論争が活性化し、また、自身の市民自治の思想のゆえに、劇場型政治やポピュリズムに流されることもなく、今日まで高く評価され続けている、普遍性あるさまざまな政策実績を積み重ねることができた。

それから四〇年、今日の議会改革は、五十嵐さんが「幸運」と評した首長と議会の対抗関係を常態化するルールづくりを基本に、二元代表制を活性化させることによって、公開・参加の政治行政と質の高い政策をおこなう自治体づくりをめざしている。議会改革の目的は議員と議会にのみ影響がとどまる内部改革ではない。議会が変わることによって、市民、首長、議員、職員が運営にかかわる自治体の実力が向上する改革でなければならない。

そうした努力が着実に実りつつある。本紙二月八日号で解説した総合計画条例が、この四月に議会基本条例の発祥の地である栗山町で施行された。条例案を作成するなど議会が主導してすすめてきた成果である。同町では同時に施行された自治基本条例と相まって、その基幹的な関連条例である議会基本条例、総合計画条例の三条例がそろったのは、おそらく全国ではじめてではないか。

福島町議会も総合計画条例の制定を展望しつつ、常任委員会で総計事業を点検し、また議会基本条例にもとづいて首長が作成する政策調書（政策発生源・検討内容・他自治体の類似政策・総合計画上の根拠・財源構成・将来コストなどを記した予算説明書）を活用して、議会の政策活動のレベルを上げている。これらの先駆議会は、行政監視や政策提案の議会機能は総合計画の策定と運用の質を上げなければ実効性をもちえないことをしっかり認識している。

（自治日報二〇一三年五月三一日）

ジリ貧の発想から抜け出そう

統一自治体選挙までの中間の時期のせいか、昨今、議員の定数と報酬を見直す議会が多い。その一環としての会議や講演会でこれらの問題について知見を求められることがある。議会をめぐる問題状況をひろく知るには、現場の空気に触れることが肝要だから、できるだけ現地に出かけることにしている。だが、「それにしても」と、しばしば考えさせられる。

定数や報酬の議論に際して、議会関係者が費やす労力は大変なものがある。類似・近隣自治体の現況、人口・定数・報酬の変遷、議員と議会の活動実態の数値化をはじめ、膨大な資料を作成し、それをもとに議会内外で論議をおこない、さらにそれを広報紙やＨＰをとおして情報化する。だが多くの場合、削減される議員数は一ないし二という最少の数であり、報酬もわずかな変動があるにすぎない。

もちろん何事につけても情報公開や市民参加を丁寧におこなうことは歓迎すべきことだが、大きな労力と小さな結果との不釣り合いの背景には、これまでの度重なる削減の結果、一、二とはいえこれ以上削減すれば、議会が議会として機能するためのミニマムを下回りかねないという、関係者の強い危機感がある。こうした問題状況は、一部の大都市などの大規模議会を除けば大同小異のようである。

一九八〇年代に財政再建を唱導した臨調行革で、国は自治体にたいして議会をふくめた「地方行革」を求めた。以来三〇年、定数も報酬も一貫して削減の道をたどった。当初は議会を行政と同列視して削減することに疑問を呈する向きもあったが、大きな声にはならず、やがて定数・報酬の削減を議会改革の中心課題と考えるマスコミ報道とあいまって、市民の意識もそのように染まっていった。

市民が削減を求める理由はいろいろある。たとえば、①財政逼迫のゆえ行政のみならず議会も削減すべし（財政要因）、②近隣や同規模の議会の削減にならうべし（横並び要因）、③人口減に対応して議員も減らすべし（人口要因）、④役立たない議会は人数は少なく報酬も低くてよい（不信要因）、⑤議員候補者が少なく定数割れの危険もある（選挙要因）などで、こうした声は現在も変わらない。

けれどもこれらは、二元代表制下のあるべき議員・議会像を想定して、そのうえで厳しく議員・議会を叱咤する、創造的な発想からほど遠い。議会にたいする低い評価や不信を前提に、いわば「安かろう→悪かろう」を繰り返すジリ貧の発想に思えてならない。そして議会は、目先のリスクが少ない②の横並びで削減してきた。これを長年続けた結果、定数と報酬は低位に平準化したのである。

けれども、この横並びによる低位平準化という、主体性を欠いた削減方式はもう限界なのではないか。議会基本条例の制定に象徴される、本格的な議会改革が始動して七年になる。今日では「先駆議会」「居眠り議会」「寝たきり議会」と、よい意味での議会間格差の拡大をともないながら、全体としての議会改革は前進しつつある。とすれば、従来のような一様なジリ貧型の発想ではなく、議会の力量を高めるための、それぞれのあるべき定数や報酬を考えるべきだろう。

さしあたってはこれ以上の削減はしないことである。上述のようにミニマム状態にある定数と報酬だが、それでも何とかギリギリの線で議会が機能している現状から出発し、これ以下には削減できないことを客観的な数値と基準で説明すべきである。たとえば、議員報酬では、首長の勤務日数に対する議員の活動日数の比率を首長ら三役の平均給料に乗じて自動的に計算する方法がひろがりつつあるが、これなら議員・議会の活動状況の違いが当該議会の個性として反映される。

議員定数では、本会議型（議案の審議を本会議でおこない、常任委員会は調査・提案を主におこなう）、委員会型（議案の審議と調査・提案を常任委員会でおこなう）、両者の折衷型の違い、あるいは自治体規模や政策論議の程度などを考慮する必要があるが、小さな議会なら、二つの政策関連の常任委員会と各六人の委員確保が最低の要件であろう。これを下回ると議論の場としての機能は大きく損なわれる。

議会間格差がひろがるにつれ、定数や報酬などは横並びでは論じにくくなってきたが、地域個性をふまえた議論はなかなか成立しない。近年、創造的な発想で議会を考える市民も増えているが依然マイノリティである。それを慮って議員も率直な問題提起をしない。本物の議論をする土俵づくりが急務ではないか。すでに先例があるように、市民と専門家による議会改革の諮問会議を常設して、その自由で闊達な議論のひろがりのなかで定数や報酬のあり方も考えるべきである。

（自治日報二〇一三年一〇月二五日）

大都市の議会は変われるか

国会に大都市制度の改革を盛り込んだ地方自治法改正案が提案されている。政令指定都市（以下「大都市」という）の行政区（以下「区」という）であることに変わりはないが、窓口事務が主体の区を、まちづくりや社会福祉などの政策をおこなえる「総合区」に格上げして、議会の同意をえて選任する特別職の区長に予算の提案権や区職員の任命権を与える、というのが主な内容で、大都市が採用を自由に選択できる都市内分権の制度としてつくられている。

大都市は人口と面積の大きさゆえに基礎自治体としての運営の難しさに苦悩してきた。一〇〇万前後から三〇〇万をこえる人口を擁し、しかも行政の便宜上区分された区は中核市に匹敵する人口規模を有しながら、管轄する面について総合的な政策機能をもっていない。議会の活動もタテ割り行政にそった常任委員会が中心で、区という面の総合性に着目した行政監視や政策提案の活動はない。これが現実だから、大都市の政治行政は総身に知恵が回らず、市民から「近くにあっても遠い市政」となる。

そこで一部の大都市は、「利便型区役所」を「政策型区役所」に変える試みをはじめている。たとえば、数年前に首都圏のある大都市の改革を見学したことがあるが、市は「総合型」「自律型」の区行政をめざして、市の総合計画に関連づけた区別計画の策定、民間人区長の選任、区民会議条例の制定、区への権限移譲、区と局の政策調整を意欲的に試み、議会も区を重んじた対市民関係の構築を模索していた。

今回の地方自治法改正はこうした先駆事例から学んだのであろう。だが、改正案の意図する都市内分権の方向には賛成だが、先年の通年議会と同じように、現行法下でも条例でできることを、それも選択制にしてわざわざ地方自治法に盛り込む必要があるのか、趣旨を実現したければ、自主的な改革の妨げとなる法律上の障害、たとえば今回の総合区でいえば、区長を市の職員に限定した現行法の規定を改正すれば足りるのではないか、と率直に思う。

都市内分権や自治体運営の手法は、地域個性を重んじて、条例でおこなうのが筋と思うが、一般的に自治体には「法律が禁じていないことは自由にできる」という認識がいまだに乏しく、逆に「法律に書いてあることしかおこなえない」という、昔ながらの思い込みが根強いので、情けない話だが、法律に依拠した改革も過渡的手段と考えて、当面は否定しないでおこう。いずれこのような規定の仕方は整理すべきだろう。

ところで、今回の法改正は地方制度調査会の答申にもとづくものだが、答申は、議会に区選出議員による一ないし複数の区を単位とする常任委員会を設けて、区の所掌事務の調査や議案・請願などの審査をおこなうと提言した。だが改正法案には入っていない。当初は織り込むつもりだったが、総合区への移行の要件となることに慎重な大都市議会に配慮したためといわれている。

私は今回の大都市制度の改革で、区常任委員会にもっとも注目していた。まちづくりの力点や政策の優先順位をはじめ、タテ割り政策の合理性とヨコ割り政策の合理性は多々異なる。だから大都市議会は、広域自治体の議会と同様に、タテ割り行政にたいするヨコ割りという面的チェック基準をもたなければ、行政監視と政策提案という議会本来の役割を効果的に果たせない。大都市の地域単位の再構築は、行政のみならず議会にとっても必須の課題なのである。

その意味で、議会側が示した慎重論とは、総合区にとらわれず、現行法下でもできる区常任委員会を区一般において自由、闊達、多様に構想していくという意思表示と受け止めたい。政党色の強い会派が重きをなす大都市議会は、議会基本条例で理念を表明しても、会派間の利害調整を重んじて閉鎖的にコトを決めるから実効性に乏しい。区常任委員会の設置も難航するかもしれないが、それをのりこえてなければ、大都市議会の存在感はますます希薄になる。

大都市の行政と議会は、市民を「○○区民」と呼び、「区政」という言葉も使う。まるで区が自治体であるかのような表現で違和感をおぼえる。市民は普段このような言葉は使わない。だが、区の行政が区を単位に市民とともに地域政策を企画・立案し、議会もまたそうした地域枠組みを前提に独自の市民参加をすすめながら政策活動をおこなうようになれば、区は自治型の区に様変わりし、「区民」や「区政」という表現にも違和感がなくなるであろう。

（自治日報二〇一四年四月一一日）

議会改革のレベルを高めたい

議会改革フォーラムを主宰する廣瀬克哉・法政大学教授によれば、議会基本条例を制定した自治体議会は五六〇に達したという。全自治体議会の三割をこえている。ちなみに二〇〇一年が初発の自治基本条例の制定数は約三〇〇である。八年前に議会基本条例がはじめて制定されたとき、私は今後の普及を展望して、「二〇〇六年は議会改革元年」になるだろうと本紙でのべたが、正直いって、現在の制定数は当時の予測を凌駕している。

この間さまざまなかたちでかかわってきた。松下圭一氏の『自治体は変わるか』（岩波新書、一九九九年）に触発されて、二〇〇一年に「議会基本条例」という言葉を造語し（「ニセコ町『基本条例』が開いた扉」世界、二〇〇一年四月号）、翌二〇〇二年には条例内容の核心となるべき、①議会と市民の双方向性の確立、②議会と首長の機関緊張のシステム化、③議員間討議の推進の重要性を指摘して（＊本書［19］の二〇〇二年講演参照＝追記）、これらの実施と相乗効果による議会再構築を構想したのだが、そこから数えればかれこれ一五年になる。

このような議会基本条例の構想から制定・普及にいたる現在の議会改革を、さしあたり「第一期議会改革」と呼んでおきたい。議会の存在、活動がようやく市民に見えるようになったことに最大の特色がある。活動や成果が見えない議会にたいする市民の評価はよくてもゼロで、不祥事や政策とは無縁の内部紛争などが起こればたちまちマイナスになる。こうしてゼロ・マイナス間を往復していた議会は、近年の改革でようやくプラスに転じた。

過日、市民と議員の集まりでそのような話をしたところ、ある市民から、政務活動費の使用で痴態をさらす議員、セクハラ発言で知性を問われる議員など、最近、マスコミが報道する議員不祥事の増発をみるかぎり、とても議会が変わったとは思えないという発言があった。たしかに、自分の自治体では発覚していないものの、これらの事件を氷山の一角視して、およそ議員・議会というものはそうであるに違いないという、根深い議会不信の念が市民にある。また改革とは無縁の遅れた議会が多数存在することも否定しない。

けれども、一つしかない国会でこのような問題が起これば、国政全体がマヒすることもあるが、一八〇〇ある自治体の議会で一斉に発生することはない。だからどこかで事件が起これば、それを他山の石として、自戒することができる。それが地方自治のメリットではないか。一、二の自治体による先駆的な政策・制度をほかの自治体が学び、それが普及して自治体全体が力をつけてきた。この地方自治の経験則は、負の問題の解決においても妥当しよう。

かつて栗山町議会で議会基本条例の制定を議論したとき、議員倫理条例が話題になったことがある。ときの橋場利勝議長は、「議員・議会の判断・行動の規範となる基本条例を制定するのだから、あえて倫理条例は必要ない」と私に話した。結局、同議会は、議員倫理にかんしては議会基本条例に規定し、倫理条例は制定しなかった。そこには議員・議会の日常の行動の規範、また市民の議会にたいする評価の規範となる、確たる議会基本条例に育てようという固い決意が見てとれた。

高を括るわけではないが、全国で数万人オーダーの議員がいるのだから、心ない議員による不祥事は今後も発生する。けれども、その受け止め方や対処の仕方はこれまでとは大きく変わっていくのではないか。不祥事があっても、議会は議会基本条例という規範に照らして迅速・的確に処理ができるし、市民もまた不断の議会改革を見ていれば、氷山の一角視的な漠とした議会不信に陥ることなく、異質の特異な事件として冷静に対応するだろう。

そのためにも議会は、改革のレベルを高める必要がある。これまでの議会改革は、影響が主に議会内部にとどまる「内なる改革」にとどまってきた。これはこれで議会の存在や意義を周知する、初期改革としては大きな成果があった。けれども、改革の目標はそこにとどまらない。「議会が変われば自治体が変わる」、すなわち、議会活動のレベルの向上が、市民の政府としての自治体の政策力を高めることに結実する改革が求められる。

先進議会はその域に達しつつある。自治体政策の基本となる総合計画の策定・運用の規範を議会主導で構築し、市民との交流をふまえた議会の政策提案もはじまっている。首長と行政にすべてをゆだねない、このような政策の仕組みができてはじめて、議会基本条例が規定する市民と議会の交流、首長と議会の政策緊張、議員間の政策討議は、相乗効果を発揮しながら実効性を高めることになる。議会を見える化したこれまでの成果に立って、実効ある政策議会を構築する、「第二期議会改革」への飛躍を期待する。

（自治日報二〇一四年九月二六日）

総計条例と政策議会への展望

二〇一三年二月八日号の本紙において、議会の政策活動の基本に総合計画をおくべきことを論じたことがある。当時は、二〇一一年の地方自治法改正で市町村が「基本構想」の策定義務を解除されたのをうけて、武蔵野市が総合計画の策定と運用の基本ルールを定めた「長期計画条例」を制定するなど、総合計画をめぐる自治体の変化が見えはじめていた。そうした事情をふまえて、議会としての今後の政策活動のあり方を提起したのである。

それから三年近くたって、北海道では、二〇一三年に栗山町と福島町が「総合計画の策定と運営に関する条例」（以下「総計条例」という）を制定し、現在では芽室町が同種の制定作業をすすめている。これは偶然の所産ではない。この三つの自治体は議会改革の先駆自治体として全国的に名高く、議会が主導して総計条例の制定をすすめている点でも共通している。そして私たちがここから読み取るべきは「議会改革がすすめば総合計画にいきつく」という、必然の流れである。

議会改革がはじまって九年が経過し、議会の使命あるいは改革の課題はいいつくされた感があるが、市民の代表機構として自治体政府を構成する議会は、行政の政策活動をしっかり監視し、そのうえで自らの政策を積極的に提案しなければならない。また、こうした政策活動の実効性を高めるために、市民と議会の双方向性の確立　議員間自由討議の活性化　議会と首長の緊張関係の持続が議会の共通認識となり、どこの議会基本条例にも書いている。

けれどもなかなか政策提案の実効はあがらない。議会が市民の意見を自治体の政策に反映させる有効な方法をもたないなら、議会への市民参加は形骸化してしまう。議会が政策提案をしないなら、そもそも議員間で政策討議をおこなう必要すら生じない。首長と議会の緊張関係の維持も推してはかるべしだろう。こう見てくると、議会の政策活動は、議会の内部努力にとどまらず、行政をふくむ自治体としての政策装置の健全性の問題として問わなければならないことになる。

ここで行き着いたのが上記の総計条例の制定である。自治基本条例に、当該自治体の政策は政策の最高規範である総合計画にもとづいておこなうと定め、これを具体化する総計条例では、たとえば栗山町のように「総合計画に記載のない事業は予算化しない」という原則をはじめ、市民参加や政策情報の作成・公開、首長の選挙政策の反映など、計画の策定・運用・改定の諸原則を規定する。議会もまた議会基本条例の諸規定を援用してこのプロセスにかかわる。

期間が八年の「基本構想」には政策力点と政策の前提となる行財政改革を、四年の「実施計画」には財源確保がたしかで実施が確実な事業を、「展望計画」には将来必要になる事業を予測して記載する。必要が生じた新規事業や既定の事業の修正は、年度ごとに計画に組み込んで議決し、いかなる事業も計画の外ではおこなわない。実施する事業にかんする政策情報は、「進行管理計画」（あるいは実行計画）として事業ごとに作成する。このうち進行管理計画以外が議決事項となる。

なかでも進行管理計画の作成・公開は重要である。たとえば福島町が議会と行政の協議で作成した「政策調書・総合計画事業進行管理表」には、事業目的・事業期間・事業履歴をはじめ、議会基本条例で議会が首長に説明を求めている政策情報（政策の発生源、代替案等の検討、総合計画上の根拠、他自治体の類似政策との比較、財源構成、将来コストなど）も記載する。この一枚のシートで政策の重要事項がすべてわかる仕組みとなっている。

情報の公開・共有とはこうしたことをいうのである。このような総合計画のシステムが構築されれば、議会の政策活動は質的に変化する。総合計画事業の評価と、それをふまえた継続・修正・廃止・新設をめぐる議論が不可欠となる。上述した市民意見の反映、議員間討議、首長との政策緊張も実効性を帯びよう。こうして、従来、議会を蚊帳の外においていた総合計画は、「行政計画」から「自治体計画」に変化、議会もまた「政策議会」へと変身できる。

総合計画の今日的、先端的手法をここではくわしく書けないので、やや宣伝めいて恐縮だが、神原勝・大矢野修編著『総合計画の理論と実務』（公人の友社、二〇一五年）をご一読いただきたい。栗山町・福島町・芽室町の総計条例のモデルとなった、武蔵野市と多治見市の最新の総合計画手法、くわえて議会が先導した栗山町総計条例の制定にいたる一連のプロセスを詳細に論じている。総合計画と真に向きあう「政策議会」の実現を切望したい。

（自治日報二〇一五年一二月四日）

長の答弁、その後を追跡する

議員の一般質問に対して、首長が「検討する」などの表現で対応を先送りした答弁事項のその後の進捗状況を追跡する議会が相次いでいる。まだ全国的なひろがりはないようだが、北海道では、青森県佐井村議会の試みをモデルとした知内町議会を先頭に、伊達市、福島町、芽室町の議会が実施している。議員・議会活動の中心にある首長への「質問」とそれにたいする首長の「答弁」をその場かぎりにしないため、今後は議会改革のテーマの一つとしてひろがる可能性がある。

知内町議会が作成した「追跡質問の実施方法等について」によれば、追跡質問は、各定例会の議事日程にのせて一般質問の前におこない、過去三回の定例会で議員が一般質問した事項がその対象になる。手続としては、一般質問した議員本人が追跡質問するかどうかを判断し、それを議長に通告して実施する。また、答弁者には「一般質問の形骸化にならないよう結果のみを求める」とし、質問時間は、答弁をふくめて「一〇分以内を目途」にしている。

伊達市議会は「一般質問答弁事項進捗状況調査実施要領」を作成し、二〇一四年から追跡調査を導入した。これによれば、議員は、「答弁指定事項進捗状況調書」で、その後の対応方針や進捗状況などの検討結果の報告を市長に求めることができる。市長が回答した「調書」（対応済・対応中・検討中・実施不可に区分し理由を付加）の内容は、HPをとおして市民に公開される。実施件数は、二〇一五年は一七件、一六年（一定・二定分）は一六件であった。

福島町議会は、知内町、伊達市の先行例を検討したうえ、二〇一四年一一月に伊達市と同名の実施要綱を定めた（＊末尾の「資料」参照＝追記）。要綱の制定にあたっては行政との協議が欠かせない。まず議会が作成した案をもとに議会側（正副議長・議会運営委員長・議会事務局長）と行政側（三役・総務課長・学校教育課長）が協議・合意し、さらには行政の管理職会議における検討・了承をふまえて、全員協議会で実施に向けた最終協議をおこない確定している。

この追跡調査の特徴は、議会の説明文書「一般質問等における追跡調査のあり方」で次のように述べている。「当町議会の方向性は、議員が個人で対応する『追跡質問』・『追跡調査』ではなく、誠実・明快な答弁をすべき首長が、自分の発言に責任をもち、しっかり説明責任を果たす見地から、議会として対応する『追跡調査』の方式で検討すべきものと考えます。議員個人については、通常の一般質問として対応すべきと考えました。」

要するに「議員個人としておこなう」追跡調査ではなく、「議会としておこなう」ところに力点がおかれている。その具体的なすすめ方は、通年議会制の福島町議会では、各会議のあと、議会運営委員会と議会事務局が、議員のおこなった質問事項を整理し、そのなかから議会として追跡すべきと考える項目を抽出し、それを質問した議員が確認したうえで議長が町長に調書を提出する。町長の回答は議事日程にのせて各会議で報告、さらに町の広報紙に全文が掲載される。

溝部幸基議長は、「本町の追跡調査は、不祥事をふくめて極度に停滞していた前町長時代の行政を正す意味合いが濃かったが、現町長下の平時においても、首長と議会が適度な緊張関係を維持して住民にたいする責任を果たすうえで有効である。町長にたいする議会からの問題提起は、一般質問にかぎらず、常任委員会からの政策提言もあるので、これらをふくめて今後の追跡調査のあり方を、議会基本条例に組み込むことも視野に検討する」という。

議会としての追跡調査は芽室町議会も試行をはじめている。同議会は、総合計画や予算に議会の政策意思を反映させるため、議会活動の年間計画や工程表をつくって、議会の政策活動の見える化をはかっている（いわゆる「政策形成サイクル」）が、それに組み込むかたちで、議員のおこなった一般質問などを議員個人の活動に終わらせることなく議会全体の活動につなげていくため、「常任委員会としての追跡調査」を試行的にすすめている。

いつまでに検討の結果を示すのか期限を明示しない答弁用語は、その場しのぎの逃げ口上といわれて久しい。それを許してきたのは議会と首長のなれ合いだが、ここにようやく「追跡調査」という楔が打ち込まれようとしている。当然そうあるべきことが実現したにすぎないといえばそれまでのことだが、議会改革のアイテムはほとんどがそのようなものだから、この追跡調査も議会改革の成果の一つに加えてよいだろう。

（自治日報二〇一七年一一月二四日）

［資料］　福島町議会一般質問等答弁事項進捗状況調査実施要綱

平成26年11月25日
議会要綱第1号
改正　平成27年6月1日議会要綱第1号
平成28年4月22日議会要綱第2号

（目的）
第1条　この要綱は、福島町議会本会議、予算審査特別委員会及び決算審査特別委員会（以下「本会議等」という）における議員の一般質問及び町長提出議案（以下「議案」という。）に対する町長、副町長、教育長（以下「町長等」という。）の答弁及びその後の対応を調査して公表することにより、町民への説明責任を果たすことを目的とする。

（実施主体）
第2条　この調査は、福島町議会（以下「議会」という。）が福島町及び福島町教育委員会を対象に行う。

（対象とする答弁調査事項）

第3条　本会議等において、議員の一般質問及び議案審議（質疑・意見交換）に対し、町長等が行った答弁内容を精査し、指定した答弁調査指定事項（以下「指定事項」という。）を調査の対象とする。

2　前項の指定事項は、町長等が「実施します」、「取り組みます」、「検討します」、「見直します」、「勉強します」「研究します」、「調査します」、「協議します」、「努力します」、「努めます」、「参考にします」等の答弁とする。

（調査対象の申出）

第4条　前条に規定する答弁があつたとき、議会運営委員会は、その内容を様式「答弁指定事項進捗状況調査調書（以下「調書」という。）」に当該本会議の会議録（音源）を確認のうえ整理し、質問（審議）した議員に当該調書の確認を経て議長に提出することができる。

2　議長は、前項の規定により提出された調書を町長等へ送付するものとする。

（報告の義務及び方法）

第5条　町長等は、前条第2項の規定により議長から調書が送付されたときは、答弁調査指定事項の対応方針又は進捗状況（以下「対応方針等」という。）を当該調書により議会に報告するものとする。

2　町長等は、調書により対応方針等を当該答弁指定事項の結論がでるまで、定例に再開する本会議に報告するものとするが、当該答弁調査指定事項にかかる対応方針等を初めて報告した時から2年を目途に整理するものとする。

3　第2項に規定する議会報告の方法は、議事日程に「福島町議会一般質問等答弁事項進捗状況調査の報告について」として載せ、町長等の行う行政報告の次に行うものとする。

（町民への報告時期等）

第6条　町長等は、前条第2項の規定に基づく議会報告の内容を、町広報、ホームページ等に速やかに掲載し、町民に対して公表するものとする。

（その他）
第7条　この要綱に定めるもののほか必要な事項は、議長と町長が協議のうえ定める。
附　則
この要綱は、公布の日から施行し、平成26度定例会3月会議から適用する。
附　則（平成27年6月1日議会要綱第1号）
この要綱は、公布の日から施行する。
附　則（平成28年4月22日議会要綱第2号）
この要綱は、公布の日から施行する。

都道府県議会へのある提案

一〇年ほど前、都道府県議会について一つの問題を提起したことがある。地方分権改革によって国と自治体の関係のタテマエが、「上下主従から対等協力の関係へ」と変化したのにともない、それまでは国を補完し国の出先機関的要素の強かった都道府県は、これからは市町村の補完を第一義とする広域自治体に様変わりするのだから、都道府県の議会もこの変化をふまえて自己のあり方を再構築しなければならないのではないか、と考えたのである。

当時は、議会基本条例がひろがりはじめ、都道府県レベルでも三重県議会に数道府県が続くなど、議会改革の流れが全国化しつつあった。けれども、道府県の議会基本条例を一瞥すると、市民参加などは理念的・抽象的な表現にとどまり、また「広域自治体の議会」という特性をふまえた議会の役割や運営にかんする記述を発見することはできなかった。

そこで一つの提案を思いたった。すなわち、現行の都道府県議会は、行政の部門別タテ割りに即して事務を所管する常任委員会を議会活動の中心に据えているが、これにくわえて、一定の地域を対象にする複数の地域別常任委員会（域内選出議員を委員とする）の設置による、面的なヨコ割りの政策活動をもう一つの焦点にすべきではないか、という提案である。この内容は、全国都道府県議会議長会報の二〇〇九年七月一五日号と本紙二〇一〇年二月一二日号で「府県議会に市町村参加を」と題して紹介した。

このころはすでに地方自治法改正によって、議員の複数常任委員会所属ができるようになっていた。そのうえで、地域別常任委員会の設置には、次の三点において大きなメリットが考えられた。第一は、広域自治体の議会として実効ある市民参加を推進する可能性をひろげる。基礎自治体の議会は、さまざまな方法で市民との交流を試みているが、広域自治体の議会は、まさにその広域性のゆえに困難がともなう。とはいえ市民を代表する議会の本質からいって市民参加は素通りできない。

基礎自治体レベルの市民参加は、①個別事業や特定政策にかかわる利害関係者の参加、②総合計画などの一般的な政策課題への市民参加、③コミュニティ・レベルの市民参加に大別できるが、広域自治体では、①はともかく②と③はなかなか難しい。そこで、普段から地域の課題を熟知している市町村の首長や議会が、個々の市民に代わって都道府県政に参加する、いわゆる市町村参加が有効な手立てになり、地域別常任委員会はそのための恰好の場になれる。

第二は、議会の政策活動のレベル・アップにつながる。広域自治体の行政は極度の分野別タテ割りで、面としてのひろがりをもつ地域ヨコ割りの政策機能は著しく劣っている。だから議会の活動はこの点に着目しなければ、画竜点睛を欠くことになる。地域別常任委員会とそこへの市町村参加は、タテ割り行政の欠点や問題点を顕在化させるのみならず、それをふまえて地域に基礎をおいた議会ならではの政策提案をおこなうことができる。

第三に、広域自治体における地域行政の再構築を促進させる。たとえば北海道では、一四の地域総合出先機関は「支庁」から「振興局」へと名称変更したが、振興局が市町村参加をふまえて道の地域政策を立案・執行する「政策型」の出先機関にはなっていない。そのため道政は地域の政策課題を的確に把握できず、市町村を補完する広域自治体としての仕事ができない。この域内分権をおこなう第一義的な責任は知事にあるが、その遅延を許している責任は議会にもある。

議会が率先して地域別常任委員会を設置し、これを活用して議会独自の道民・市町村参加の推進のもとに、地域に視点をおいた行政監視と政策提案をおこなう議会に変身すれば、行政もまた「政策型」出先機関への改革に真剣に取り組まざるをえなくなるのは必定である。これは引き続く道政の重要課題であるが、北海道だけではなく、とくに管轄面積がひろく、また市町村数の多い広域自治体に共通する問題である。

地域別常任委員会はまだ陽の目をみていない。だが、三二に増えた都道府県レベルの議会基本条例中、宮城、長野、青森の県議会は、市町村との交流を謳っている。また、三重県議会は二〇一〇年から「市町村議会と県議会の交流・連携会議」を試行している。この会議の恒例化は今後の課題とされているが、貴重な経験は他の都道府県議会にとっても道標的な意義をもっている。あらためて想起しておきたい。

議会改革一〇余年の流れのなかで、都道府県と指定都市などの大規模議会のあり方が問われはじめた今日、地域別常任委員会のような政策活動における地域枠組みの必要は、ますます大きくなっていると思う。そう考えて再び提起した次第である。

（自治日報二〇一八年年六月八日）

議会と市民の政策交流を考える

日本世論調査会の自治体議会にかんする全国世論調査によれば、六九％の人が自分が住む自治体の議会に関心をもち、また議会活動に満足している人は五六％を数えているという（高知新聞二〇一八年一〇月七日）。統一自治体選挙が半年後に迫っていて、議会についてなにかと報道量が多くなっている近時の影響を差し引いても、この関心と評価はずいぶん高いという印象を受ける。だが、プラス評価が半数を超えているのは理由のないことではないように思う。

ＮＰＯ法人公共政策研究所が、議会基本条例の制定率の高い神奈川県と大分県の市町村議会を対象にした調査では、それぞれ六三％、五三％が議会報告会を実施している。北海道でも市民と意見交換をおこなう議会は半数に達し、四年前から大幅に増加している（北海道新聞二〇一八年一一月四日）。こうした数字が示すように、この間の議会改革とそのなかで試みた議会と市民の交流が、ようやく市民の議会評価につながりつつあるとみてよいだろう。

近年、議会への市民参加は多彩におこなわれている。議会技術研究会の西科純氏は、それを、①議会改革型参加、②政策交流型参加、③両用型参加に分類する。①は議会モニター、議会改革諮問会議、議会サポーターなどの仕組みをとおして、市民が日常の議会運営や議会改革をウォッチングし、改善意見を提案するもので、同時に、議会の存在意義やあるべき姿を深く認識したオピニオン・リーダーを市民のなかに育てる効果をもつ。

②は政策をめぐる市民と議会の交流で、定番の地域別議会報告会のほか、陳情・請願者に発言の機会を保障、計画や予算をめぐる政策交流会議、市民団体と意見交換する一般会議、議会の委員会が地域に出向く出前委員会、青

少年・女性など特定の市民層を対象にした交流、議会傍聴者の発言の機会の保障、だれでも自由に議会と意見交換できるまちなかカフェなど多彩である。そしてこれらを複数くみあわせておこなう議会も増えている。

政策参加における市民の意見は、想定した範囲をこえて多様にひろがる。くわえて苦情、批判、要求、提案と枚挙にいとまがない。これを受け止める議会は、政策として実行可能か、緊急度・優先度はどうか、ほかに代替策はないか、手法や財源はあるか、市民合意は可能かなどを概略的に検討しなければならない。そして政策として考える必要があると判断した場合は、これを次のいずれかの政策ステージにのせなければならない。

Ⅰ　政策ステージ

① 総合計画（多年度予算）
② 年度予算（事業予算）
③ 年度決算（事業評価）
④ 争点事業（特定事業）

自治体政策の基本となるのが総合計画で実効性の高い計画であれば多年度予算としての性格をもつ。その計画事業を中心に諸事業を実行するのが年度予算。年度決算は事業の実施状況と効果の検証、次なる政策課題の発見をおこなう。争点事業は大きな将来負担を伴う事業や市民間で賛否の意見が二分するような大型事業の実施をさす。

次はだれを参加主体にして市民参加をおこなうか。

Ⅱ　市民参加の主体

① 個人参加
② 団体参加
③ 特定参加

個人参加はだれもが個人として自由に参加でき、団体参加は市民の各種団体が参加する。特定参加は性や世代など特定の層を対象におこなう参加で、ここには少数民族の参加や定住外国人の参加などもふくむ。

さらに市民参加の対象となる政策領域の問題として次の三つを考える。

Ⅲ　参加の政策領域

①　課題型参加

②　地域型参加

③　争点型参加

課題型参加は、総合計画の策定・改定の場合など、全市的観点から政策分野に即して市民参加をおこなう。地域型参加は、小規模な地域単位における市民参加。争点型参加は、事業の実施にともない大きな影響を受ける関係者を中心にした参加を想定する。

議会の市民参加は今後も多様に試みられ、有効性が検証されていくであろう。Ⅰ・Ⅱ・Ⅲの類型は、そうした試行状況のなかにある議会の市民参加を効果的に推進するため、参加の性質や過不足などを考える際の目安になると考えて整理してみたものである。大事なことは、参加主体と政策領域をひろくカバーすることと、実施した市民参加の成果を自治体の政策ステージにつなぐことで市民参加の実効を高めることである。

そのためには「参加のあと」が重要になる。というのは市民参加でえられた市民意思はそのままでは政策にはならない。そこで市民の意思を「議会の意思（政策）」に変換し、これを問題の性質に応じて適当な政策ステージの論議にのせていかなければならないが、この議会意思への変換は、議員がしっかり議論する議員間討議がなければ実現しない。

はや紙幅がつきた。上述の内容をふくめて、議会の市民参加の歴史・意義・態様・課題について、月刊誌「北海道自治研究」（北海道地方自治研究所刊）の一二月号（＊本書に［1］として収録）で詳しく述べているのでご一読いただければ幸いである。議会の基礎が市民にあることをあらためて確認しながら、議会改革型参加と政策交流型参加が相乗効果を発揮して、議会の市民参加がいっそう充実することを期待したい。

（自治日報二〇一八年年一二月一四日）

編集後記

二〇〇六年の議会基本条例の登場を契機に、以後全国にひろがる自治体議会の改革がスタートしてから、すでに一〇余年の時が流れました。この間、私は、多数の改革の現場と交流しながら講演を重ね、また、北海道の議会技術研究会を主な舞台に、議会のあり方にかんする問題提起をおこなうほか、関係誌・紙に時々の時務的課題について寄稿してきました。本書は、こうして活字化された議会改革にかんする私の主な発言記録を集めたものです。

議会改革にかんしては、かつて『自治・議会基本条例論─自治体運営の先端を拓く』（公人の友社、二〇〇八年）および増補版（二〇〇九年）を上梓しました。これは自治分権時代の自律自治体を形成する観点から、自治体運営の規範としての自治基本条例の重要性と、その実効性を確保するための関連条例の整備、なかでも基幹的な位置をもつ議会基本条例の意義を栗山町議会基本条例に即して論じたもので、今日における議会改革論の出発点となるものでした。

本書においては、議会基本条例が制定される前の、また今日の議会改革を呼び起こす、前史としての私の二元代表制（二〇〇〇年代の初頭までは「二元代表民主制」と称していました）にかんする認識あるいは問題提起と、その後に具体的に展開されるようになった議会改革の状況や課題についての論述を収録しています。各論述のタイトルは発表時のものをそのまま用いていますが、［18］については、他との重複を避けるためにおきかえました。

収録にあたっての配列は、最新のものから順にならべてあります。初期のものは私自身の思考歴においては重要な位置をもつものですが、進化した現在の議会改革にたずさわる方々にとっては、いささか間延び感があるかもしれないという配慮からです。また、読まれる方々の便宜のために、若干の説明を［資料］あるいは［附］として論考の末尾に新たに施しておきました。

編集を終えてあらためて感じることは、全体として内容にくり返えしが多いことです。講演や報告はテーマや対象者が異なるので、どのテーマや対象者であっても共通して指摘したい事項はある程度はくり返しになるのはやむをえませんが、私にとってはこの共通内容にこそ議会改革を考える際の認識の基本枠組み、あるいは強調点という積極的な意味がありました。

たとえば、自治体運営の主体である市民・首長・議会（議員）・職員の四者の関係の理解、議院内閣制（国会内閣制）とは異なる二元代表制の原理と運用、自治基本条例の基幹的関連条例としての議会基本条例の位置づけ、議会が自治体政策と正面から向き合う政策議会への進化、そのための総合計画の策定と運用にかんする手法の革新などがそれです。

これらは議会改革を考えはじめた当初からのモチーフで、本書のタイトルを「議会が変われば自治体が変わる」としているのもそのためです。議会改革はけっして議員間あるいは議会内にのみ影響がとどまる内部改革ではなく、他の主体と深くかかわってすすめる自律自治体の形成そのものでなければならないという思いが強くあります。そうした意味から、内容の重複にかんしてはご海容いただければ幸いです。

これまでの議会改革がどの程度の成果をあげたか、その評価は本論にゆずりますが、強い意欲をもって改革をすすめる先駆議会で市民の議会評価が好転し、そのことによって議会選挙における定数割れの危機をひとまず克服した例が各地にみられます。着実な改革の実行をとおして議会間の格差が解消され、それが全国的な議会水準の向上となるまでにはまだ時間を要しますが、その歩みに本書がなにがしか役に立てれば望外のよろこびです。

本書の発刊に至るまでには、多くの方々のお世話になっています。議会を舞台に、あるいは議会をテーマに無数の有意義な出会いがあり、またときには激しい議論を交わしたこともありました。本書の内容自体の責任は私が負うのは当然ですが、そうしたさまざま機会をとおして私の知見をひろげてくださったみなさまに厚くお礼もうしあげます。

これまでと同様に、本書の刊行をすすめてくださった公人の友社の武内英晴社長にはあらためて厚くお礼もうしあげるとともに、講演や研究報告、誌・紙への掲載に際して労をとってくださった方々にも深く感謝もうしあげます。

二〇一九年六月

神原　勝

著者略歴

神原　勝（かんばら・まさる）

北海道大学名誉教授
１９４３年生まれ。北海道出身。
財団法人東京都政調査会研究員、社団法人地方自治総合研究所研究員を経て北海道大学大学院法学研究科教授、北海学園大学法学部教授を歴任。
専攻・自治体学

［著書］『転換期の政治過程―臨調の軌跡とその機能』（総合労働研究所）、『北海道自治の風景』（北海道新聞社）、『現代自治の条件と課題』（北海道町村会）、『資料・革新自治体』（正編・続編、編著、日本評論社）、『神原勝の首長鼎談』（北海道町村会）、『増補　自治・議会基本条例論』（公人の友社）、『小規模自治体の生きる道』（公人の友社）、『総合計画の理論と実務』（編著、公人の友社）、『戦後自治の政策・制度事典』（編著、公人社）など。

このほか、議会改革にかんしては、『栗山町発・議会基本条例』、『議会基本条例の展開―その後の栗山町議会を検証する』、『福島町の議会改革―開かれた議会づくりの集大成』、『議会改革はどこまですすんだか―改革８年の検証と展望』、『ここまで到達した芽室町議会改革―芽室町議会改革の全貌と特色』など、議会改革にかかわる方々との共著によるブックレットを公人の友社から多数発行。

議会が変われば自治体が変わる

【神原勝・議会改革論集】

2019年7月24日　初版発行

著　者　神原　勝
発行人　武内英晴
発行所　公人の友社
〒112-0002　東京都文京区小石川５－２６－８
ＴＥＬ　０３－３８１１－５７０１
ＦＡＸ　０３－３８１１－５７９５
Ｅメール　info@koujinnotomo.com
http://koujinnotomo.com/